商务秘书概论

北京高等秘书学院 主编

中国建材工业出版社

图书在版编目(CIP)数据

商务秘书概论/北京高等秘书学院主编. —北京：中国建材工业出版社，2003.8 （21世纪高等教育商务秘书系列教材）（2014.1 重印）
ISBN 978-7-80159-505-8

Ⅰ．商… Ⅱ．北… Ⅲ．商务工作—秘书—高等学校—教材 Ⅳ．F715

中国版本图书馆 CIP 数据核字（2003）第 069484 号

内 容 简 介

《商务秘书概论》是遵照《秘书国家职业标准》及我国加入世贸组织后对商务秘书工作的特征、作用、职能与商务秘书应具有的思想修养和业务能力而编写。

本教材围绕商务秘书如何在公司和企业中更好地协助领导处理商务活动进行介绍。全书观点鲜明、条理清楚、语言规范，是一本实用的"商务秘书学教程"，符合秘书专业必修课程使用。参编的作者均是在高校从事秘学教学多年的教授、副教授，本书具有教者好教，学者易学的特点。

本书不仅适合做高等教育用书，也适合秘书考证及秘书从业人员自学使用。

商务秘书概论

北京高等秘书学院　编著

出版发行：中国建材工业出版社
地　　址：北京市西城区车公庄大街6号
邮　　编：100044
经　　销：全国各地新华书店
印　　刷：北京鑫正大印刷有限公司
开　　本：787mm×960mm　1/16
印　　张：15.75
字　　数：265 千字
版　　次：2003 年 8 月第 1 版
印　　次：2014 年 1 月第 5 次
定　　价：**39.00 元**

本书如出现印装质量问题，由我社发行部负责调换。联系电话：**(010)88386906**
本社网址：www.jccbs.com.cn

21 世纪高等教育商务秘书系列教材编审委员会

主　　任：范立荣
执行主任：范慰慈
副 主 任：侯力学
委　　员：(按姓氏笔画为序)
　　　　　王世红　王　敏　伊　强　杜永昌
　　　　　吴欢章　杨重燕　杨继昭　杨硕林
　　　　　林安杰　周同庆　张金涛　张　虹
　　　　　张春山　罗宜军　郑燕黎　郑德源
　　　　　郭建庆　胡晓涓　胡鸿杰　顾超雄
　　　　　姬瑞环　黄良友　程勉中
秘 书 长：贺　悦

《商务秘书概论》

主　　编：北京高等秘书学院
参编人员：(按姓氏笔画排序)
　　　　　张丽琍　孟新芝　荣　光　胡晓涓
　　　　　姜　梅　徐拥军　鲁仲生　姬瑞环

序一
——高级商务秘书人才成功之路

　　我国经济的高速发展,使市场需求发生了显著的变化,从而使人们的职业取向也发生了显著的变化。一些在几年前还难以想象的职业现在开始大量涌现,而过去十分看好的职业却越来越乏人问津。商务秘书就是近年涌现出的一支新兴职业大军。目前,发达国家秘书队伍中商务秘书占绝大多数。随着我国社会主义市场经济体制的建立和逐步完善,商务秘书的需求量将越来越大,我国商务秘书队伍正在迅速发展。

　　在新形势下,如何学会用开阔的视野和世界的眼光正确地把握商海大潮的大趋势,培养符合新时期各类公司和企业需要的商务秘书人才是当务之急。经济日报集团所属的中国建材工业出版社紧跟形势,抓住机遇,在党的"十六"大精神指引下,组织高等院校从事秘书学科教学的教授、专家、学者编写了一套商务秘书教材。这套系列教材,以"三个代表"重要思想为指导,立足国内商务和教学需要,纵观国际商海风云,借鉴国外经验,归纳综合了目前秘书界研究的新成果,明确了商务秘书的工作内容,强调了商务秘书的基本功和运作能力,对当前商务秘书研究的一些薄弱环节和秘书工作的发展动向等进行了有益的探索,富有新意和特点。

　　这是一套适合培养高层次商务秘书人才的好教材,它对全面提高商务秘书的素质将发挥重要作用。

郭长宇

2003 年 7 月

(郭长宇先生系教育部国家督学、中国高教学会秘书学会副会长)

序二
——高层次、多视角、实用性强的商务秘书教材

秘书在中国已经成为一个大职业。其中,商务秘书又是秘书大军中需求量增长最快的后起之秀。中国的经济改革催化了商务秘书职业的诞生,而商务秘书职业的形成也标志着中国社会主义市场经济的成熟和完善。

秘书是公司企业中的重要职务。公司企业可以没有副总,但不能没有秘书,可是却有很多从业的秘书(办公室人员就是秘书)没有受过正规培训,这无法适应社会主义市场经济的发展需要。所以,近几年很多高校,特别是高职、高专纷纷开设秘书专业,培养新时期秘书人才,特别是商务秘书人才。那么,如何将一名普普通通的学生培养成为称职的商务秘书人才呢?这首先就需要有一系列符合经济全球化要求的、完整的、高质量的、实用性强的商务秘书教材。

经济日报报业集团所属的中国建材工业出版社在中国高教学会秘书学会协助下,组织了富有教学和实践经验的专家、学者编写了这套商务秘书系列教材,其主要特点是技能性、针对性、商务性、系统性、实用性。"技能性"是指在教材的结构安排上加强了实践性教学的比重,精心设计课程的实训、模拟,以使学生获得从事秘书职业所需的实际知识和技能,并获得进入劳务市场的有关证书。"针对性"是指本系列教材的市场定位非常清晰,填补了商务秘书市场的空白,为大学秘书系和高职、高专秘书专业及时地提供了一系列好教材。"商务性"是指将大量的商务知识贯穿于秘书学科的每一个模块中,使学生在大学阶段就了解经济、了解市场、了解商务。"系统性"是指编委和学者们从市场对秘书的要求出发确定了这套教材的规模和范围,系统地将商务秘书工作囊括其中。"实用性"是指编委和作者们明确将秘书教育定位为职业教育,作者们借鉴国外以能力为基础的秘书教育经验,为读者提供了具有中国特色的有时代感的实用知识和方法。

笔者曾多年在中央机关、国有公司工作,后又投身秘书教育事业,可以说

当过秘书,领导过秘书,培养过秘书,而且深爱着秘书事业。在此我代表中国惟一的一所秘书学院——北京高等秘书学院衷心地感谢教材的主编、编委及各位作者与时俱进、开拓创新,编写出了这套高层次、多视角、实用性强,既便于教学、又便于自学的商务秘书教材。感谢中国建材工业出版社出版了这套好教材。我借此机会,向广大秘书工作者、秘书专业的学员表示良好的祝愿。

王世红

2003 年 7 月

(王世红先生系秘书教育家、中国高等秘书学院董事长)

目 录

第一章 秘书与商务秘书

第一节 秘书的涵义 (1)
一、秘书、文书、文秘 (1)
二、秘书的分类 (3)

第二节 商务秘书 (6)
一、商务秘书 (6)
二、商务秘书工作的特征 (7)
三、商务秘书工作的作用 (8)
四、商务秘书工作内容 (9)
五、商务秘书工作的基本原则 (10)

第三节 国外秘书简况 (11)
一、美国的秘书与秘书工作 (11)
二、日本的秘书与秘书工作 (13)
三、英国的秘书与秘书工作 (17)
四、俄罗斯的秘书与秘书工作 (17)

第二章 商务秘书的综合素质与能力

第一节 新时期商务秘书的素质 (20)
一、商务秘书的政治素质 (20)
二、商务秘书的知识素质 (23)
三、商务秘书的心理素质 (24)
四、商务秘书的健康素质 (26)

第二节 新时期商务秘书应具有的能力 (26)
一、情商、智商与工作能力 (26)
二、商务秘书应具有的主要工作能力 (27)

第三章　商务秘书的参谋作用

第一节　商务秘书参谋职能的内容与原则 (35)
一、领导决策的参谋作用 (35)
二、领导商务活动的参谋作用 (38)
三、领导日常工作的参谋作用 (41)

第二节　善于领会领导意图 (43)
一、了解领导性格特征及需求 (43)
二、领会领导意图的原则 (44)
三、领会领导意图的方法 (45)
四、根据领导意图做好参谋工作 (47)

第三节　当好参谋的新意识、新方法 (49)
一、当好商务活动参谋的新意识 (49)
二、当好商务活动参谋的新思维 (52)
三、当好商务活动参谋的新方法 (54)

第四章　商务秘书活动礼仪

第一节　接待工作的意义与原则 (57)
一、接待工作的意义 (57)
二、接待工作的基本原则 (58)

第二节　礼貌、礼节与礼仪 (60)
一、礼貌 (60)
二、礼节 (60)
三、礼仪 (60)
四、礼貌、礼节与礼仪的关系 (61)

第三节　商务秘书日常工作礼仪 (61)
一、接待礼仪 (61)
二、会议礼仪 (63)
三、宴请礼仪 (65)
四、与上司、同事、客户相处的礼仪 (67)

第四节　商务洽谈中的礼仪 (69)
一、商务洽谈中的咨询商讨 (70)
二、商务洽谈中的辩论与自我形象的礼仪修养 (71)
三、商务洽谈中的冷场处理礼仪 (72)

四、商务谈判解脱礼仪 ………………………………… (73)
　　五、商务谈判协调礼仪 ………………………………… (74)
第五节　商务活动的仪式 ………………………………… (76)
　　一、开业典礼 …………………………………………… (76)
　　二、签字仪式 …………………………………………… (79)
　　三、记者招待会 ………………………………………… (81)

第五章　商务秘书公关职能与策划

第一节　公共关系概述 …………………………………… (84)
　　一、公共关系的含义和特点 …………………………… (84)
　　二、公共关系的要素与特征 …………………………… (84)
第二节　商务秘书公关职能 ……………………………… (86)
　　一、广泛收集信息，监测组织环境 …………………… (87)
　　二、做好公关咨询，辅助决策参谋 …………………… (88)
　　三、善于交往沟通，主动协调关系 …………………… (89)
　　四、重视组织宣传，创造社会气氛 …………………… (90)
　　五、教育引导员工，优质客户服务 …………………… (90)
第三节　商务活动公关策划 ……………………………… (91)
　　一、商务活动公关策划 ………………………………… (91)
　　二、商务公关活动模式 ………………………………… (94)
　　三、商务公关专题活动 ………………………………… (97)

第六章　商务秘书与商务谈判

第一节　谈判与谈判类型 ………………………………… (102)
　　一、什么是谈判 ………………………………………… (102)
　　二、谈判类型 …………………………………………… (103)
第二节　谈判的特征与原则 ……………………………… (104)
　　一、谈判的特征 ………………………………………… (104)
　　二、谈判的原则 ………………………………………… (105)
第三节　谈判要素与商务谈判步骤 ……………………… (105)
　　一、谈判要素 …………………………………………… (105)
　　二、商务谈判的步骤 …………………………………… (108)
第四节　秘书与商务谈判事务工作 ……………………… (110)
　　一、谈判前准备工作 …………………………………… (110)

二、谈判中秘书服务工作 …………………………………… (113)

第七章 商务文书拟制与商务函电写作

第一节 文书的种类与用途 …………………………………… (116)
  一、文书概述 ………………………………………………… (116)
  二、通用公文 ………………………………………………… (118)
  三、专用公文 ………………………………………………… (120)
  四、事务文书 ………………………………………………… (121)

第二节 公文写作程序与方法 ………………………………… (123)
  一、写前准备 ………………………………………………… (123)
  二、正式起草 ………………………………………………… (124)
  三、修改与审核 ……………………………………………… (125)
  四、签发与定稿 ……………………………………………… (126)
  五、拟稿人员的素养要求 …………………………………… (126)

第三节 公文处理规范 ………………………………………… (127)
  一、行文制度的基本规范 …………………………………… (127)
  二、发文处理程序及其方法 ………………………………… (128)
  三、收文处理程序与方法 …………………………………… (130)

第四节 商务文书写作 ………………………………………… (131)
  一、商务信函的写作 ………………………………………… (131)
  二、商务调研文书的写作 …………………………………… (135)
  三、意向书、经济合同的写作 ……………………………… (139)
  四、商务礼仪文书的写作 …………………………………… (143)
  五、商务招标书、投标书的写作 …………………………… (146)

第八章 办公室日常事务工作

第一节 办公环境的维护和办公用品的管理 ………………… (149)
  一、构成办公环境的要素和办公责任区 …………………… (149)
  二、办公用品的管理 ………………………………………… (151)

第二节 办公室电话工作 ……………………………………… (152)
  一、使用电话的基本礼仪 …………………………………… (152)
  二、接听电话的技巧 ………………………………………… (154)
  三、拨打电话的技巧 ………………………………………… (156)

第三节 办公室接待工作 ……………………………………… (157)

一、接待工作概述 ……………………………………… (157)
　　二、日常接待工作的基本程序 ………………………… (159)
　　三、接待团体来访的工作程序 ………………………… (160)
　第四节　邮件信函的处理 ……………………………………… (162)
　　一、邮件寄发程序 ………………………………………… (162)
　　二、邮件接收程序 ………………………………………… (163)
　　三、上司外出时,秘书处理来信或邮件的方法 ………… (165)
　第五节　时间管理与办公效率 ………………………………… (165)
　　一、时间管理概述 ………………………………………… (165)
　　二、秘书进行有效时间管理的方法 ……………………… (167)
　　三、管理上司和自己的工作日志 ………………………… (168)
　　四、提高办事效率和节约时间的小技巧 ………………… (169)

第九章　商务档案基础知识

　第一节　商务档案概述 ………………………………………… (171)
　　一、商务档案的定义 ……………………………………… (171)
　　二、商务档案的属性 ……………………………………… (172)
　　三、商务档案与商务文书 ………………………………… (173)
　　四、商务档案与企业档案 ………………………………… (174)
　第二节　商务档案的价值 ……………………………………… (175)
　　一、商务档案的价值形态 ………………………………… (175)
　　二、商务档案价值的体现 ………………………………… (176)
　第三节　商务档案管理机构 …………………………………… (179)
　　一、企业档案室(馆) ……………………………………… (179)
　　二、企业信息中心 ………………………………………… (180)
　　三、商业性档案服务机构 ………………………………… (181)
　第四节　商务档案管理的基本理论 …………………………… (181)
　　一、文件生命周期理论 …………………………………… (182)
　　二、事由原则和来源原则 ………………………………… (185)
　　三、档案价值鉴定理论 …………………………………… (190)

第十章　商务秘书会议管理工作

　第一节　会议工作概述 ………………………………………… (194)
　　一、会议的构成要素 ……………………………………… (194)

二、会议与会见、会谈的区别 ……………………………… (194)
　　三、会议的主要种类 ………………………………………… (195)
　　四、公司常见会议的类型与作用 …………………………… (195)
　　五、会议议程与会议日程 …………………………………… (196)
　　六、会议成本意识 …………………………………………… (196)
　第二节　会议的准备工作 ………………………………………… (196)
　　一、制订大中型会议方案 …………………………………… (197)
　　二、会议议程和日程的安排 ………………………………… (198)
　　三、确定会议地点 …………………………………………… (198)
　　四、确定与会人员范围 ……………………………………… (199)
　　五、准备会议文件资料 ……………………………………… (199)
　　六、发放会议通知 …………………………………………… (200)
　　七、布置会场 ………………………………………………… (201)
　　八、准备会议所需物品、设备 ……………………………… (202)
　　九、安排食宿 ………………………………………………… (203)
　　十、大型会议的接(送)站报到 ……………………………… (203)
　　十一、大型会议的经费预算 ………………………………… (204)
　第三节　会中应负的责任 ………………………………………… (204)
　　一、会前的最后检查 ………………………………………… (204)
　　二、组织签到和登记 ………………………………………… (205)
　　三、做好会议记录和必要的录音录像工作 ………………… (206)
　　四、会议设备的操作与维护 ………………………………… (206)
　　五、做好会议的记录工作 …………………………………… (206)
　　六、提供会议资料，做好联络协调 ………………………… (207)
　　七、做好会议的保密工作 …………………………………… (207)
　　八、组织好会议期间的食宿、车辆、娱乐、照像等工作 … (207)
　　九、会议信息工作 …………………………………………… (208)
　第四节　会后的工作 ……………………………………………… (208)
　　一、合理安排与会人员返程 ………………………………… (208)
　　二、提醒与会者及时做好各种物品的清退 ………………… (209)
　　三、清理会场和文件 ………………………………………… (209)
　　四、整理会议材料，立卷归档 ……………………………… (209)
　　五、会议的总结工作 ………………………………………… (210)
　　六、会议效果的评估工作 …………………………………… (211)

七、催办和反馈 …………………………………………（211）

第十一章 商务秘书信息工作

第一节 信息与商务信息工作概述 ……………………（213）
  一、信息与信息工作的概念、特点与种类 ……………（213）
  二、信息在商务活动中的作用 …………………………（216）
  三、商务信息工作的基本程序 …………………………（218）
第二节 商务信息的收集与整理 …………………………（219）
  一、商务信息的内容 ……………………………………（219）
  二、商务信息收集方法与要求 …………………………（221）
  三、国际经济信息的来源和收集方法 …………………（223）
  四、商务信息的整理方法 ………………………………（224）
第三节 商务信息的分类与存储 …………………………（225）
  一、商务信息分类的程序与方法 ………………………（225）
  二、商务信息存储的步骤与制度 ………………………（227）
  三、商务信息存储的要求 ………………………………（229）
第四节 商务信息的传递 …………………………………（230）
  一、商务信息传递的制度 ………………………………（230）
  二、商务信息传递的原则 ………………………………（231）
  三、商务信息传递的方法 ………………………………（231）
第五节 商务信息的反馈与开发利用 ……………………（232）
  一、商务信息的反馈 ……………………………………（232）
  二、商务信息的开发 ……………………………………（235）

第一章 秘书与商务秘书

第一节 秘书的涵义

一、秘书、文书、文秘

秘书是秘书工作的主体,是秘书学理论的逻辑起点。离开秘书,一切秘书工作与秘书学理论皆无从谈起。因此,了解秘书概念,是从事秘书工作和研究秘书学的基本前提。要想做好商务秘书,首先就要知道什么是秘书。

"秘书"一词在中国由来已久,其涵义几经变化。

史料表明,"秘书"一词始见于汉代。据《汉书·叙传》记载:"游博学有俊才……与刘向校秘书。每奏事,游以选受诏进读群书。上器之能,赐以秘书之副。"意思是说,由于皇帝赏识游的学识和才干,就把秘书(宫中秘藏书籍)的副本赐予他。此处所谓"秘书"显然是用来指物,即深藏于朝廷之内的秘藏之书,是君主给予臣子的珍贵礼物,与今天的概念完全不同。

到东汉桓帝时,朝廷首设"秘书监",相当于国家图书馆馆长,负责掌管图书典籍。此时"秘书"的涵义已经由指物转向指国家机关的一种官职。魏晋南北朝时期,中央先后设有"秘书监"、"秘书令"、"秘书丞"、"秘书郎"等,均属文官职称,并开始司掌机要之事。自隋唐两代起,"秘书省"正式成为朝廷的行政机构。

我国现代意义的秘书、秘书机构和秘书工作始于南京临时政府时期。临时政府仿照欧美等国的政治体制,实行总统制,在总统府下设置秘书处,并配备有秘书长等职位。

在中外现代语言中,"秘书"一词的涵义多种多样。如全美秘书协会对"秘书"的定义是:"高级官员的助手,掌握机关职责并具有在不同上司直接监督下承担任务的才干,发挥积极主动性,运用判断力在其职权范围内对机关工作做出决定。"国际秘书联合会对秘书的定义是:"秘书应是主管人员的一位特殊的助手,他(她)掌握办公室工作的技巧,能在没有上级过问的情况下表现出自己的责任感,以实际行动显示出主动性和正确判断的能力,并且在所给予的权力范围内做出决定。"

我国的《现代汉语词典》对"秘书"的释义是:①掌管文书并协助机关或部门负责人处理日常工作的人员,如秘书长、部长秘书;②秘书职务:如秘书处,担任秘书工作。

我国劳动和社会保障部 2003 年 3 月重新修订的《秘书国家职业标准》中,对秘书的定义是:"从事办公室程序性工作、协助上司处理政务及日常事务并为决策及实施提供服务的人员。"

以上对秘书的解释主要包括三个方面的涵义:即秘书是一种职务;秘书是一项工作;秘书是一种机构名称。可见"秘书"一词产生至今,其古今涵义已相差甚远。在古代,从事秘书工作的人不叫秘书,以秘书为官职的人亦非当今意义的秘书。这种古今词同义不同的现象在语言演变过程中是不乏其例的。

在现代社会,秘书被普遍当作一种职务名称,分布在社会各个领域之中。秘书一般分为公务秘书和私人秘书两大类,其职责差别很大,因而形成了诸如文字秘书、政务秘书、外事秘书等若干类型。因此,给秘书下定义很难。要明确秘书的涵义,必须对秘书职责做出本质的概括:第一,秘书的基本职责是辅助领导开展工作,发挥参谋助手的作用;第二,秘书在领导机构和领导人周围工作,根据领导授权独当一面地做出决定并开展工作;第三,秘书的职责范围广泛而庞杂,主要分为办文、办会、办事三大方面,需要高度的责任感、主动性和正确的判断力;第四,秘书广布于社会各层次的组织之中。根据上述分析,"秘书"的定义可以做如下表述:

秘书是在各种社会组织中为领导者或私人办文、办会、办事的参谋和助手,是职务名称之一。

这一定义既具体指明了秘书人员的服务领域、服务对象、工作内容和工作性质,又从广义上说明了秘书是人类社会生活中的一种特有的职业,对整个社会管理具有不可低估的影响。

在当今的机关工作实践中,在称呼"秘书"的同时,人们还时常能够听到"文秘"、"文书"的说法。比如:"小张在学校做文秘工作","老李年轻时在乡里当了好几年文书"。实际上,这三个词既有区别,又有联系。

就一般意义而言,当这三个词用来称呼一项工作时,在内涵上的差别不是很大,指的都是在机关组织内部围绕领导进行工作,准备需要的文字材料,根据领导指示办理各类事务的人员;在外延上,它们略有范围大小之别。秘书工作涵盖面比较宽泛;文书工作涵盖面相对窄一些,重点是围绕文字材料的形成、运转、处理和日常管理开展工作;文秘工作显然涵盖了秘书工作和文书工作。

当特指职务的时候,人们只用秘书或文书,很少使用文秘一词。秘书是专指为领导集体或领导人服务的一种职务。在国家机关中,级别较高的机关和领导人才配备专职秘书,并有集体秘书与个人秘书(非私人秘书)的区别。在国家机关、人民团体、国有企事业单位的办公室工作的人员,虽然所做的都是具有文书和秘书性质的工作,但是它们的职务就是一般的机关干部,可以统称为文秘人员,而不能称为秘书。在机关的基层部门或许多小单位里,由于人员编制少,没有专职秘书,通常只安排一、两个专职或兼职人员做些文秘性质的工作,他们可以称为文书或文秘人员。而在私有公司、企业或平常所说的三资企业中,企业领导(老板、经理、董事长等)均聘雇个人秘书,这是真正意义上的私人秘书。

总之,"秘书"、"文书"、"文秘"三个词,作为职务,有秘书、文书之称,而不用文秘。高级领导机关及其领导人、私有企业及三资企业老板为了工作或业务的需要,专门设置秘书的职位;基层单位设置文书。没有秘书或文书职务,却在做秘书或文书工作的普通办公室人员,可以统称为秘书工作人员或文秘人员。作为一项工作,有秘书工作、文书工作之分,它们可以统称文秘工作。日常使用时,既要弄清它们之间的异同,也要符合使用场合与使用习惯的要求。

二、秘书的分类

像教师、医生、律师一样,现代秘书已经成为一种社会职业。在不同国家和社会制度下,秘书的职责范围不同,分工存在粗细之别,这就使得秘书的种类越来越多、越分越细。我国对秘书一般做如下分类:

1. 从秘书的来源与服务对象划分

从秘书的来源与服务对象划分,可分为公务秘书和私人秘书两大类。

公务秘书是指在国家机关、团体、部队、国有企事业单位中,由组织或人事部门选派的担任秘书工作的人员,在编制上属于该单位干部。目前我国党政机关的秘书均属于此类。他们直接或间接地为领导人或领导机关的公务活动服务,在工作制度和工作的方式方法上,必须严格执行国家的有关法律,遵守国家机关公务人员的统一工作规范。

私人秘书是指由私人、私人企业、民办企业出资雇聘并为私人服务的秘书,这是纯粹意义上的"私人"秘书。近些年来,随着我国改革开放形势的迅猛发展,私有企业如雨后春笋般出现,特别是我国加入WTO之后,境内的三资企业逐渐增多。各种私有企业和三资企业的领导者需要聘请私人秘书为其提供优质高效的服务。随着我国人事制度的改革,人才流动趋势日趋明显,再加上近年来我国开始实施的,目前主要面向私有公司企业的秘书职业证书制度,使许多具有良好的知识背景和娴熟的专业技能的较高素质的人员,受聘担任了私人秘书。私人秘书在遵守国家法律的前提下,向自己的聘任者负责。他们的工作制度以及工作方式和方法,具有很大的灵活性和多样性。可以确信,社会分工中的私人秘书队伍将逐渐扩大,这将大大加快我国秘书职业化的进程。

在此必须指出,在部分高级领导干部身边服务的秘书,都是由相应的组织部门选派并经领导者本人同意后担任的。这些秘书的职务同样纳入干部编制管理,此种秘书工作明显属于公务行为,而非个人或私人行为,因此这些秘书人员必须作为公务秘书看待,而不能将其称为"私人秘书"。

2. 从秘书工作的性质划分

从秘书工作的性质划分,有党政秘书、企业秘书、商务秘书等。

党政秘书是辅助党政机关领导人和领导集体实施决策与管理,保障机关各项工作正常运转的秘书人员。通用于秘书工作的各项原则规范,主要是针对党政秘书制订的。

企业秘书(或可称为公司秘书)是在公司企业中专门为企业领导者统筹公司的各项事务而服务的秘书人员。在私有企业工作的属于私人秘书性质,在国有企业工作的属于公务秘书性质。

商务秘书是在公司企业的经营活动中,专门辅助领导处理各类商业性事务的秘书人员。在西方国家,凡是卓有成就的企业,一定有非常出色的商务秘书辅助公司企业领导者工作。目前在我国的公司企业中,纯粹的商务秘书并不多,即使有也往往是由其他类型的秘书兼任,以致淡化了商务秘书的价值。随着人们对商业秘书在商务运作中的重要性有了进一步的了解和认识,这种不正常的现象将会得到改善。

3. 从秘书的业务内容划分

从秘书的业务内容划分,可分为行政秘书、机要秘书、事务秘书(或称生活秘书)、信访秘书、外文秘书、会议秘书等。

行政秘书是机关首长的重要助手。他们协助首长工作,参与公务讨论,代表首长处理某些公务,列席某些会议,参与某些决策,执笔起草重要公文等。就其工作性质而言,实际发挥着领导的"参谋"、"智囊"作用,有人把他们称为领导的"外脑"是比较形象和贴切的。

机要秘书可谓首长的"贴身助手"。他们的工作是机关文书处理工作的重要组成部分,主要负责首长办公处的保密工作和管理首长的文电材料,并承担首长交办的其他工作,为领导工作服务。机要秘书的特定职责要求他们在工作中应做到:第一,收发文电必须登记,手续清楚,查用方便;第二,根据文电资料的重要程度和缓急情况,按照领导同志的作息习惯,适时呈送阅批,对较长的重要文件,可做出摘要后再送,以节省领导的时间;第三,根据领导阅批意见,将文电及时处理、送办,并及时了解、汇报办理情况;第四,按有关规定保管和及时清退文电;第五,准确掌握、妥善安排、及时提醒领导同志参加各种活动的日程,提前准备所需文件材料,确保不误时、不误事。

事务秘书一般指较大机关中的负责总务、后勤等工作的秘书人员,其中的生活秘书则限于较高级的领导人和高层机关设置。

信访秘书是指各级党政机关、社会团体、企事业单位中专门辅助领导处理和解决人民来信来访问题的秘书人员。他们负责接待来访者,听取人民群众当面陈述有关意见和要求;受理人民来信,筛选重要来信或摘录重要情况和信息及时呈送领导阅批;办理领导同志和上级机关交办的群众信访提出的问题;做好领导同志接待来访的事前准备与事后的交办、催办和检查、落实工作;向有关方面交办重要的来信来访事宜,并抓好检查、指导和催办工作;组织并配合有关部门联合办案,处理"老大难"的信访问题。信访工作是党和政府密切联系群众的桥梁和洞察社情民意的窗口,是反映各方面工作成败得失的"晴雨表"。因此认真负责地搞好秘书工作,有助于领导干部和领导机关"耳聪目明",及时获取工作的反馈信息,克服官僚主义,进一步做好工作。

外文秘书是一种特殊职业。他们主要担负为领导同志做口头或书面翻译的工作,不仅要求翻译速度快,更要求准确。他们是领导同志在外交场合或外事活动中的重要辅助人员。

会议秘书是领导人和领导机关召开的各级各类会议中负责承办、组织和协调服务的秘书人员。为了确保会议的周密、严谨、高效、有序,实现会议目标,在组织会议的工作实践中,经逐步摸索已形成了一整套工作流程,特别是在诸如党代会、人代会、政协会议等规模较大的会议上,还专门组成了会议秘书机构,专事"办会"工作。因此,会议秘书业已成为秘书群体中的一种。

4. 从秘书的职能层次划分

由于领导和管理活动存在着不同层次的区别,秘书也相应地划分为不同的层次。尽管秘书人员所从事的工作性质是一样的,但是也客观存在着职能活动上的某些区别。从秘书的职能层次划分,可以分为初级秘书、中级秘书、高级秘书三种类型。

初级秘书主要从事操作性服务工作,如打印文件、谈话速记、迎来送往、电脑操作、文案管理、接听电话等。这是机关日常事务中大量的、经常性的、必不可少的工作。初级秘书的工作虽然简单,却使领导机关和领导者从烦琐的事务中解脱出来,并避免或减少办理具体事务过程中的许多漏洞。配备初级秘书,是维护机关工作正常运转的基本条件。

中级秘书主要从事辅助管理事务和部分操作性事务。例如筹办各种会议；协调机关内各部门的职能活动；办理文件的拟写、修改、处理、保管及档案信息的开发利用；协助领导发布各种指示并检查落实情况等等。中级秘书在协助领导办文、办会、办事的过程中，要协助领导协调组织各种内外关系，注意从全局利益出发，在领导活动中积极发挥拾遗补阙的职能。

高级秘书是指秘书部门的负责人、助理、首脑机关的专职秘书等。他们的主要职责是在高层领导人身边从事高级参谋和助手的工作。在高层政府机关、规模较大的企业和社会团体内部，配备有高级秘书。高级秘书与初级和中级秘书相比，参谋、协调等方面的工作内容更多，操作性工作内容相对较少。这就需要他们具备很高的综合素质，要精通秘书业务，具有综合指挥、协调的才干和独当一面的管理能力。

明确秘书的分类，无论从理论研究的角度还是实际工作的角度，都有利于充分认识"秘书现象"，进一步加强对各行各业广大秘书人员进行专业培训的针对性。

总之，秘书涵义的多重性及其发展变化情况和秘书种类的纷繁多样，为我们研究人类社会中的"秘书"现象，丰富秘书学的研究内容，提供了广泛的学术研讨空间。

第二节 商务秘书

一、商务秘书

1. 商务秘书的涵义

商务秘书是在公司企业的经营活动中，专门辅助领导处理各类商业性事务的秘书人员，是秘书队伍中的一个重要类型。

在当今的商业社会和市场经济时代，领导工作的内容和方式不断更新并逐渐复杂，领导者在处理各类事务的过程中，对辅助决策和管理的要求逐渐提高。在公司企业内部，企业领导面临激烈的竞争环境，压力巨大，尤其需要商务秘书在如何保证商业运营方面、实现利益最大化方面，为公司领导分忧解难，辅助服务，出谋划策。事实上，商务秘书已经成为公司企业领导者不可缺少的专门化的辅助力量，是领导者体力与智力的延伸，是实现并提高企业经营效益的助推器。

2. 商务秘书的职业要求

做好商务秘书，需要许多方面的知识、能力和必要的素养。除了要符合忠诚老实、诚信守约、执著奉献、聪明机敏等对秘书的共同要求之外，很重要的一条是要具备非同寻常的商业意识。

首先，要有敏锐的商业头脑。要随时保持思维敏捷、信息畅通的状态，注意观察外界事物，善于及时发现、准确捕捉、牢牢把握商机。

其次，要精于收支计算。在把握住商机的前提下，要对这个商机的商业价值，以及怎样有效地利用这个商机、如何辅助领导以最小的投入获得最大的利益回报，有一个清晰明了的判断。

最后，要善于把握商业运作过程。商务秘书辅助领导工作，并非简单地收集资料、整理信息，还需要及时地提出有价值的建议和意见，按照商业运作的模式自始至终地辅助领导完成一个项目的商业化运作。

二、商务秘书工作的特征

1. 商务化特征

商务秘书与其他秘书的不同之处在于其职业定位。商务秘书的主要职责是协助公司企业的领导处理各类商业性事务，例如起草合同、联络客户、收发商务函电、参与项目考察、商务洽谈、商务谈判、商业决策、落实商业活动计划等。满足商业运营活动的需要，是商务秘书存在的基本价值。总之，商务秘书的工作环境、工作职责、工作目标均以商业经营为目的。商务秘书身处商界，要着重于商业事务，要对企业如何在商务运营中实现更多的经济利益负责。所以说，商务秘书工作的商务化特征十分明显。

2. 从属性特征

商务秘书是企业领导根据商务活动的需要而设置的，这是商务秘书工作一般特征中最典型的一点。商务秘书的工作是从属的并服务于公司企业的领导工作的，不能脱离领导工作而独立存在，总是设立在机关内部，处于领导者和领导机关周围，根据领导工作的需要开展工作，决不能代替领导做出决定或做出与领导意图相悖的工作。

3. 机要性特征

商务秘书工作的机要性，源自于商务活动本身所包含的各种机密事宜。商务秘书紧靠企业领导，处于企业的核心要害部位。他们所处理的文件信息资料、协助企业领导制订的商业运营策略，以及一切与商务活动和客户相关的信息情报，都属于重要的商务机密。商务秘书人员必须维护所服务的公司企业利益，严守商业秘密。

4. 被动性特征

商务秘书的被动性主要体现在必须绝对服从公司领导的要求，按照领导意图办事，不可自作主张、自行其是；可以向领导提出建议，但在行动上必须绝对服从领导安排，不得我行我素。

商务秘书必须主动适应领导工作要求,根据工作需要调整工作状态。

5. 事务性特征

为领导者办事是商务秘书的基础职能,这决定了商务秘书带有明显的事务性特征,必须做好大量程序性、非程序性、临时性工作,把小事也要当成大事来办。

6. 女性化特征

这是从秘书主体的角度来说的,与西方的商务秘书具有明显的共性特征。无论从心理学还是生理学特征上说,女性所具有的耐心细致、聪慧敏捷的性别特征都更加适合条理化、程式化的商务秘书工作。同时,女性也容易与男性领导融洽共事,实现性别互补。

三、商务秘书工作的作用

1. 参谋智囊作用

在市场瞬息万变的情况下,公司企业领导常常感到才智、精力、学识的欠缺,这势必影响他们做出正确决策。这就更需要商务秘书发挥参谋智囊的咨询作用,以提高领导科学决策的水平,促进公司企业的发展。这主要表现在辅助公司领导制订决策的过程中。首先,在决策的准备阶段,商务秘书通过信息调研,为领导决策提供参考依据;其次,在选择最优决策方案时,商务秘书凭借自己的职业敏感和理性判断,为领导提供有价值的材料;最后,在领导"拍板"后,对怎样实施决策以及决策实施过程中产生的新情况、新问题应如何处置,可提供参考意见或反馈信息。

2. 事务助手作用

商务秘书的助手作用,主要体现在辅助领导完成下列工作:第一,日常的文书处理、会务和档案管理;第二,文件信息的加工筛选;第三,公务与信访接待以及领导活动安排;第四,做好领导临时交办的工作等。商务秘书辅助企业领导做好事务性工作,能够使领导从繁琐的事务中解脱出来,有更多的时间和精力谋划企业的发展大计。

3. 中心枢纽作用

商务秘书正处于企业决策与管理的中枢位置,发挥着其他职能部门无法取代的枢纽作用。秘书工作是否运转自如,直接关系到公司企业的商务运营能否正常运转。实践证明,商务秘书工作能够优质高效运转,必然促进商业运营的高质量、高效率运转。这是商务秘书的枢纽作用所带来的必然影响。

4. 事务协调作用

在商务活动运营与企业管理实践中,难免出现某些方面的不和谐甚至抵触、"停摆"现象。这时商务秘书就要行使自身的协调职能,缓解工作流程中的堵塞、"停摆"或不和谐现象。形象地说,商务秘书的协调作用,如同公司企业领导工作中的"润滑剂",有了它,工作运转就更加顺畅、和谐。

5. 门面窗口作用

商务秘书工作大多兼有公共关系职能,要进行内外联系、公务洽商、迎来送往等工作,是公司企业的"门面"和"窗口"。所以,一个企业领导的声誉和企业的整体形象,在很大程度上取决于商务秘书工作的质量。商务秘书要用令合作伙伴和客户满意的工作态度、分秒必争的效率意识、全面优化的工作质量和很强的公关意识,认真完成每一项工作,努力为企业塑造良好的组织形象。

6. 耳目信息作用

商务秘书是公司企业中各种信息的主要集散地,是公司领导和各部门工作的"信息库"和"资料库",可以随时向领导者提供信息咨询。在激烈的市场竞争中,商务秘书要善于及时向企业领导提供各种动态信息,"延伸"领导听力,"拓展"领导视力,充分发挥公司企业领导的耳目信息作用。

四、商务秘书工作内容

1. 撰拟与办理商务文书

即根据公司领导的意图起草和处理各类商务文书,这是秘书工作的传统职能。

2. 办理会务

筹办各种商务会谈、商务谈判事宜,做好会前、会中和会后善后事宜。

3. 调查研究

即围绕领导工作需要和当前急需解决的有关问题,调查有关情况,做好信息收集、加工、整理、存储、反馈等工作。这是商务秘书发挥参谋助手职能,直接为领导决策服务的一项重要工作。

4. 协调工作

即在公司领导授权的范围内,就具体的事宜,同有关方面沟通协商、统一认识、消除分歧、解决矛盾,促进领导工作及其他各方面工作和谐有序地运转,最终实现领导工作的预定目标。

5. 商务接洽

就是办理合作伙伴和客户以及有关单位与本公司企业联系公务事宜的接洽工作。这是作为机关"窗口"的秘书工作的经常性内容。商务秘书应忠于职守,熟悉各有关方面的情况,与有关部门保持密切联系;同时,还应掌握"迎来送往"的常规,善于处理人际关系。

此外，搞好文书材料的立卷与归档、安排公司领导公务活动的日程、安排操办商务旅行、完成公司领导临时交办的事项等，也都属于商务秘书的工作范围，应当以认真负责的态度，切实完成好。

五、商务秘书工作的基本原则

1. 准确周密原则

商场如战场。在激烈的市场经济竞争中，商务秘书工作直接为公司企业的领导决策服务，对商业运营具有较大影响。因此，商务秘书必须以高度负责的精神，尽最大努力高质量地完成各项工作任务。

保证商务秘书的工作质量，归根结底就是要使秘书工作的各项内容及工作过程始终处于最佳运行状态，避免差错和紊乱。比如筹办一次商务会谈，从会前的精心准备、会中的周到服务，直至会议善后事宜的妥善处理，全部过程的每个细节都应严谨周密、有条不紊、一丝不苟、杜绝差错。又如，在撰写商务文书的过程中，起草之前要深入调研，掌握第一手资料，摸清有关情况，把准备工作搞得扎实细致；正式起草阶段，要正确体现国家的方针政策，准确领会公司领导的意图，把握问题的本质，不能与国家政策规范及领导意图相矛盾，更不能捏造事实，弄虚作假。草稿完成后，还要字斟句酌地进行加工修改，剔除所有不准确因素。总之，商务秘书的工作必须做到准确周密，提倡严谨认真的工作态度和扎实细致的工作作风，最大限度地减少差错，保证质量。

2. 迅速及时原则

时间就是效益。面对瞬息万变的竞争形势，商业秘书必须具有极强的效率意识，遵循及时迅速的原则，力争以最小的投入，最少的时间，取得最好的效果。

及时迅速的原则应当落实在商务秘书工作的方方面面，时时处处，要以秘书工作的快节奏，更好地为领导工作。

3. 安全保密原则

安全保密是对秘书人员的要求，也是秘书工作必须坚持的重要原则。由于市场竞争和国际政治斗争的需要，各机关组织尤其是高层领导机关，有许多涉及国家政治、经济、军事、科技领域的核心机密，是国内外敌对势力猎取的主要对象。一个公司企业和单位在日常生产和工作中，也会形成事关企业在竞争中兴衰存亡和单位工作能否正常运转的重要秘密事项，与企业和单位的利益息息相关。商务秘书部门属于企业中枢部门。由于职责特点，秘书经常接触到秘密事项，如果稍有疏忽大意，发生机密泄露，就会给公司企业的生产经营活动带来比较严重的影响。即便是企业内部的文件资料，往往也有保密的必要。秘书人员必须恪守职业道德,遵守保密制度,严以律己,守口如瓶,做到知密不泄密,切忌麻痹大意,确保公司机密的安全。既要保证涉密文件、资料物质形态的安全,不丢失,不损坏,还要保证机密信息本身的安全,不失密、不泄密。

4. 精简务实原则

实事求是是一切工作的基本原则。商务秘书在为公司领导服务的过程中,无论是向领导提供信息,提出建议,还是传达领导指令和意图,都要坚持精简务实的原则,要说真话、说实话、为公司领导办实事,一切从实际出发,不可见风使舵,弄虚作假。

第三节　国外秘书简况

由于各国国情、社会制度以及由此决定的领导体制、管理方式的差异,各国秘书工作的差别很大。在从业人员女性化、工作方式现代化、社会分工职业化的共同特征之下,各国的秘书与秘书工作呈现出不同特色。作为商务秘书,需要了解国外的秘书怎样工作,国外的商务秘书工作有什么特点,有哪些值得借鉴之处。受材料局限,本节主要介绍美、日、英、俄四国秘书与秘书工作的简要情况。

一、美国的秘书与秘书工作

1. 具有清晰明确的分类

美国的秘书遍布社会各个领域。在工商企业中,秘书职位分为行政秘书和通信秘书两类。

(1) 行政秘书

行政秘书是指担任领导的助手,处理日常行政事务的秘书职位。按照职位从低到高依次分为 B 级秘书、A 级秘书、经理秘书。他们实际上是为企业的基层、中层和高层领导配置的三种秘书职位。

B 级秘书:根据秘书协会的解释,B 级秘书是在小公司里或为大商行的管理人员,执行范围有限的秘书职务的一种职位。主要工作内容包括记录领导口述、誊写速记稿或录音稿、接答或传达电话、安排约会、安排公务旅行、答复日常信函和保管档案材料等。这种职位只要求任职者具备一般的秘书工作和办公室工作的知识与技能。

A 级秘书:是指为中级管理人员或为几个管理人员执行范围不定的秘书职务的一种职位。其工作内容复杂,由此决定秘书的职务角色多有变化。这种职位要求任职者具备本企业有关政策和程序方面的知识,具备中级以上的秘书工作和行政工作的知识与技能。

经理秘书：即行政助理，是为高级管理人员执行全部秘书和行政职务的职位。其职务内容包括计划、方案的制订和调整并负责这些任务的按时完成，以及为经理办理各种行政方面的具体事务。这种职位要求任职者具有本企业经营实践和组织结构等方面的知识，并具备秘书工作和行政工作的高级技能。

(2)通信秘书

是担任文字处理事务的秘书职位，也叫文字处理员。通信秘书从初级到高级分别称为文字处理员和首席文字处理员。

文字处理员：运用文字处理设备，按照规定的质量和时间标准，输入、编辑、加工修改和传送中等难度的打印文件，校对和编辑文字等。这种职位要求任职者通晓本部门的技术性术语和本企业的经营实践，并熟练操作文字处理设备。

首席文字处理员：运用各种文字处理设备，制作和修订难度很大的技术报告、统计报告等各种文件，检索本企业输入的各种原文和数据，此外还要领导文字处理员的工作。这种职位要求任职者具备相当强的业务能力，并具有一定的组织管理才能。

2. 举行严格有序的考试

美国对秘书的任职资格要求极为严格。每年举行一次国家级的"特许职业秘书考试"，在全球设有250个考场同时开考，其影响范围相当广泛。

(1)秘书报考条件极为严格

一是必须具有大学本科学历，有1年以上的工作经验，工作认真负责且具有一定业绩的才能报考；二是大学生必须具有6年的大学学龄和秘书经历才能报考；三是高中毕业生必须具有6年以上的从事秘书工作的经历才能报考。

(2)秘书考试科目很多

有法学、秘书技能、秘书会计、人际学、管理学、行为科学、办公室秘书工作、实用文体写作等10余门课程。由于考试科目多，连续考试时间长达12个小时。

(3)获得"特许职业秘书"资格(简称CPS)

在世界各地的开考国家，考试合格后获得"特许职业秘书"资格者，都能够找到一份很好的工作。在美国，秘书从业人员都渴望获得这种资格。

3. 具有明确的任职资格要求

在美国的政府机关或公司企业中，获得一个秘书的职位相当不易。全美秘书协会章程中，对秘书任职资格的要求很高，明确规定为以下九条：

(1)像心理学家一样善于观察和理解他人；

(2)像政治家一样有灵敏的头脑；
(3)像外交家一样有潇洒的风度；
(4)有调查各种棘手问题的丰富经验；
(5)有良好的速记能力及文字功底；
(6)熟悉各种商业往来中的法律关系；
(7)能够熟练地使用各种办公自动化设备；
(8)具备相当的金融和税务知识；
(9)能够熟练地对各种文件资料进行整理归类。

4. 设有全国秘书协会

美国拥有世界上最为发达的秘书机构，秘书职业管理相当完善。这与全美秘书协会的推动与影响作用有直接关系。1942年，美国成立了全国性的秘书职业管理机构——全美秘书协会（简称PSJ），总部设在美国密苏里州开普斯城。现在，它已经发展成为世界著名的跨国跨地区性的秘书组织，已有数十个国家和地区的秘书组织加入到该组织当中。全美秘书协会每年7月召开国际秘书会议，举行专题讨论、专家论坛、名人报告等活动，编辑出版有《秘书》、《秘书工作范例》、《职业秘书道德准则》等期刊。在全球设有250个考场，一年一度的国家级"特许职业秘书考试"即是由全美秘书协会统一组织举办的，其规模和影响之大，令全世界秘书界同行所瞩目。

二、日本的秘书与秘书工作

1. 秘书的分类

日本的秘书由低到高分为见习秘书、初级秘书、中级秘书、高级秘书四个等级。

(1)见习秘书

未曾受过专门的秘书教育，主要任务是值班、接电话、送信、来访接待等服务性工作。

(2)初级秘书

有2～3年秘书工作的实践经验，不仅能够熟练地处理见习秘书的各项业务，而且还能承担收发文件；起草信函；预订车、船、飞机票等工作。这是企业领导挑选个人秘书候选人的基本条件。

(3)中级秘书

有4～5年秘书工作的实践经验，工作能够独当一面。其主要工作是为领导安排日常活动日程，必要时代表领导对外谈判，负责指导新任秘书开展业务工作。

(4)高级秘书

相当于秘书长,是领导者名副其实的助手,基本不处理具体的日常工作。其主要职责是负责秘书部门的领导组织工作,在公司召开董事会时,则是经理的高级参谋。

2. 完善的教育考核体系

日本对秘书的培养教育有几个鲜明的特点:一是教育面广,形成了不同层次、不同形式、不同方面的秘书教育体系;二是专业化程度较高,各类学校或设专门课程,或设专业系,或为专门学校,促使秘书教育走向专业化培养的道路;三是适应社会发展和秘书职业化程度不断提高的趋势,加大秘书在职培训和进修力度。

(1)秘书的培养教育

日本对秘书的培养教育,主要分为学校教育和社会教育两个方面:

①学校教育有三种基本类型:

在职业高中开设秘书课程;

开办秘书专门学校;

在大学进行实验性的大学秘书教育。

②社会教育有四种基本类型:

上岗培训。即通过日常工作实地训练,培养秘书的实际工作能力。一般由本企业秘书部门的领导或资深秘书担任指导,按一定的计划和目标,边实践边学习。

岗外培训。某些企业将在职秘书送到社会上的专门秘书教育机构集训一段时间。例如日本经营协会、产能大学、日本秘书协会等均开办这类教育。

函授教育。以函授方式实施秘书专门教育。例如早稻田速记学校、产能大学等设有秘书函授专业,在职秘书、其他在职人员和待业人员均可参加。

专业交流。日本秘书学会(本部设在美国的国际秘书协会)、秘书协会、秘书俱乐部、秘书学研究会等团体,经常通过进修班、研讨会以及发行刊物等方式,促进秘书同行和爱好者之间的交流,不断提高秘书的专业技能。

(2)秘书的资格考试

日本秘书资格考试,主要有以下两种:

①日本文部省认定的秘书技能测试,由日本实务技能检测协会实施。在关于商务秘书的职业要求中,该协会明确阐述了以下几点:

全面理解工作内容,弄清为何要做此事;

弄清此项工作怎样操作才能达到最佳效果;

接到上司的工作指示后,先将其内容要领整理出来,以确定是否有误解之处;

对所接受的指示不明白时,必须当面问清,直至消除疑问为止;

工作中出现问题时,必须立即报告上司并等待指示;

每天工作结束后应进行检查和反省,如自己工作效率不高,检查是否有更好的办法等;

工作中全面周密地思考,灵活机动,避免千篇一律。更应避免被习惯和经验束缚了手脚而造成失误。

日本秘书技能检测考试自1973年开考以来,志愿从事秘书工作和现职秘书大多参加过这种考试。测试形式有笔试和面试等,测试内容包括基本理论(秘书素质、业务知识、一般知识)和实践(仪态、接待、方法与技能)。

②日本秘书协会自立标准组织的考试。1979年开考,每年一次,分两个阶段,分别用日语和英语完成,也有笔试和面试形式,应试者必须高中毕业。

3. 秘书的素质要求

日本的秘书具有令人钦佩的职业风范和过硬的职业技能,这可以说是日本企业界对秘书工作的共识。秘书的业绩源自于企业对秘书素质的高标准严要求。

(1)富有奋发进取的职业精神

秘书无论何时何地都应保持一种奋发进取的精神,不为失败和挫折而气馁。这就要求秘书平时要注意学习并精通业务,善于发现差错并及时采取补救措施。

(2)创造性地完成工作任务

秘书的价值在于为领导决策服务,因此要努力做到在处理大量琐碎、繁杂的日常工作中,创造性地完成工作任务,搜集更多的合理化建议等。如果秘书总是按部就班,不求创新,就会离领导的要求越来越远。

(3)对待机密能够守口如瓶

由于秘书身处企业的中枢部门,在为领导服务的过程中,耳闻目睹了大量秘密。从某种意义上说,泄密是秘书最容易犯的职业错误。为了严守秘密,要求秘书具有丰富的知识和经验,具有高度的职业敏感,随时衡量各种信息的情报价值和各方面的利害关系,既能滔滔不绝,又能守口如瓶。

(4)对外接待做到热情诚实

人们说秘书是"公司的商标",代表着企业的形象。因此,秘书在接待来访客人时,一定要热情、周到、诚实、大方。因为对方把秘书看成是公司的代表,秘书的态度反映了领导的态度。

(5)善于与领导融洽相处

要追求秘书工作的高质量、高效率,秘书与领导之间必须形成默契。为此,秘书必须熟悉和理解领导,了解领导的人生观、价值观准则,与领导处理好各种关系。由于大多数企业都实行领导任期制,秘书要尽快地熟悉工作,通过自己的工作取得领导的信任,这是秘书做好工作的前提。可以说与领导融洽相处,是秘书做好工作的重要保障。

(6)能很好地配合同事工作

由于商务活动日趋复杂,同事之间的相互尊重、相互配合、相互帮助越来越重要。此外,对新任秘书也要尊重,在业务上多给予帮助,使其尽快掌握工作要领,发挥积极性,切忌采取居高临下的态度。

(7)具备高超的交谈技巧

首先,要善于倾听。听取领导指示时,要集中精力,对于工作日程安排中的时间、地点等,若有不清楚之处,不能不懂装懂,要问明白。与其他人交谈时,要准确理解对方的讲话精神,听出"话中话"和"弦外音",若有疑问,要等对方说完话再提问题,并且别忘了将对方所谈的重点重复一遍。其次,要掌握说话艺术。与人交谈要以诚相待,尊重对方,言简意赅,通俗易懂,语音清晰,语速适中;向领导汇报工作时,要遵循"5W1H"原则,即:在什么时候(When);在什么地方(Where);是谁(Who);结果是什么(What);为什么(Why);过程如何(How)。

(8)有比较强的写作能力

商务秘书有大量的信函写作任务,一封得体的书信能够为企业赢得信誉、顾客和朋友,一封失当的信函则可能招致顾客的不满乃至引起纠纷。商务书信和说话一样,也要坚持"5W1H"原则,无论信的内容、形式还是语调,都要十分注意。

(9)衣着打扮要恰如其分

商务秘书的衣着打扮非常讲究,不仅要与自己的职业、形体、性格相称,还要与工作环境相协调,切忌标新立异,过度强化自我。因为,秘书着装不仅关系到自身形象,也从一定程度上体现着企业的形象与风貌。秘书应当遵循着装礼仪的基本规范。

(10)熟练操作办公自动化设备

随着现代科学技术的日益发展,商务秘书必须熟练地掌握文字处理、通讯、复印等各种办公自动化设备,高效、准确地办理各种秘书业务。

(11)主动收集和积累资料,为领导决策提供参考

要根据公司的发展,大量收集有关文件、资料和情报,做好筛选、分类、加工、整理、保存工作,以供领导决策参考。

三、英国的秘书与秘书工作

1. 独具特色的秘书分类

英国对秘书的分类与其他国家有很大不同。按照牛津字典的解释，秘书有三种类型。

（1）国家秘书

负责政府机关的政务工作，名为秘书，实为部长，其名称为 Minister（部长或大臣），但也称为 Secretary（秘书）。

（2）高级秘书

负责政府机关的事务工作，其职责为做会议记录，整理和起草文件等。

（3）私人秘书

如学校、医院、公司企业中的秘书，负责整理记录、通讯、起草与打印日常应用文书等。

2. 简明清晰的秘书等级

在英国，政府机关的秘书人员较多，因基本职责的区别，又分为四个等级：

（1）行政级

上自各部常务次长、次长、司长、副司长、助理司长，下至科长、副科长等，其职责为辅助大臣和协助机关制订、草拟政策，联系与协调各种工作，改进机关组织与工作方法，负责机关内行政人员的考核与监督。

（2）执行级

是文官的中下层人员，其职责是对次要提案进行初步审查分析，对一般性事务进行直接指导，解决处理公务中所引起的问题，负责主持次要工作的进行等。

（3）文书和办事员级

其主要任务是按照法规批示处理特定事务，按规定格式准确记录，回答问题及统计资料，完成简单的文书起草工作，搜集、提供、保存资料，作为上级处理工作的依据。

（4）打字、文书和计算机操作级

大部分为妇女承担，属于雇员地位，主要负责誊写、打字、计算机操作、接听电话等工作。

四、俄罗斯的秘书与秘书工作

与西方国家相比，俄罗斯的秘书队伍基本处于前苏联的状况，还没有实现秘书的职业化和专门化。但是，关于秘书的职责和秘书的从业要求等方面的规定,具有可借鉴之处。

1. 具体明确的职责规定

(1)做好速记工作。速记领导人的指示,整理速记记录,拟写公文,收集拟写报告的各种素材。这些工作有严格的时间限制;

(2)接收和整理来文,并在适当的时候整理发文;

(3)接打电话,组织接待,其中包括对访问者的接待和服务工作;

(4)做好领导人的活动日记,帮助领导人安排工作日程和活动计划,提醒领导人注意当日计划中亟待解决的问题;

(5)安排领导人的公务旅行,并制订旅行路线和计划;

(6)签收和登记公文,包括领导人的往来函件,装订文件及立卷;

(7)组织并参加会议服务工作,包括制订日程表和做好会议记录;

(8)及时处理领导办公室的事务,使领导人摆脱大量繁杂的日常工作,保存好办公室内的文件和案卷;

(9)准确提供信息,即提供书本知识、参考资料以及载有所需情报和资料的其他文献,在领导可能感兴趣之处做出醒目标志;

(10)组织和领导属于秘书管辖下的全体业务人员的工作;

(11)提供领导人和工作人员使用的文具与办公用品;

(12)制订一般性的规章制度。

2. 明确的秘书职位要求

秘书职位要求包含以下几个方面:

(1)业务技能(如速记打字等);

(2)组织工作经验;

(3)可靠性、有效性和责任心,愿意担负起领导人规定的大部分与办公室业务有关的任务,并保证可靠而有效地完成这些任务;

(4)独立性和主动精神,独立解决各种问题;

(5)善于外交,严守机密,无论回答询问、电话交谈或与来访者交谈,都能遵守这些原则。同时,秘书还能同地位、级别低于自己的工作人员打成一片,搞好协作,以实现领导的各种工作意图;

(6)准确严密,包括提供文件、安排会议和出席各种会议准确无误;

(7)忠诚于领导,忠实于工作,特别是要同领导建立良好关系;

(8)注重个人形象与个人素质,着装整洁,性格温和,语言幽默,乐于助人,注意力集中,为人谦逊,渴望求知,酷爱阅读,工作上善于灵活应变。

综上所述,各国秘书工作有着不同的特点,各有值得借鉴之处。商务秘书人员要打开眼界,兼收并蓄,取人之长,补己之短。善于学习和借鉴,永不满足,当是所有秘书人员的制胜法宝。

思考与练习:
1. 简述秘书的分类情况。
2. 商务秘书工作有哪些特征?
3. 商务秘书工作的主要内容有哪些?
4. 商务秘书工作的基本原则是什么?

第二章 商务秘书的综合素质与能力

随着知识经济时代的到来、我国社会主义市场经济体制的建立和我国加入WTO,给商务秘书人才培养提出了许多新问题和新课题。新时期商务秘书人才必须是高素质、创新型、综合型、国际化的人才。只有平时加强这方面素质的培养,才能在商海中真正成为领导的参谋和助手。

第一节 新时期商务秘书的素质

一、商务秘书的政治素质

1. 道德修养

秘书的道德修养主要是指在思想意识和道德品质方面的自我教育,教育的过程是在心灵深处反省、检查,不断吐故纳新的过程。"择善者而从之,识不善者而改之"这就是秘书在新时期道德修养的实质。只有经过长时间的艰苦磨炼才能具有高尚的思想境界和道德情操。

(1)道德意识修养

秘书道德意识修养,最根本的是要树立正确的人生观和价值观,树立全心全意为人民服务的观念,要有集体主义团队精神,在市场经济的大潮中,一定要克服利己主义和拜金主义意识。

(2)道德情感修养

培养高尚而强烈的道德情感,对于和谐与领导、与同事、与客户的关系,创造良好的工作气氛,具有重要意义。

道德情感的修养包括正义感、责任感、荣誉感和幸福感。正义感是要公正地对待他人,对客户诚实无欺;责任感是对公司企业的义务感和使命感,要有"公司企业兴我荣,公司企业衰我耻"的责任感。处处为公司企业的荣誉和客户的利益着想,尽职尽责;荣誉感,个人获得荣誉是与领导的关怀、组织的支持、同事的帮助、客户的信任分不开的,应将荣誉视为促进自己为社会、为组织、为客户尽更大义务的动力;幸福感也是一种道德观念和情感。幸福感是同人的生活目的密切联系的,是人生追求的目标,是由于感受和意识到了自己的理想和目标而引起的心理上的满足和愉悦。一个勇于为商务秘书事业而献身的人,其最大的幸福就是在商务秘书领域中卓有建树。

秘书的道德修养,还包括道德意志、道德行为的修养。2001年9月20日中共中央印发的《公民道德建设实施纲要》的通知中提出的"二十字基本道德规范",是秘书必须遵循的道德意识、情感、意志、行为的最好规范。"二十字基本道德规范"为:

爱国守法、明礼诚信、团结友善、勤俭自强、敬业奉献。

2. 职业修养

职业修养是人们在一定的职业活动中的行为规范。商务秘书的职业修养是规定商务秘书在职业活动中的行为规范。优良的职业修养是商务秘书从事快节奏、高效率工作的动力,是商务秘书自我完善的必要条件,是商务秘书职业活动的指南。商务秘书职业的职业修养,主要是指职业责任、职业纪律、职业情感及职业能力的修养。

(1) 忠于职守,热爱本职

各行各业的工作人员,都要忠于职守,热爱本职,这是职业道德的一条主要规范。作为商务秘书,忠于职守,就是要忠于商务秘书这个特定的工作岗位,要爱公司、爱企业,自觉履行商务秘书的各项职责,认真辅助领导做好各项工作。要有强烈的事业心和责任感。

(2) 服从领导,当好参谋

服从领导,这是商务秘书职业性质所决定的。作为领导的参谋和助手,应当严格按照领导的指示和意图办事。离开领导自行其是,别出心裁,都是职业道德所不允许的。个人的积极性、创造性只能在服从领导的前提下发挥,不擅权越位,不掺杂私心杂念。

当好参谋,就是要发挥参谋作用,在商海中为领导出谋献策。在领导决策民主化、科学化的今天,尤其要求商务秘书,要提高参谋意识和能力,明确不能出谋献策者就不是好的商务秘书的新观念。

(3) 谦和待人,热情服务

商务秘书对内接触领导,对外接触各界人士和客户,因此如何处理好人际关系是商务秘书发挥枢纽作用的至关重要的问题。处理人际关系时,要本着谦和待人,正直、公允、尊重、关心、平等的原则。

热情服务,商务秘书要把为领导服务,为本组织各职能部门服务、为客户和群众服务,当作自己的神圣职责,要充分认识自己所从事的工作具有的重要作用。

(4) 遵纪守法,廉洁奉公

遵纪守法,廉洁奉公,是商务秘书职业活动能够正常进行的重要保证。

遵纪守法指的是商务秘书要遵守职业纪律和与职业活动相关的法律、法规。

廉洁奉公是高尚的道德情操在职业活动中的重要体现,是商务秘书应有的思想道德品质和行为准则。它要求秘书在职业活动中要坚持原则,不利用职务之便假借领导名义以权牟取私利,任何时候都不为名利所动,以自己的实际行动抵制和反对不正之风。

(5)埋头苦干,敬业奉献

秘书工作的性质,决定其工作主要是实干,不计个人利害得失,甘当无名英雄,有为事业而奉献的精神。

(6)谦虚谨慎,办事公道

谦虚谨慎,应是商务秘书应具有的美德。秘书不能因为在领导身边工作而自命不凡,要平等地同各职能部门商量工作,虚心听取他们的意见。在工作中要善于协调,化解矛盾,搞好合作。

办事要公道正派。秘书对领导对群众都要一视同仁,秉公办事,平等相待,切忌因人而异,亲疏有别,更不能看来头办事情。只有公道正派的秘书,才能做到胸襟宽阔,在工作中充满朝气和活力。

(7)恪守信用,严守机密

商务秘书恪守信用,就是要遵守信用、遵守时间、遵守诺言;言必信,行必果。做任何事情秘书都要遵守时间,不能迟到、早退,自己安排的会议或会谈,要事先到场,并做好一切准备工作。秘书要严格遵守诺言,允诺的事情要尽力办到,遇到曲折变化,事先要说明原因,使人信服。

严守机密,是秘书的一个显著特点,也是秘书必有的观念。秘书掌握本组织机密较多,在任何情况下,都要守口如瓶,管好文件和资料,具有严守机密的职业道德。

(8)实事求是,勇于创新

商务秘书要坚持实事求是的工作作风,一切从实际出发,理论联系实际,坚持实践是检验真理的惟一标准。秘书工作的各个环节都要求准确、如实地反映客观实际,无论是搜集信息、汇报情况、提供意见、拟写文稿,都必须端正思想,坚持实事求是的原则。在工作中,切忌主观臆断、捕风捉影,分析问题既不惟领导是听,也不惟"本本"是从,要从客观实际出发。

现在各行各业的管理者和群众,都在破除旧的观念,勇于开创新的工作局面,以求适应新时代的发展。作为领导的参谋与助手更应具有强烈的创新意识,勇于创新,要求不空谈、重实干,在思想上是先行者,在实践上是实干家,要有新理念、新思维,不断提出新问题,研究新方法,走出新路子。

商务秘书的职业道德还包括刻苦学习,钻研业务,努力提高思想和科学文化素质,掌握秘书工作各项技能,这些都是评价一位商务秘书是否称职的基本依据和要求。

二、商务秘书的知识素质

当今是知识经济时代,知识剧增,浩如烟海。谁掌握知识多,谁就能跟上时代的发展,与时俱进,开拓创新。商务秘书由于处在领导阶层之中,接触范围广,遇到的事情多,为做好秘书工作,应具备相当广泛的知识。一要掌握与秘书工作有关的社会科学和自然科学的基础知识;二要掌握秘书工作专业知识;三要掌握做好秘书工作的相关专业知识。

1. 基础知识

商务秘书应具有一定的文、史、哲、数、理、化以及天文、地理、生物、心理等方面的知识,这是做好秘书工作的文化功底,哪一门知识都应该重视。不能因为是新时期,只顾学习新知识,而不重视历史知识的学习。对中国优秀的传统文化要继承和弘扬,对外国的文化历史要了解和尊重。

2. 专业知识

商务秘书的专业知识包括两大部分。一部分是行业领域的专业知识,一部分是秘书工作专业知识。

(1)行业领域专业知识

作为商务秘书,一定要有商务知识,即贸易实务知识。从空间范围看,包括国内贸易实务知识和国际贸易实务知识;从商品范围上看,包括货物贸易、服务贸易、技术贸易三方面的知识;从时间范围上看,包括传统贸易实务、电子商务和现代电子商务三个方面知识。

如果是在企业里当秘书,除了应具有上述贸易实务知识外,还应具有现代企业分类特征和管理、各种类型的企业组织模式和结构、现代企业文化等知识。

(2)秘书工作专业知识

秘书工作专业知识,是秘书工作知识的中心层知识,它直接影响秘书工作水平。现代商务秘书专业知识主要包括:商务信息工作、市场调研与市场预测工作、商务经营管理策划工作、参谋工作、办公室管理与办公室事务工作、公司企业各种会议的组织与服务工作、协调工作、接待工作、公司企业商务旅行管理工作、商务沟通公关交际工作、商务文书拟写与处理工作、商务资料档案工作、办公现代化及电子商务工作等。

3. 秘书工作相关知识

商务秘书除了秘书专业工作以外,还肩负很多管理层面的工作,这就需要丰富的与秘书工作相关的知识。这些知识有助于商务秘书更有效地开展工作，提高工作效率。相关知识主要有以下几个方面。

（1）管理方面知识：管理科学、领导科学、行政管理学、企业管理学、公共关系学等。

（2）法律方面知识：公司法、合同法、劳动法、知识产权法、商标法、世界贸易组织法等。

（3）经济方面知识：社会主义市场经济的特点、市场学、营销学、价格学、广告学等。

（4）金融方面知识：金融机构、金融市场、金融调控、银行结算与信贷服务、国际金融与外汇市场、保险业等。

（5）财税方面知识：会计职能、会计核算原则与方法、会计凭证、税收征收，如对流转额征税、对收益额征税及对财产、行为、资源征税等。

三、商务秘书的心理素质

好的心理素质就是心理健康，指个体在各种环境中都能保持一种良好的心理效应状态，是一种持续的心理上的适应。心理健康的目标，就是能够随环境变化而及时调节心理结构，对社会做出积极的反应，达到同外界的平衡，从而培养符合需要的健全的人格。

商务秘书心理健康由以下几个方面构成。

1. 保持乐观而稳定的情绪，在工作中充满活力

秘书工作头绪繁多，工作量大，常常加班加点，超负荷运转，这容易引起身体和心理上的疲惫，造成心理失调。因此秘书要有心理承受力，充满自信，吃苦耐劳，任劳任怨，甘当无名英雄。

2. 能充分认识自己，公正地评价他人

秘书处在一个涉及上下、左右、内外等各种人际关系的网络中，如果能正确地处理，就会心情舒畅，干劲倍增，工作效率提高；反之，如果相互之间关系紧张，猜忌怀疑，则会产生摩擦和内耗，引起心理冷漠，影响工作开展。

3. 有较强的事业心和目标意识

秘书工作从总体上看具有一定的被动性，但根据商业环境的变化和不同阶段公司企业经营管理的不同要求，秘书工作一定要有主动性和灵活性，往往一个涉及巨大经济利益的决定就在一瞬间，时间就是效益，时间就是金钱。没有强烈事业心的秘书，工作不可能快节奏地运转，不可能和市场变化同步，也就不可能为获得更大的经济效益赢得时间。

4. 积极进取，勇于探索，刻意创新

秘书要增强创新观念。现代社会是"创新者存，守旧者亡"。市场经济的开放性、法制性和创新性,要求商务秘书树立与之相适应的思维方式和工作方法,要有新思路、新举措。

5. 意志坚韧,并善于自我克制

商务秘书要具备坚强、豁达的个性素质,有正确的人生态度,这样才能心有所恃,情有所依,经受得住种种失意和挫折,保持良好的精神状态。秘书还要提高情感修养的自觉性,掌握自我调节本领,要善于自我克制。克制,就是通过意志努力,抵制和战胜不良情感。凡事以秘书活动的需要为目标,不得意忘形,也不忧郁悲伤。

6. 人格健全,有鲜明且较完善的性格

在秘书活动中,不同气质类型的秘书具有不同的特征,应从提高效率、做好工做出发,予以认真研究和安排。大家知道,多血质的秘书一般表现为主动灵活,交际能力强,但缺乏持续性,兴趣易转移,安排重要任务不能不考虑到这一点;胆汁质的秘书一般表现为热情、认真、果断,但容易感情冲动,影响工作的开展;粘液质的秘书一般表现为遇事沉着冷静,长于实干,稳定性强,但往往反应较慢,动作迟缓;抑郁质的秘书敏感细心,一丝不苟,但性情孤僻,优柔寡断。当然气质也会发生变化,不是绝对的。无论哪种类型秘书,只要品德高尚,意志力强,有强烈的事业心和责任感,都能通过不断提高修养而成为合格的秘书人才。

通常情况下,一位秘书在各种场合都应表现得热情忠厚,与人为善,虚心谦逊,严于律己,幽默开朗,遇事坚毅果断,深谋远虑。

性格品质是秘书的主导心理品质,它制约甚至支配着其他一些心理品质,也是秘书各项心理品质的核心。

7. 豁达宽容,自尊敬人,遵守诺言,言行一致

秘书要有包容意识,与同事寻求一致,适宜表现,不要脱离群众,要尊重同事隐私。

不管同事怎样冒犯你,都要学会宽容,得饶人处且饶人,凡事能够忍让一点,这样日后你有什么差错,同事也会原谅你。

8. 乐于交往,建立并保持和谐的人际关系

成功的商务秘书工作者,大都拥有以下几个特点:

(1)他们大部分在意识形态行为上倾向合群,能投入群体活动和跟随、遵守社会价值观念与规范。

(2)在与人沟通的问题上,他们总能容易而清楚地表达自己的见解。乐观谦和,积极向上。

(3)能与他人紧密联系与合作。

(4)对人态度较友善和蔼,尊重人,关心人,踏踏实实,能适宜地表现自己。

9. 个人行为同组织行为和公众利益能协调一致

秘书行为要与组织行为协调一致,不能我行我素,要以公众利益为重,维护组织的良好形象。

10. 在变化的社会环境中能保持良好的心理顺应

心理顺应是指秘书要有健全的心理。

四、商务秘书的健康素质

作为秘书要清楚世界卫生组织确定的人群健康的十项标准:

(1)有充沛精力,能从容不迫地担负日常繁忙的工作。

(2)处世乐观,态度积极,乐于承担责任。

(3)充分休息,睡眠良好。

(4)应变能力强,能适应环境的各种变化。

(5)能抵抗一般的感冒和传染病。

(6)体重适中,身体匀称,站立时头、肩、臀位置协调。

(7)眼睛明亮,反应敏捷,眼和眼睑不发炎。

(8)牙齿清洁,无龋齿,不疼痛,牙龈颜色正常,无出血现象。

(9)头发有光泽,无头屑。

(10)肌肉丰满,皮肤有弹性。

第二节 新时期商务秘书应具有的能力

一、情商、智商与工作能力

情商简称EQ,是美国哈佛大学心理学系教授丹尼尔·戈尔曼在1995年出版的《情感智力》一书中提出的。情商其实是指情感智力,"EQ"是"情感智力"的英文缩写。

所谓情商,是良好的道德情操,是乐观幽默的品性,是面对并克服困难的勇气,是自我激励、自信、持之以恒的韧性,是同情、理解和关心他人的善良,是善于与他人相处,并能把握自己和他人情感的能力等等。

随着世界步入网络时代,情商越来越被人们所重视,人们普遍认为情商是通往成功的必备素质。戈尔曼教授认为个人的成功,智商的优劣占20%,情商的优劣占80%。由此可见,作为商务秘书人员,要想事业有成,就必须重视自身情商的提高。

智商,简称"IQ",是"智力商数"的英文缩写,是科学测定智力所获得的数

据,用以表示智力水平的高低。它的具体计算方式如下:

$$IQ(智商)=\frac{MA(智力年龄)}{MA(实际年龄)}\times 100$$

从以上公式可以看出:智商就是智力年龄与实际年龄的比率。

例如,一位20岁的秘书经过智商测验,她的测验分数达到了22岁秘书的平均水平,那么她的智力年龄就是22,这位秘书的智商即为:

$$IQ=^{22}/_{20}\times 100=220$$

也就是说,这位秘书的智商略高于同龄的秘书,是一位聪明的秘书。

商务秘书要提高工作能力,就需要对情商、智商加强培养。一个秘书能力强,有"悟性",不能不说是因其情商、智商比较高。

可见,要作为一名高智商的商务秘书,就得发展智力,提高能力。

二、商务秘书应具有的主要工作能力

1. 善于与领导相处的能力

秘书工作是领导工作的重要组成部分,秘书工作好与坏,直接影响领导工作效率的高与低。秘书要当好领导的参谋助手,必须善于同领导处理好关系。

秘书与领导的关系是一种纵向的上下级关系,但又不同于一般的上下级关系,是一种特殊的上下级关系。说它特殊,是因为领导和秘书在人际关系处理上是以互相信任为前提的。领导与秘书之间要互相商量、互相理解,秘书对领导要尊重,领导对秘书要信赖。

处理好与领导的关系,应遵守以下原则。

(1)服从而不盲从的原则

服从原则,是指秘书必须服从领导的决定,贯彻执行领导的批示,完成领导随时交办的任务,不得以任何借口拒不执行,也不得随心所欲,自行其是。但服从不要盲从,有不同看法和意见要善意提出,供领导参考。

(2)尊重而不庸俗的原则

尊重领导就是要维护领导的威信。维护领导的威信是秘书的本分,是顾全大局的表现,在任何时候、任何地方都不说有损领导尊严的话,对领导决策不要百般挑剔,吹毛求疵,而应坚决积极地贯彻执行。但同时对领导工作的看法要实事求是,不要有庸俗的阿谀奉承之举。

(3)主动工作而不"越位"的原则

领导不可能事必躬亲,这就要求秘书工作要有主动性,能够独当一面,替领导处理一些问题。但要正确认识自己的社会角色,摆正自己的社会位置,防止和克服出现"越位"现象。

秘书与领导相处应注意的问题。
①秘书对每一位领导都要尊重与服从,不可因人而异,亲疏有别。
②要善于领会和理解领导意图。
③工作要能独当一面,替领导处理一些棘手的问题。
④要维护领导的面子和尊严,领导有错时,不要当众纠正,不要让领导感到你比他强。
⑤秘书要特别讲究礼貌礼节,遵守时间,称谓得体,与领导要亲密有度。
⑥多做实事,不说空话,多做少说,甚至光做不说。
⑦不计较个人利害得失,工作要出色,作风要谦虚谨慎、实事求是。
⑧要常汇报,多请示。汇报要简明扼要,不要让小事、杂事分散领导精力。要注意领导的兴奋点和关注点,想领导所想急领导所急,把领导交办的任务完成得漂亮些。

2. 培养观察预见能力

(1)观察能力

谁有敏锐的观察能力,谁就能做出远胜于他人的业绩。观察能力不是天生的,而是在生活与实践中逐步培养出来的。
①在明确观察目的的前提下,养成按计划系统地观察的习惯。
②要注意细节。忽略细节,结果往往差之毫厘,失之千里。
③要特别留心意外现象。

(2)预见能力

预见能力是人们揭示事物发展规律,预测事物未来结果的能力。这个预测的依据,就是事物的内在联系。预见能力每位秘书都有,而且时时在用。善于预见的秘书,工作就主动,就成功;不善于预见的秘书,工作就被动,工作就不会出色。
①预见要有目标意识

预测过程是从树立未来的目标意识开始的。所谓目标意识,就是对活动目标的想像,它能激发人们克服困难,朝着目标努力。
②预见要有信息意识

作为秘书为了使自己的预见更具有创见性,不仅要留意于众所周知的信息,更要留意鲜为人知的信息;不仅要留意宏观信息,还要留意微小信息。只有这样,秘书的预见性才能产生更大的成功。

3. 分析综合能力

(1)思维能力

思维能力是分析综合能力的基础。思维能力是认识事物本质的能力。人们对客观事物的认识,是从感知开始的。感知所认识的,是事物的外部现象,即"感性认识",光凭感知是无法认识事物本质的,往往会被现象所迷惑,产生不自觉的错误结论。所以,我们必须在认识事物的外部现象的"感性认识"的基础上,认识事物的内部本质,升华到"理性认识"。升华到"理性认识"的思维方法多种多样,有正向思维与反向思维,有侧向思维与多向思维,有聚敛思维与扩散思维,有趋向思维与求异思维等等。商务秘书在工作中,不仅能运用多种思维方法,而且要能做到多种思维方法的结合,能由感性认识飞跃到理性认识。

说得通俗一点,思维就是思考,思考就是"想一想"。秘书工作虽忙,但遇事要好好想一想,多提几个为什么,须知几个问号的背后往往就是揭示事物本质真相的惊叹号。多想,多实践,思维能力就会提高。

(2)分析综合能力

分析和综合,就是善于透过现象看本质,在大量的、个别的事物中找出它们的规律。

商务秘书的分析综合能力主要表现在:

①阅读概括能力。每看一份文件或材料,要能比较迅速地概括其中心、要点,即写出文件内容提要,附在文件上,以节省领导阅读文件的时间。

②在工作中能提出新问题、新思路,供领导决策参考。

③对来信、来电、来访反映的问题,能分析出轻重缓急,向领导提出处理意见。

④要经常从报纸杂志、网络上搜集、筛选对本公司企业有用的信息,以求更好地发挥秘书的参谋助手作用。

4. 勇于创新、独立办事能力

(1)创新能力

"创新是民族进步的灵魂"。在激烈的市场竞争中,谁能创新谁就能占领市场,谁就是胜者。

秘书的创新不是搞什么发明,而是思考怎样提高工作效率,怎样当好领导的参谋,搞好策划。要有新理念、新思维、新方法。

①要创新就得排除固定观念。固定观念往往把人封闭在一定的框框里,墨守成规,只会抄抄写写,不会出谋划策。

②要创新就得有怀疑和否定的精神。"怀疑能把我们引向研究,研究使我们认识真理"。人们的思维有惰性,容易相信自己的经验。作为秘书不能持怀疑与否定的精神去观察事物,就难有新的见解。

③要创新就要与隔行的思想接触。创新需要自我启发,更需要自己知识

经验之外的思想启发。这样才会促使秘书工作有灵活性和应变性。

④要创新就要保护"好奇心"与激发求知欲。所谓好奇心,是指对新异事物进行探究的一种心理倾向。爱因斯坦说:"我没有特别的天赋,只有强烈的好奇心"。可见,一个人只要好奇心强烈,就会不断地去求知,在正确思想的指导下,将会有所创新。

(2)独立办事能力

①要能及时、高效地办理事务。秘书工作是领导工作的一个组成部分,而领导工作又影响全局的工作。因此,秘书工作的延误,就会给领导工作造成被动,其影响是全局性的。对于这一点,作为商务秘书工作者,一定要有清醒的认识,把增强时间观念和提高工作效率作为独立办事的努力方向。

②周到、细致地做好领导活动的安排。领导的参观学习、视察、节庆、仪式、宴请等活动都要安排周到,做好各项准备工作,尽量节省开支,注意安全。

③能够处理突发事件。"领导不在家,秘书来当家",如遇到偶发性事件、火灾、交通事故、食物中毒、刑事案件等,秘书反应要快,行动要及时,既要大胆、果断,又要注意细致、稳妥。要及时向领导及有关部门报告情况,并尽快赶赴现场协调处理,做好现场维护保卫工作,妥善处理善后工作。

5. 公关交际能力

(1)公关能力

公共关系作为现代公司企业营销的手段,在商务实践中被越来越多的有识之士所重视。特别是我国加入WTO后,商务活动更多地融入国际社会,使得公共关系更成为商务实践活动中的热点。作为商务秘书人员一定要掌握现代公共关系的基础知识与方法,以求更好地做好辅助决策工作。

秘书从事公共关系活动的基本目标是在社会公众中树立起本公司企业的良好形象。其基本原则是:真诚合作,互利互惠。其基本方法是:搜集有关信息,辅助领导做好公司企业管理工作;为本公司企业营销活动提供咨询和建议;要利用媒体进行传播与沟通,提高本公司企业的美誉度和知名度;要大力开展社会交往,增进客户与社会各界对公司企业的了解和支持;要对本公司企业员工进行教育引导,创造良好的经营环境。

(2)交际能力

随着市场经济的发展,人与人之间的交往更加广泛、频繁,公司企业在激烈的竞争中都希望建立和维护良好的人际关系,以求事业顺利发展。这就要求位处领导部门的秘书必须具有很强的善于同人交际的能力。

①在交际中要有良好的第一印象。良好的印象就是内在形象和外在形象都要好。内在形象要诚实、讲信誉,多为对方着想;外在形象要展现出朴素的

风度。"风度是无声的交友世界语",潇洒而典雅的风度,是无形的广告,沟通的起点,能强化人际吸引,有助于秘书在与人们交往中打开局面。

②在交际中要表现出有益于人的能力。能力突出的人,一般具有较强的吸引力,使人产生钦佩感,愿意与之接近。事实证明,能力差、缺乏自信和能力高、骄傲自大,这两种人都不具有吸引力。能力高,也要平易近人,说话、做事都要为对方考虑,不要计较个人利害得失。

③在交际中要坚持双成、双胜、双赢的原则。交际活动的核心就是双成合作,即彼此都有利益的合作;在合作的基础上要求发展,即双胜;在双胜过程中双方不断获得社会效益和经济效益,这就是双赢。当今社会,作为秘书只有有效益的交际,才有助于公司企业的发展。

④在交际中要发扬有利因素,克服不利因素。

交际中的有利因素有:

接近性。时空距离越近,越能提高人们之间的接触与交往的频率,越容易达成共识。

相似性。相似性包括年龄、性别、职业、社会地位、价值观、信念。主要是"志同道合"。价值观越相似,相互吸引越大。

另外就是互补、能力、形象、热情等因素。

交际中的不利因素有:

不尊重人,缺乏热情。

只关心自己的利益、兴趣,忽视别人的处境和利益。

操纵别人的观念,对人不诚实。

过分服从或取悦于人。

情绪偏激、多疑、妒忌心强。

过于自卑,缺乏自信等。

6. 竞争谋略与决策能力

(1) 竞争谋略

竞争是商品经济的客观要求。商品经济条件下,众多的生产经营者,要争夺有限的顾客消费,必然就要竞争。市场竞争是推动社会生产和企业发展的重要力量。

作为商务秘书,宏观上要以平和的态度对待竞争,微观上要想办法,有谋略,争取在竞争中获胜,这就要求秘书了解商情,当好领导参谋。

商务竞争的手法多种多样。一般常见的有:减价、更新产品、改进服务、改变销售渠道、宣传广告等等。具体采用什么样的竞争手法,秘书要多为领导考虑。

(2)决策能力

在竞争中要根据本公司企业产品情况选择竞争手法,这就需要正确的决策。

①决策的程序。选择什么竞争方案,需要的正确决策。正确决策是确定方案、分析方案、选择方案并最后决定方案的总称。这个过程,一般可分为三个步骤:确定目标、寻找和分析能够达到目标的各种可行方案,最后选择一个最有竞争力的方案。

②竞争决策要依靠群众的集体智慧。竞争决策涉及面广,问题复杂,需要采取领导与群众相结合的办法,把各方面的积极性调动起来,集思广益,出谋划策。

③竞争决策要大胆创新,高瞻远瞩,既要积极慎重,又要灵活应变。决策中要求新、求奇、求特,更重要的是要有信心和勇气,这常常是成功的关键。

④要获取经济效益和社会效益,一定要处理好公司企业与国家利益的关系,不能采取非法的竞争手段。

7. 口头表达能力

口头表达能力是商务秘书做好工作的最基本的能力。提高口头表达能力,要注意以下几点。

(1)说话要有实用性

实用性是对语言运用的高层次要求。秘书讲话不必语调铿锵、声情并茂,每一句话都要围绕目的。秘书在工作中讲话要受到严格的限制,必须注意到具体的对象,具体的环境,具体的内容,具体的要求,切忌随心所欲,语无伦次,言过其实。

(2)说话要有真实性

商业的信誉,公司企业的形象,都应该在实事求是的基础上。秘书说话要以诚立其言,不虚构,不粉饰,每一句话都必须落到实处。向领导汇报工作,一就是一,二就是二,不能报喜不报忧。列宁说:"我们的力量在于说真话"。实事求是,一切从实际出发是秘书应具有的职业道德。

(3)说话要有针对性

秘书在工作中说话,会受到客观环境与政策法规的制约。如与来访者的谈话,要根据对方的身份、知识水平,选择不同的角度和词汇,即使对方了解你谈话的意旨,也要表现出你精通业务,态度诚恳,语言得体。说话要服从需要,看准对象,因人而异,俗话说"见什么人说什么话"。说话能做到因人而异,随机应变,获得最佳效果,并不是一件容易的事情,需要平时下功夫学习口头语言的表达技巧。

(4)说话要有规范性

如在接待工作中,迎客、待客、送客都有一套约定俗成的礼貌用语。如问候语:"你好",征询语:"你有什么事情吗",道歉语:"对不起,实在抱歉",慰问语:"让你受累了","请你稍候"。等等,都属于规范性用语。但规范性不是公式化,秘书说话,表情要自然大方,和颜悦色,语气以温和、亲切为宜。

(5)说话要有艺术性

作为秘书说话要注重实用,并有一定的规范性,但不是要求千篇一律,千人一面,不讲艺术性。说话谁都会,但要把话说得好,就不能不注意说话艺术、谈吐仪态。在业务交往中,谈话需要文雅时,不能粗俗;需要委婉时,不能直露;需要明确时,不能含糊;需要模糊时,也不能精确。甚至伴随说话时的一举一动,一颦一笑,都会为谈话造成一种氛围,为达到谈话目的产生直接影响。

8. 文书撰写与处理能力

文书撰写与处理是商务秘书的一项重要工作。撰写文书是一项脑力劳动,撰写一篇好文书,必须熟悉我国现行文书制度、各类文种及其用途,秘书要具有根据工作需要熟练撰写各种文书的能力。

商务秘书不仅能熟练撰写通用公文,也要熟练掌握商务信函、国际商务文书、商务诉讼文书、商务营销文书、商务公证文书、商务传播文书、招标投标文书等专业文书的撰写方法。

不论撰写哪类文书,都要掌握好文书的四大要素。

(1)主题。主题是文书要表现的意图,包括:观点、意见、要求、方法等。主题要正确、新颖、鲜明、集中,要有新理念、新思维、新方法。

(2)材料。材料是形成主题的依据,是表现主题的支柱。材料的选用要真实、典型、切题。材料要靠日常积累,"宜未雨而绸缪,毋临渴而掘井"。

(3)结构。有了主题,有了材料,就要谋划好结构。选用材料是为了"言之有物",安排好结构是为了"言之有序"。结构是写好文章的"蓝图",建房子要有蓝图,蓝图设计得好,房子才能盖得好。写文章也一样,结构要井井有条,层次清楚,不同的文种,要有不同的结构模式。

(4)语言。列宁讲:"语言是人类最重要的交际工具"。具体到文书的语言要求为:①准确,即选词要恰当,选句要严密。②简要,即写文章要简明扼要。"文书贵简",一要精简内容,紧扣主题;二要精炼语言,文约而事丰。③庄重,文书语言不能口语化,要严谨、平易、朴实,不求文词华丽。④规范,规范是文书的生命。用字要规范,不能用不规范的简化字;用词要规范,保证含义的惟一,不生歧义;语句要规范,用语务必周密确切。

文书处理是一项非常重要而细致的工作。随着市场经济的发展,文书在公司企业日益频繁的商务活动中所发挥的作用越来越大,因此,加强对文书处理工作的规范化、制度化、科学化管理显得更加重要。作为商务秘书一定要掌握文书处理工作的基本要求、行文制度的准则方式、文书处理程序等。

9. 实用技术操作能力

这是指商务秘书对现代化办公设备的操作能力和其他技能、技巧的掌握能力。需要掌握并会使用会场扩音器的设备、电脑、复印、传真、缩微、摄影、摄像、录音、录像、文字处理机、多功能电话、商务通、驾驶汽车等。这些技能是秘书能力中的"硬件"。

思考与练习

1. 简述新时期商务秘书应具有的职业修养和道德修养。
2. 新时期商务秘书应具有哪些能力?
3. 说明情商、智商与工作能力的关系。
4. 商务秘书的心理健康由哪几个方面构成。
5. 秘书要处理好与领导者的关系应遵守哪几项原则?

第三章 商务秘书的参谋作用

商务秘书不是"传统型"秘书,而是"现代型"秘书,不但要会写作、会英语、会电脑等,而且还要成为领导的"智囊"、"思想库",辅助领导决策,当好领导的参谋。

第一节 商务秘书参谋职能的内容与原则

商务秘书作为商业组织领导的参谋助手,参谋职能是其工作整体职能中的首要职能。商务秘书的参谋职能主要体现在领导决策的参谋作用、领导商务活动的参谋作用及领导日常工作的参谋作用三大方面。

一、领导决策的参谋作用

决策是领导工作的核心,是对两个以上备选方案的选择过程,其目的是为了有效地达成目标。决策是管理工作的基本要素,是领导者的基本职能,决策的正确与否决定着各项工作的成败。

辅助决策就是指智囊团、职能部门和秘书部门协助领导集团或领导个人做出正确决断并付诸实施的动态过程。它在决策的全过程中,对领导者在知识(包括理论)、能力(包括技术)、经验和精力等方面给予决策活动全面的补偿,以提高决策的科学性和时效性。

由于秘书部门处在一种联络上下、协调左右的特殊地位上,是领导决策辅助力量中的枢纽,现代商业组织中的商务秘书人员作为辅助管理系统,在其职业活动过程中必然要发挥辅助领导进行决策的职能。

1. 商务秘书辅助决策的特征

(1)全局性

商务秘书的特殊地位和职能决定了其在进行辅助决策时,不能只考虑某一具体方面或某一具体单位(部门)的情况,而必须具有全局观念和意识,站在全局的高度,在高层次上对领导决策提供直接的全面的辅助。即商务秘书在为领导辅助决策时,必须客观地、全面地、多维地看待问题、分析问题,不仅要看到局部,而且要看到整体,不仅要看到现状,而且要了解过去,推测未来。只有全局在胸,才能进行最佳决策。

(2)综合协调性

科学决策是集团决策,要依靠各方面的辅助力量,进行综合决策。

秘书系统的辅助决策活动不仅具有信息系统的功能,如综合处理信息、推动信息交流等,而且还具有智囊系统、执行系统和监督系统的某些功能,如调查研究、拟定方案、督促检查等等。政策研究部门、各个职能部门对领导决策的辅助只能是某一方面的,而秘书部门是综合部门,要总揽全局、联系各方。

在决策过程中,综合协调这个角色是十分重要的。这个角色"表演"得好坏,对决策的效率和质量有很大影响。综合协调好,就能集思广益,把各种正确意见集中起来,分清真伪,在信息交流中引起思维共振、观点碰撞,启迪心灵、激发灵感,使认识越来越准确、思想越来越深化,保证决策的正确和完善。

(3)全过程性

决策的过程大致可以分为准备阶段、决断阶段、实施阶段。商务秘书对领导科学决策辅助的全过程性,是指秘书部门对领导决策的辅助工作贯穿决策程序的每个阶段,即秘书部门要从大量的信息中向领导提出决策方向,辅助领导选定正确的决策目标,并组织智囊团人员进行方案设计、评估优选,供领导决断,辅助组织对决策进行实施、追踪、修整、总结等工作。这种全过程性的特点也是其他辅助决策的部门或机构所不具备的。

(4)经常性与事务性

管理事务是秘书部门的日常工作。秘书部门辅助决策的参谋作用大量地寓于办理具体事务之中。秘书辅助领导科学决策的经常性和事务性主要体现在两方面:一是在重大决策辅助过程中承办大量具体事务,如印发调查表、收集资料、联系咨询机构、综合各种意见等。二是承办事务时秘书要对领导决断进行必要的辅助,要提出意见或建议,而不是将每件事原样上呈。预案辅助是秘书经常性、事务性辅助决策的重要表现形式。另外,秘书要围绕领导工作随时出主意、想办法,做好随机参谋工作。

2. 商务秘书辅助决策的原则

(1)定位原则

商务秘书活动的根本性质决定了其在领导的决策过程中,只能发挥参谋、智囊和助手作用。作为参谋助手,秘书必须始终将自己置于辅助的地位,特别是领导审定、决断时,更要做到一切从"谋"的地位出发,"谋断分开,只谋不断"。这里的"谋"就是参谋服务,"断"指决策活动中最佳方案的最后选择。作为秘书,要十分清醒地认识到决策的主体是领导者,只有领导者才有权对方案作最后的选择。秘书人员要做到既不失职又不越权,在领导者的决策过程中,始终摆正自己的位置,切不可反辅为主、左右领导。

(2)超前原则

由于决策都是对未来行动的抉择,因此决策本身就具有两个需要解决的问题。一是决策滞后性问题。一般说来,总是问题在先,决策在后。加上决策本身需要一个时间过程,因此决策往往落后于问题的发生和变化。二是决策执行的不确定性问题。情况和问题总是不断发生并且变化的,即使在决断时看来是正确的决策,在执行中也会遇到一定的风险。为了实现决策的科学化,提高决策的可靠性,必须坚持超前原则,即在科学预测的基础上搞好超前决策,以防止问题的发生,或者尽可能在问题初露端倪时便及时予以解决。

作为商务秘书,应当做好三方面的工作:一是认真做好信息的预测工作;二是积极向领导提供超前性、防范性决策的课题及方案;三是提前做好领导决策活动的各项事务性准备工作,以保证决策活动的顺利进行。

商务秘书应具备预测的本领和预见的眼光,多提供未来的信息,多考虑未来的需要,多拟定"防范措施",发挥超前服务的作用。要实现决策的科学性,提高决策的可靠性,秘书就必须坚持超前服务的原则。

(3) 信息原则

信息是决策的基础和依据,科学决策的过程就是信息沟通的过程。决策正确与否,主要取决于决策所需的信息是否及时、准确和全面。因此,在决策的各个阶段、各个环节都要高度重视信息。商务秘书要实现辅助决策的职能,就应当十分重视信息工作,为领导科学决策收集、加工、处理和提供及时、准确、适用的信息,满足领导在科学决策的各个阶段及每个环节上对信息的需求。

(4) 协调原则

现代商务决策活动既是一项复杂的系统工程,又是一个多变的动态过程,它涉及到整个决策系统和相关系统以及构成系统的各个相关环节。随着决策的科学化、民主化程度的不断提高,决策活动中所涉及的工作、组织和人员也越来越多。领导决策时必须考虑全局,以免做出顾此失彼、因小失大的错误决策。所以一项成功的商务决策,往往要依靠有效的协调。商务秘书在辅助决策时,要特别注意做好协调工作,使决策中的各种力量能够和谐一致,形成整体合力,保证领导决策的整体效能。商务秘书在辅助商务决策中的协调主要包括程序协调、事务协调和组织与人际协调。

(5) 合法原则

国家和政府的法律、法规和政策方针规定了商务组织领导活动的指导思想、工作原则、活动方式和范围,也规定了领导决策活动的程序及组织形式,因此商务秘书在辅助决策中应遵循法律制度的基本原则,依法进行辅助决策工作。

(6)谏诤原则

决策是一个动态过程,受多种因素的影响和制约,难免发生错误或失误。商务秘书一旦察觉或发现决策中的不足或过失,或可能导致的不良后果,应本着对事业、对组织负责的精神,实事求是地向领导进言,直言不讳地提出自己的意见和建议。

3. 商务秘书辅助决策的主要环节与独特作用

商务秘书在领导决策的系统程序中,每个环节都有其重要的工作。

在决策准备阶段,秘书要受命调查研究,收集、整理各种信息,按照领导意图筛选课题,对各种草案组织论证,为决策方案出谋划策。

在决策进行中,秘书要组织好有关会议,协助对决策的评估,并要在决策形成后及时根据决策内容起草相关的决定、决议、条例、章程等。

在决策实施阶段,要迅速传达决策,督促检查决策的执行,并搜集反馈信息,为今后调整决策目标和完善决策方案提供依据。

秘书要协助领导把科学机制引入决策过程中,利用科学技术手段,把决策变成集思广益的、有科学依据的、有制度保证的过程,借助他人的头脑弥补领导个人才智、经验和精力的不足,使决策实现民主化和科学化。

秘书和智囊团建议的作用在于增强领导决策工作的信息量,而不是代替领导做出决断。但秘书部门的参谋和智囊咨询机构的作用和职责是有区别的。智囊咨询机构的工作是相对独立的,只负责研究问题提出方案,不负责执行过程。秘书辅助决策不仅仅是提供各种建议,还有信息收集整理、沟通协调及督查等多种作用。

第一,信息收集整理作用。即围绕领导所进行的决策活动,进行调查研究,将收集的各方面资料进行整理加工,给领导决策工作提供各种经过深度加工的信息。

第二,沟通协调作用。现代决策体制是由决策中心、信息系统、智囊系统、执行系统、反馈系统等构成,秘书部门是决策中心和其他环节的联络中介,起着沟通信息、协调运作的作用。

第三,督查作用。决策前,秘书人员介入情况、调查研究、提出预案。在决策实施阶段,秘书人员进行督促检查,及时向决策中心提供决策落实的真实可靠的情况以便于领导对决策加以修订和完善。总之,秘书的督查作用体现在决策活动的全过程。

二、领导商务活动的参谋作用

商务秘书的工作环境,无论是企业,还是其他机构、实体、组织,其工作均以经营为目的,因此它的商务化倾向十分明显。商务秘书的参谋职能在相当程度上体现为对领导商务活动的参谋作用上。以下我们着重从几个主要方面来理解商务秘书对领导商务活动的参谋作用。

1. 主动协助商务洽谈

商务洽谈是经济组织为从事商品交易活动而同交易伙伴进行的协商活动,其目的在于就某项合作或交易达成共识。

商务秘书在领导商务活动中的参谋作用主要体现在商务洽谈中。

(1)商务洽谈前的准备工作

洽谈之前的准备工作充分与否,对洽谈结果影响很大。

洽谈前一般需做好以下几项准备工作:辅助领导选派洽谈人员、协助领导确定洽谈目标、搜集洽谈资料、拟定洽谈协议草案、选定洽谈时间、地点等。此阶段商务秘书最主要的参谋工作是为领导搜集洽谈资料。

洽谈是一项智力竞争,事先需要查阅大量资料,掌握充分的信息,建立明确的洽谈目标,制订洽谈计划。以引导对方和洽谈活动沿着自己设计的轨道发展。

一般来说,洽谈前搜集的资料主要包括三方面:一是对方公司的基本情况。包括该公司的发展历史、原料情况、产品的性能和特点、市场占有率和市场潜在需求情况、技术状况和工艺水平、价格水平和结算方式、信息处理能力等。二是谈判对手的资历、地位、谈判风格、心理状态、成功或失败的记录及其原因,以及对我方的态度、与我方交往的历史等。三是对方的文化背景和习惯等方面的资料。这些资料看起来与洽谈无直接关系,但在关键时刻,有时则会产生意想不到的作用。

资料的来源很多,只要平时注意收集、积累和整理,就会得出对洽谈有价值的信息。但是,在商务洽谈中不能采取欺诈和蒙骗的方法去获取信息,因为这与洽谈活动的宗旨和商业道德是相违背的。

(2)商务洽谈过程中的参谋作用

较为完整的洽谈一般可分为导入、概说、明示、交锋、妥协、协议六个环节。商务洽谈的进程,就是洽谈双方相互尊重、相互体谅,争取在友好气氛中促成谈判,最终达成协议的过程。

商务洽谈的过程,实际是一个互相合作的过程,双方都应在考虑自身利益的前提下兼顾对方利益。洽谈绝不是一场你输我赢的比赛,更不是一场你死我活的斗争。洽谈过程中,各自想方设法维护自身的利益是情理之中的事,但不应该,事实上也不可能在完全损害对方利益的情况下达成谈判协议。洽谈的结果,应该是双方或多方都能在满足自己需要的基础上,达成一致的协议。任何成功的洽谈,尽管在利益分割上可以有多寡之别,但实际上都不存在胜利者、失败者。商务秘书应熟悉商务洽谈的各个环节及其要求与规范,努力促成洽谈的成功。

2. 积极提供商业信息

信息是领导决策的依据,是现代组织管理的基础,是组织与市场联系的纽带,是组织、政府和社会联系的重要渠道,所以现代决策者必须强化信息意识,加强组织信息系统建设。

在现代商务组织经营管理中,有五方面的信息事关组织生存和发展的经营战略决策:一是有关国民经济运行的情况、前景及宏观调控力度和相应政策变化的信息;二是有关国内外市场供求趋势和价格行情的信息;三是有关本行业经济整体运行态势、趋向及采取的战略性措施的信息;四是组织内部生产经营运行的态势、分析与预测及本组织在全行业所处位次的变化情况的信息;五是竞争对手的生产经营状况及发展趋向。商务秘书应紧紧围绕这五个方面搜集、筛选、加工和整理信息,提出分析意见和建议,供领导者、管理者决策时参考。

3. 精心组织商业仪式及专题活动

随着社会主义市场经济的蓬勃发展,企业的专题活动和各种仪式越来越频繁。针对某项活动,举行一个气氛热烈而隆重的仪式,可以表明企业对活动郑重、严肃的态度。同时,邀请社会各界人士参加,还可以制造舆论,扩大影响,让社会了解企业,提高企业知名度。

所谓商业仪式,是指在一定场合下举行的具有既定程序,业已社会化、规范化了的商务活动,主要有开业典礼、剪彩仪式、签约仪式等。专题活动,是指企业围绕某一明确的目标而专门开展的社会活动,如商品展销会、记者招待会等。

商务秘书要按照要求,精心组织安排好各种商业仪式及专题活动,使其办得热烈、隆重,富有新意,给人留下强烈而又深刻的印象。

4. 了解掌握商务礼仪及商务习俗

对于商务人员来说,商务礼仪是其思想水平、文化修养、交际能力的外在表现;而对企业来说,商务礼仪是企业价值观念、道德观念、员工整体素质的集中体现,是企业文明程度的重要标志。因此,商务礼仪成为直接塑造企业商务人员形象,间接塑造企业形象的重要工具。

不同国家、不同地区的商人,有着不同的风俗习惯和风格,同他们进行商务交往,应当熟悉其风俗习惯和处事风格。

作为商务秘书,应当通过各种方式帮助领导者了解并掌握有关的商务礼仪和商务习俗,在领导进行商务活动的准备活动及进行过程中,适时地提醒领导者,以协助其有效地进行商务活动。

5. 有效处理商务纠纷

商务秘书应协助领导做好处理顾客投诉、处理企业间相互竞争以及处理经济合同纠纷等商务纠纷的工作。

(1)正确处理顾客投诉

虽然很多企业都有专门负责处理顾客投诉的部门,但在顾客不了解分工的情况下或是在一些没有专门分工或分工不明确的单位,商务秘书往往要承担处理顾客投诉的工作,处理时要注意以礼相待,讲究说话艺术。

正确对待顾客的投诉,对于维护消费者的利益、改进服务工作,塑造企业良好形象,都是大有裨益的。

(2)正确处理企业间相互竞争

企业间的相互竞争是市场经济发展的内在动力,竞争的焦点主要在商品价格、商品质量、服务、广告宣传、信息等方面。处理这类问题时,商务秘书一定要头脑冷静,保持谨慎的态度。在保护企业自身利益的同时,要特别注意遵守商业道德和竞争行为规范。

(3)正确处理经济合同纠纷

我国的经济合同法明文规定,发生经济合同纠纷时,由当事人及时协商解决;协商不成时,任何一方均可向国家规定的合同管理机关申请仲裁,也可以直接向人民法院起诉。

不论协商、仲裁或判决的结果如何,都要始终坚持有礼有节,做到输官司不输礼节,输钱财不输人格。

三、领导日常工作的参谋作用

在重大决策工作中,商务秘书在决策的每个阶段都肩负着重要的辅助决策任务。但这只是商务秘书辅助决策工作的一部分。在日常工作中,商务秘书作为领导的参谋与助手,还肩负着经常性的辅助决策工作。这是由商务秘书所处的特殊位置所决定的:商务秘书既掌握较多的全局的信息,又经常与领导接触,对领导的工作情况了解较全面,因此一些日常工作的处理,主要靠商务秘书提供情况,辅助决策。商务秘书参谋职能的发挥贯穿于秘书工作的各个环节,体现于秘书工作的各个方面。

商务秘书在日常工作中的参谋作用一般有三种形式:咨询辅助、预案辅助和补偿辅助。

1. 咨询辅助

领导要做好工作,单靠经验指挥决策已不适应客观形势的需要,领导还要经常向秘书咨询政策性问题、战略性问题、情报性问题,或历史性问题、反馈性问题等等,以便充分了解情况,在纵横比较中科学决策,做好各项工作。为此,商务秘书要做好直接咨询辅助和间接咨询辅助的工作。所谓直接咨询辅助是指商务秘书直接向领导提供政策、信息、资料、形势等方面的咨询服务。所谓间接咨询是指商务秘书将从社会智囊群体中获取的有关信息或谋略提供给领导。

直接咨询辅助工作要做到有效地为领导的科学管理服务,就必须做到:超前、科学、独立。

间接咨询辅助工作也很重要。秘书要加强与社会智囊机构的联系,成为联系领导与智囊机构的桥梁。

2. 预案辅助

所谓预案,从秘书工作范畴讲,是指秘书人员在办文、办事、办会等过程中,预先为领导提出建议、设想等,或称之为拟办意见,供领导审定时参考,也包括领导决策前的拟办意见。

预案辅助有两种:一种是重大决策方案的辅助,另一种是秘书人员在办文、办事、办会中预先提出的实施措施、意见。

预案辅助是商务秘书辅助领导对一些具体问题做出决策的经常性工作。做好预案辅助工作可以提高领导的工作效率,同时也有助于提高商务秘书的工作能力。

3. 补偿辅助

新时期秘书对领导的补偿辅助主要表现在:完善领导一闪即逝的零散思想和弥补领导知识的不足。领导干部和秘书由于经历不同,掌握的知识不同,所处的位置不同,看问题的方法不同,所以各有自己的长处与短处。秘书经常可以弥补领导在知识、精力、视野等方面的不足。一般说,一个领导如果对某问题接触较多,研究较多,具备某方面知识,又有在一定历史条件下的工作经验,那么他能提出比较完备、正确的意见。而在一些新的工作面前,处理某些问题时,常常是有感而发,提出的处理意见往往是零散的、狭义的,有些新设想有其闪光点,但往往一闪即逝,自己并未注意。商务秘书就要经常将领导零散的意见系统化,将"闪光点"明朗化,将狭义的意见归纳提炼理论化,使之适用于指导工作。

新时期各类知识不断更新,领导即使掌握的知识再多,也难适应现代化建设需要,所以商务秘书要经常为领导传播新的知识,拓宽领导视野,帮助领导处理一些新问题。

商务秘书的参谋职能和办事职能是互相联系的,很难分得清楚。在办事过程中,秘书人员如果很好地发挥了自己的主观能动性,具有创造性地开展事务工作,也就发挥了参谋作用。

第二节 善于领会领导意图

商务秘书是为商业组织领导服务的,是领导的助手。其工作既要符合党的大政方针,又要符合一个部门一个单位领导集团和领导个人的正确意图。

所谓领导的正确意图,就是指领导个人、领导班子、领导团体在指导其所在系统的工作过程中所提出的正确意见。不管是用文字形式发布命令、请示、决定,还是用口头形式提出意见,都是领导意图的表现。领导的意图蕴含在文件、指示或口头指示中,要靠秘书人员去理解、体会、询问、请教。秘书人员的积极性、创造性,必须以符合国家政策和领导意图为前提。

一、了解领导性格特征及需求

在工作中牢固树立为领导服务的观念,是商务秘书工作成功与否的关键。在处理任何问题时,都只能根据领导的意图和指示的精神办理,所以善于领会领导意图对秘书人员来说至关重要。

在实际工作与生活中,每个具体的领导者在思想观念、知识能力、品行风格、兴趣爱好和气质性格各方面都会表现出不同的个性特征。此外,由于每个领导者所受的教育不同、所处的地位和环境不同以及思维方法不同,对一个问题的看法就不可能完全一致。有的领导者工作起来雷厉风行,有的则三思而后行;有的比较超脱,有的则细致周到,商务秘书同领导者交往的具体内容和方式也应因人而异。一位合格的秘书要尽快地了解、熟悉领导的个性,只有这样,才容易领会领导意图,适应领导的工作作风和习惯,有助于根据领导特点做好参谋、助手。

此外,秘书了解了领导的短处、缺点、弱点,就能起到拾遗补阙、防止疏忽和纠正差错的作用,有助于领导扬长避短。这样的秘书,领导不仅喜欢,而且视之为工作生活中的挚友和贴心人。比如:有的领导性格内向,不好说话,遇事只说大意,那么秘书就要特别注意揣摩和领会他指示的内涵,在正确领会指示精神的基础上做出具体计划。有的领导工作态度认真,能力很强,对每一项工作都会有明确的指示,只要照办就可以了。有的领导十分尊重下级,遇事总先听听秘书的意见,这时秘书就必须具有较强的超前意识,遇事先考虑,要给领导提出中肯的意见。有的领导说一不二,这时秘书就要抢在他做出决策之前提出自己的建议。有的领导喜欢读书,喜欢探讨和研究问题,这时秘书就要主动去搜寻有关资料,并且自己也经常阅读,讨论时能说出一二,这样领导会很高兴的。

领导者的个性是个极其复杂的多面组合体,对任何一位领导者的辅助、补偿、沟通和交往,都不是一蹴而就的,需要秘书人员平时耐心细致地观察,不断摸索和总结经验。对领导者了解得越深刻,秘书成功的把握就越大;对领导者一无所知或者知之甚少,就很难成为一个成功的秘书。

二、领会领导意图的原则

秘书的职能作用主要是为领导服务,其辅助决策主要以贯彻领导的意图为宗旨,必须紧紧围绕领导的意图,依据领导的决策意向进行,原则上不能游离、更不能自行其是,而且秘书的参谋建议仅供领导参考。这种受限制的特征要求秘书在辅助决策中要自觉受制,争取主动,必须服从领导的决策意图和意向,把自己的工作纳入领导决策的基本轨道。但是,受制并不意味着完全被动,秘书要争取主动,不能缩手缩脚、压抑个人才智。

作为商务秘书要正确领会领导意图应遵循以下原则:

1. 思维的同层次性

秘书和领导在职位上是上下级,职务层次不同。在发挥参谋作用过程中不能囿于自己职务级别范围的思考方式,而要与领导者在思考问题上保持同一方向,想领导所想,实现思维的同层次性。不要仅仅站在自己职位的层面去思考,而要从领导的角度去思考,这样才能充分领会领导意图。要求商务秘书进行超职级思维,学习和掌握领导者的思维方式,将自己思维的角度、目标、方式和方法能动地接近于领导,着眼于全局性问题,朝着实现全局目标的方向去研究,扩大思维的时空跨度,追求与领导智能活动有效的结合,形成互补。

秘书虽然是辅助决策,但要使自己对本单位的工作提出准确而适度的意见,就必须从领导者的角度去思考,这样才能比较准确地掂量出问题的分量。秘书从领导的角度思考问题时要注意三点:一是围绕领导者的基本职责思考问题;二是跟踪领导者的"注意力"思考问题;三是捕捉领导者的"兴奋点"思考问题。

2. 学会换位思考

换位思考,即与对象交换位置,站在对方的立场上去思考问题。这是理解他人、全面认识问题的思想方法之一,也是秘书领会领导意图的重要方法之一。在人际交往中,由于每个人的个性差异和社会角色差异,看问题难免囿于一隅,难免存在片面性。商务秘书与领导由于角色差异或思想层次差异看问题不一致,或有较大争执时,不要急躁,而应换位思考,站在领导的立场上观察事物,思考问题,将心比心,寻找与领导沟通的最佳方法。这样,就比较容易理解领导的意图,化解矛盾,友好交往,改善人际关系。

3. 同向思维和反向思维的有机结合

同向思维即秘书沿着领导者的思维轨迹,对领导者的思想、意图加以充实、发展、完善。这在秘书给领导者拟写讲话稿的过程中表现得最为典型。一般情况下,领导者对于讲话稿只向秘书提些原则性的意见或思路,或者确定一个基调,而具体的材料、观点需要秘书去收集、组织、推理、论证,使之成为一篇观点鲜明、材料翔实、语言准确而又生动形象、富有逻辑的讲话稿。

同向思维是要求商务秘书加强对领导意图的延续性思维。领导的意图有时还不完整和清晰,秘书要摸清和正确领会领导的意图,沿着领导已有的思路进行深入的思考和研究,创造性地贯彻领导意图,拓展和阐发领导的意图,使目标变得具体明确,然后与领导一起讨论,确定决策目标与决策方案。

反向思维即在目标一致的基础上,秘书从不同的思维角度、思维取向、思维重点和思维方法,同领导者的思维相互碰撞、相互砥砺,从而实现互启互补。只要秘书的反向思维有助于推进领导工作,领导者也明事达理、尊重秘书的意见,其补偿作用是不可低估的。

商务秘书应有效地运用同向思维和反向思维,从而更好地领会领导意图。

三、领会领导意图的方法

1. 直接观察与间接了解相结合

直接观察就是通过同领导的正面接触来了解领导。尽可能正面接触是新秘书了解领导的直接有效的方法。秘书人员应尽可能多地随从领导外出;在领导做指示时认真聆听,把握领导发出意图的方式,准确领会,熟悉其口语习惯、语言风格;留心领导的举动,把握领导思维、办事和生活的特点及规律。

间接了解就是通过间接的途径来了解领导。秘书人员应留心听取经常在领导身边工作的同志对领导特点的介绍、评价;留心搜集基层干部群众对领导的施政、决策、政绩、作风等方面的反映;查阅领导以前的讲话稿和签批的文件,了解领导对事物的看法和观点。

在上述直接观察和间接了解的基础上,秘书要进行认真的综合思考,把对领导的零散的认识综合成系统的印象,找出特点和规律。这就要求秘书平时注意做好笔记,有的放矢。

2. 加强沟通,善于运用多种信息沟通方式

沟通是秘书处理与领导关系的最基本的手段。秘书应当采取积极沟通的方法予以协调,如平时根据领导者的兴趣爱好,适当安排业余活动,创造机会相互交流感情,增进友谊。

秘书人员在沟通活动中,要将自己与领导摆到平等的位置上,既尊重领导的意见和感情,也时刻牢记自己与领导在人格上是平等的,从而在一种平等、友好的氛围中交流思想、沟通感情,实现双向沟通。

沟通方式是进行信息沟通时所采用的方法、技术或技巧的总称。一般可划分为语言沟通和非语言沟通两大类。语言沟通又包括口头语言和书面语言两种形态。不同的沟通方式各有自己的优缺点,商务秘书要善于运用各种信息沟通方式,有效地与领导之间进行双向沟通,从而更好地领会领导意图。

3. 加强听知能力的培养

听知能力又称口语理解能力。听取领导者的口头指示,记录领导者的会议发言和对某些事情的陈述等,都离不开秘书人员的听知能力。一般来说,领导者喜欢无需交待两遍就能明白意图的下属。商务秘书的听知能力首先要求秘书人员注意力高度集中。语言信号是易过的,秘书人员不能随便要求说话人特别是领导者重复他们的讲话。因此高度的注意力,是秘书人员听知能力的基础。其次要求秘书人员具有迅速准确的理解力。口语信号的表达往往同一定的情境有关,也常因不同的表达风格而使同样的话具有不同的含义。秘书人员要善于从领导的发言中抓住要点,判断其真实用意,察觉其言外之音,从领导的语气、停顿、眼神、表情和姿势中体会其说话的分量,从而抓住矛盾的焦点,找到问题的症结。这就要求商务秘书人员在倾听领导谈话时,不仅用耳,更要用"心"。

4. 正确领会领导意图

领导意图是指领导在其所控制的系统实现目标的过程中针对某个问题提出的实质性意见。由于受特定的主观心绪和客观环境的影响,它常常具有隐蔽性和不确定性,这就有了真实与否的问题。因此,秘书在接受领导意图的时候,要辨别领导意图的真实性和确定性。一般来说,领导在生气时情绪波动比较大,理智不足,做出的决定往往不是确定的,不能原封不动地去执行它。作为商务秘书应等领导怒气消退后再去征询,这时领导会冷静地思考,也许就改变了主意。

5. 心细如发,掌握方法

作为商务秘书要细心把握领导者的工作规律,努力适应;细心观察领导者的近期"兴趣",努力满足;细心体察领导者的生活习惯,努力服务。在领会领导意图时,注意方式方法。

如投石问路就是不要一次向领导提出一大堆问题请其解答,而是要在"投石"中摸清领导的思路和基本构想。商务秘书应注意准备两个以上的方案,选择好适当的时机并善于听出倾向性意见。

懂得暗示是商务秘书在与领导相处的过程中,与领导默契配合的过程。秘书要领会领导者的暗示就要学会"听话听音";善于察言观色,做到"善解人意";还要有一点"灵气"。

注重闲谈是将看之随意的闲谈作为商务秘书了解领导的重要方法。秘书人员要重视"闲谈",讲究"闲谈"的方式方法,注意在闲谈中把握领导者的思路并做好"闲谈"后的工作,如即时记录、系统整理等。

四、根据领导意图做好参谋工作

从社会分工与人际关系的角度来说,在现代社会,领导和秘书只是社会分工的不同,他们所从事的工作都为社会所需要,都是为社会和组织服务的。领导和秘书之间的关系,既不是封建社会中的依附性的主仆关系,也不是资本主义社会中的雇佣性的金钱关系,而是一种新型的人格平等关系。但从工作岗位与工作性质看,任何组织中的工作岗位,都有上与下、主与辅的区别。在上下主辅关系之中,领导是上级,秘书是下级,领导处于主导地位,秘书处于辅助地位。下级服从和服务于上级,辅助性工作服从和服务于主导性工作,这既是组织原则,也是工作需要。违背了这个原则,颠倒了这种关系,任何组织都无法正常开展工作。

作为商务秘书要正确理解"参谋"观念,有效地发挥参谋作用。

1. 既要当"参谋",又不能"越位"

商务秘书要增强参谋意识,就要经常用"若我是领导怎么办"来提醒自己,不在其位也谋其政,这是秘书为领导决策服务、当好参谋应该具有的责任感,但绝不能以此反辅为主,甚至"越俎代庖",忘乎所以,误以为自己为领导决策提供参谋服务实际上就是决策人物,而把领导的决策主导性反视为被动接受,甚至背叛领导擅自对下级发号施令。

2. 既要领会领导意图,又不能见风使舵

在辅助决策的工作中,商务秘书要善于领会领导意图,并在预案拟制中准确地体现出来。这种能力是做一个秘书必须具备的,否则很难有成效地拟制预案,辅助决策。善于领会领导意图的秘书主要是靠平时思考("若我是领导该怎么处理这个问题?""领导平时处理这类问题的主要经验或方法是什么?"等)、留心观察、仔细聆听(如领导在正式讲话中对某工作的提法是做出强调,还是一般性提供;领导在非正式讲话中对某问题的态度是褒还是贬;领导在文件材料上的指示是什么态度等）。

辅助决策时要求秘书领会领导意图,并不是无原则地、盲目地去揣摩领导的心理,然后察言观色,见风使舵,按照领导的"口味",出主意、提建议,这样的"参谋"有百害而无一益。秘书也不应该迎合领导片面的或错误的决断,只维护团体利益而损害国家和人民的利益。秘书更不能为了个人的私利给领导出"馊主意",报复他人。秘书应该成为领导的诤友,要大公无私,坚持原则,这样才能正常地发挥参谋作用。

3. 既要"守口如瓶",又要"大胆献策"

秘书紧靠各级领导决策中心,介入领导活动多,掌握内部情况、接触重要机密多,但决策尚未实施,文件尚未制发之前,秘书不当说的绝对不说,必须守口如瓶,坚持坚定的原则性和高度的组织纪律性。但秘书要参谋辅助领导决策,又应该大胆出谋献策,倾其"锦囊妙计",将自己的聪明才智,融入领导的决策之中,充分发挥参谋作用。

4. 既要"如履薄冰",又要"开拓创新"

商务秘书向领导出谋献策时要有"如履薄冰"之感,就是说时时提醒自己,献策时要注意调查研究,实事求是,千万不能碰运气,存侥幸,倘若出错了主意不但无助于工作,反而会产生不良影响,甚至会造成损失,所以献策之前,要尽可能把问题考虑得周到,要沉着、冷静、谨慎,真正做到有谋三思而后出。当然,要有"如履薄冰"之感并不是提倡胆小怕事,畏首畏尾,墨守成规。新时期的商务秘书要立足本组织,全局在胸,放眼世界,看清组织发展现状,根据事物发展变化的规律,预测组织发展趋向,在此基础上解放思想、大胆开拓创新、拟制可行性预案,供领导参考。

5. 既要独立思考,又要集思广益

善于独立思考的秘书往往能很快掌握本单位工作的规律,很快适应不断发展变化的形势,善于在变化中抓大问题、抓问题实质,向领导及时提供有见地的参谋意见。但是同任何高明的领导人不能"包揽一切"的道理一样,任何精明能干的秘书人员也不可能事事都能提出科学可行的参谋预案,尤其在全局性的重大的战略问题上,想向领导提出真知灼见的见解,仅凭个人一己之见是不行的,商务秘书还必须善于发挥集体的智慧,博采众人之长。这个"集体"既指秘书部门的其他秘书人员、组织内部其他部门的人员,也指有关单位的智囊们。每当领导在对重大问题进行决策前,秘书要到有关部门"请诸葛"、"搬援兵",集思广益,这样才能优选出良计妙策。

商务秘书正确理解"参谋"观念,就能充分发挥聪明才智,为领导的民主决策、科学决策提供有益、有效的参谋意见。

第三节 当好参谋的新意识、新方法

一、当好商务活动参谋的新意识

1. 转变意识

"四个转变"是现时期秘书工作方式转变的重要内容,其主要目的在于增强秘书部门智力服务的比重,以提高为领导参谋的水平。

(1)从偏重办文办事转变为既办文办事,又出谋划策

领导的首要任务在于决策工作,制订方针政策,而现代的许多商务决策不仅涉及纷繁复杂的商业环境,而且往往牵涉到政治、经济、科技、环境、法律等诸多方面的复杂问题,靠个人和经验的决策已经行不通,这就要求决策的科学化和民主化。除了重视和发挥现代智囊团的作用外,也要充分发挥秘书的参谋作用。秘书工作的参谋作用体现在秘书工作的各个方面,突出地体现在对领导决策的辅助工作上。在领导决策前要做好收集决策所必须的信息,提出有价值的可供参考的建议和办法,做好准备工作;在决策过程中,根据情境变化,提出调整、补充意见,做好控制工作;在决策执行以后,要收集反馈意见,及时总结经验等。

(2)从收发传递信息转变为综合处理信息

在现代社会中,信息是效率、是质量、是生命。辅助领导科学决策、办文办事、起草文件以及联系各方等都必须依靠信息。所以,秘书工作的一切方面都离不开信息,新时期特别要求秘书必须强化信息意识,研究信息理论,只有这样才能做好服务工作,更好地起到参谋助手作用。

商务秘书的信息工作主要包括六个部分:一是抓信息的处理;二是抓信息反馈;三是抓信息工作系统;四是建立健全必要的信息工作制度和工作程序,保证信息工作的高质量、高效率;五是办好信息刊物,作为传播信息的媒介;六是指导下级做好信息工作,使信息工作形成网络。

(3)从单凭老经验办事转变为实行科学化管理

现代社会化的大生产带来了社会活动的大变化,社会活动变得越来越复杂,世界各国之间的政治经济文化相互联系、相互制约、相互依存的关系越来越明显,越来越复杂;而且在各国内部,各行各业、各个系统之间的关系也越趋复杂性,联系更加广泛。所以现代商务决策也变得复杂起来,影响决策的因素和所涉及的领域空前增多,靠个人的经验决策已经难以适应时代的要求了,因此商务决策必然趋向科学化,要以科学的思考、科学的计算和预测为依据,并运用现代科技手段来进行决策。

决策程序科学化是科学决策的重要组成部分。决策作为一个过程,必须具有一定的程序,一个完整的决策过程一般包括七个步骤:从收集与分析信息到确定目标,然后探索与制订为达到目标可供选择的各种方案,接着比较并评价这些方案,择优选择最后方案并加以实施,再在执行决策中进行反馈和跟踪检查,以保证最后实现预定的目标。

(4) 从被动服务转变为力争主动服务

秘书部门要发挥主动性、创造性,提高工作的预见性、有效性,开创主动服务的新局面。

秘书是服从和服务于领导的,在领导与秘书的关系中,领导处于主动地位,秘书处于被动地位。在工作上,往往是领导安排,秘书执行。被动性同样是秘书工作的特点之一,但需要说明的是我们应该正确理解被动性的含义。这里的被动性是从秘书与领导关系角度而言的。就秘书的具体工作要求来看,又应是主动的,秘书可以而且应当思想活泼一些,在工作中发挥自己的聪明才智,勇于创新,充分发挥主观能动性,根据事物和组织运动发展的趋势,主动向领导及各部门提供服务,只有这样才能提高秘书工作的整体效益。

2. 树立正确的角色意识,把握好秘书的职业身份特征

秘书工作的特点决定了秘书的参谋工作具有内容的综合性、参谋活动的受限制性、参谋工作的随机性及参谋工作与事务工作紧密联系的特点。

社会角色是指一个人在所处的特定的社会和组织中的地位,而特定的社会和组织则规定了角色的特定的行为模式。秘书的社会角色有两方面的特征,一方面他在领导身边工作,以某种方式参与管理,处于组织的中心位置,起着沟通左右、承上启下的枢纽作用,有时在群众心目中,他们是领导或者组织的代表;另一方面秘书工作又具有服务性和服从性,他们必须做许多琐碎的事务性和服务性工作。这种双重性决定了秘书工作者必须具备正确的角色认知,把自我角色评价和社会对角色的期待相结合,将主观可能和客观需要相结合,只有在角色的自我评价与社会组织的评价程度都较高时,才最能发挥工作效率,保持激励状态。要当好秘书这一角色,就必须把这种社会期待和要求内化为自己的角色心理,在自我评价和社会评价之间调整自己的行为。

3. 把握好秘书发挥作用的"适度点",努力做到既不失职也不越权

秘书辅助领导决策应遵循"参谋适度"的原则。所谓适度,就是要求秘书人员在决策活动中要审时度势,讲究工作艺术,做到恰到好处。

"不失职"就是要认真做好参谋工作,搞好调查研究、收集整理信息情报、论证决策目标、拟制决策预案、督促检查决策的实施及反馈信息等。"不越权"指秘书在决策活动中只能谋不能断。如果秘书喧宾夺主或反客为主,则有碍领导决策。

4. 正确发挥,不自作聪明

秘书有创造性见解,可以向领导提出来,供领导参考。但是不能干扰领导工作,不能强加于领导,让领导按秘书的意图办事,更不能在领导没有认同的情况下闹情绪、撂挑子,或另搞一套,跟领导对着干。这是秘书的职业道德所不允许的。即使自己的想法、意见、建议是正确的,是符合全局利益的,也应该允许领导同志有一个认识问题的过程。秘书可以暂时保留意见,切记不能将自己的意见强加于领导,一定要严格按领导的正确意图办事。

当领导的意图有不妥之处时,秘书应该勇敢地、实事求是地向领导提出,并阐述自己的理由;当领导修正自己的意图后,秘书应自觉地按领导的正确意图办事。这既是对领导负责,也是对组织负责。

5. 要具有综合效益意识,讲求整体高效原则

效益大小是衡量决策的一条重要的客观标准,秘书人员要协助领导从经济效益、政治效益、社会效益以及代价效益和环境效益等多方面来综合地评价决策的成败优劣。

商务秘书虽未在第一线从事具体的生产或销售工作,但他们所从事的秘书工作都直接关系到商业组织的经济效益和社会效益。一条有价值的信息、一个好的建议、一次成功的会议,都会给组织带来效益。相反,也会给组织造成损失。

整体高效原则是指秘书机构作为秘书群体集合的组织和商务组织领导者的工作机构整体出现的。只有通过合理的设置,才能有效地将秘书的个体功能转化为整体功能,从而使其高效运转,为领导和组织提供有力的服务。根据整体高效原则,在设置秘书机构时首先要考虑领导和商业组织办公的整体需要,顾及秘书工作的各个方面,特别要注意对秘书活动的管理的覆盖面,尽可能不留空白点,然后在这个基础上,对各类秘书工作进行深入、细致的分析、比较,根据轻重缓急,进行科学的分类,规定组织等级,分配合适的人员,从而达到整体设置合理、高效运转的目的。秘书人员之间也要注意相互配合、分工协作、合理搭配,从而吸收每个人的智慧,有效地提高辅助决策的参谋作用。

6. 积极适应,不断自我更新

所谓积极适应,是指秘书人员以积极的心态自觉地适应社会变革对秘书角色提出的新要求,并成为社会变革的推动力量。秘书工作要适应新的形势,必须更新观念、转变思想,适应当今的经济转轨和社会变革,树立效益观念、竞争观念和开放观念。

知识更新也是观念更新的一个重要方面。现代社会各种新知识、新学科不断涌现,知识更新的周期越来越短,知识老化的速度越来越快。特别是在经济转轨、社会转型时期,知识更新是全社会普遍面临的重要课题。知识更新说到底也就是一个不断学习新知识的过程。目前,商务秘书人员迫切需要学习现代经济和管理方面的新知识、新理论以及和办公自动化相关的新科学、新技术。这是主动适应当前社会变革的需要,也是成为一个合格的现代商务秘书人才的必备条件。

二、当好商务活动参谋的新思维

1. 商务秘书的思维

思维是人脑借助语言对客观事物进行的概括的和间接的反映,这种心理活动对于商务秘书工作具有极其重要的意义和作用。实际生活每天不断地向秘书提出种种需要解决的问题,领导意图的贯彻、群众反映上来的各种意见和建议的整理、各种人际关系的协调等等,都需要秘书的正确思考。在社会实践中秘书通过积极思维,掌握各种工作活动的规律,就可以运用这些规律预见事物的发展进程,做好领导的参谋和助手,所以商务秘书必须具有良好的思维能力。

在秘书工作中运用较多的是形象思维和抽象思维。形象思维能力即运用形象进行思考的能力。抽象思维能力即运用概念、推理进行思考的能力。这两种思维能力对秘书工作都是不可缺少的。有形象思维能力,秘书人员才能把生活中的大量素材经过分析整理、加工改造,使之构成完整的形象体系。有抽象思维能力,秘书人员才能对自然现象和社会现象形成规律性认识。两种能力协调作用就能使秘书工作生动活泼而又不乏严密紧凑性。

2. 商务秘书的思维过程

思维是在寻找解决问题的答案中进行的。秘书的工作总是面临一个个问题的解决与落实,所以,问题是秘书思维的动力,解决落实的过程就是秘书的思维过程。解决问题的思维过程可以分为发现问题、分析问题和解决问题等几个阶段,秘书的思维过程也是沿着这样的线索进行的。

3. 商务秘书的思维品质

人的思维具有一般共同性,它的产生和发展服从于共同的规律。然而,不同人的思维又具有个人的特点。这种在人与人之间的思维活动中存在和表现出的个别差异就是思维的品质。

作为商务秘书,应该了解自己思维活动的品质特点,并能注意在工作中培养自己良好的思维品质,注意思维的广阔性、深刻性、独立性、敏捷性和灵活性、逻辑性等。

(1)思维的广阔性

思维的广阔性是指思路广泛,善于把握事物各个方面的内在联系,善于全面地思考和分析问题,进行有创造性的思考。商务秘书在一个单位里,处于中枢地位,既要对上服务,又要对下服务,秘书既有政务性的又有事务性的,所以商务秘书应全面地考查问题,要善于抓住事物之间多方面的联系,要储备丰富的知识和经验,要尽最大可能占有翔实的材料,这是思维广阔性的基础。

(2)思维的深刻性

思维的深刻性是指善于深入地研究和思考问题。商务秘书在协助领导管理时,有许多信息搜集、调查研究、辅助决策、协调关系、督促查办等工作,这些工作一般涉及面广、情况复杂,所以在商务秘书工作中应善于透过表面现象看到问题的本质,善于在错综复杂的情况下掌握问题的实质和规律,善于由表及里、由此及彼地思考问题,达到对问题的深刻理解。

(3)思维的独立性

思维的独立性是指独立思考的特点。秘书人员虽然由其职业的特点决定了他是协助领导,是服从者,但是在工作中若毫无主见,一切靠领导批示,拨一拨,动一动的秘书也绝不是好秘书。他应该是服从而不是盲从,应该有自己的独立发现和见解并能提供给领导,更好地完成秘书工作。

(4)思维的敏捷性和灵活性

思维的敏捷性是指一个人思维迅速而灵活。敏捷性主要表现在发现问题和解决问题迅速稳妥,当机立断。灵活性主要是指根据事物发展变化的具体情况,及时地修改原定计划、方案和方法。思维的敏捷性与灵活性是秘书职业思维品质的突出特点。商务秘书工作千头万绪,与形势、任务、方针、政策密切相关,要及时地配合领导,提供情况,辅助决策。秘书虽不是决策人,但许多工作要具有一定的预见性。一般情况下,秘书对工作都要事先充分准备,这样遇到问题才能思维敏捷。要使思维敏捷,思维方法灵活,即要求秘书具有辩证的思维方法,既秉公办事,又不失随机应变,能随时修正和完善原定计划和既定方案,有一定的创造性。秘书思维敏捷,思维方法灵活是秘书独立工作能力强、办事效率高的表现。

(5)思维的逻辑性

思维的逻辑性是指思考问题遵循逻辑规则,概念清楚,判断准确,推理严密。秘书思维的逻辑性主要表现在:提出问题不拖泥带水含糊不清;表达问题井然有序,有根有据;考查问题层次清楚,合乎逻辑;处理问题态度鲜明,有条有理,经得起实践的考验。

4. 实现对领导思维的互启性

秘书和领导者的思维都是紧紧围绕同一工作目标而展开的。秘书要善于从领导者的言行和神情中领会领导者的思想和意图并加以发展、完善、实施；领导者也应当经常让秘书了解自己的想法、打算，启发秘书积极思维。但是，秘书与领导者的思维方式、思维取向和思维重点总是存在一定的差异，也应当有所差异。领导者的思维从大处着眼，高瞻远瞩，敢于取舍、敢担风险，秘书的思维则要缜密、细致、周到；领导采取顺向思维时，秘书则应当采取逆向思维；当领导者全神贯注于一种倾向时，秘书应当善于发现并思考被掩盖或被忽视的另一种倾向。总之，二者的思维应在总体目标一致的基础上凝聚统一，互相切磋、砥砺，取长补短。

在人的整个智力结构中，思维能力起着主导的作用。秘书是为领导提供综合性服务的助手，参谋性服务是秘书的重要职能，这种参谋性服务职能对秘书的思维能力提出了很高的要求。健全的思维和判断能力，对秘书工作者来说十分重要，因此秘书工作者必须自觉地更新思维方式，努力培养创造性的思维能力，把理性思维和经验思维结合起来，对事物进行多角度的动态考察和系统分析。

思维能力同其他各种能力一样，都是在实践中形成和发展起来的，并对实践活动产生积极的影响。因此，加强思维能力的培养锻炼，既是秘书人员自我完善的重要内容之一，又是组织和领导加强秘书人员培养的任务之一。

三、当好商务活动参谋的新方法

1. 学习决策科学、掌握决策技术

现代社会是一个极其复杂的大系统，许多决策问题都涉及到政治、经济、法律、科技、环境等许多领域，传统的经验决策已经难以胜任而被科学决策所取代了，因此秘书工作者要做好辅助决策，还必须学习决策科学，掌握决策技术。

决策科学和决策技术在当今社会日趋复杂和完善，其范围广泛、内容丰富，包括群体决策、现代决策体制及决策技术等方面的知识。决策者要学习决策科学、掌握决策技术，作为辅助领导决策的秘书人员也应该努力学习决策科学，最好能掌握一些常用的决策技术，这样才能真正做好辅助决策的工作。

2. 学习信息处理方法

(1) 信息收集

收集信息是处理信息的首要环节。秘书工作应当为领导建立信息库，当领导需要各种资料信息时，便能及时提供有关的全部情况，并从大局出发，提

供各种咨询建议。秘书机构应当成为整个组织的信息中心,提供经常性的咨询服务。

商务环境中的机会稍纵即逝,所以商务秘书所提供的信息服务是超前还是滞后是至关重要的。只有超前性的信息服务工作才能真正发挥参谋作用。超前性就是秘书要在时间上提前为领导决策工作提供各种服务,及早对一些潜在的可能发生或将要发生的问题进行调查研究,做出有准备的预测并提出一些解决问题的对策。商务秘书要适应领导决策和商务活动的需要,力求超前思考,要特别抓住一些倾向性、苗头性的问题,通过综合分析上报信息,提醒领导注意及早采取对策。

(2)信息加工处理

信息加工就是把收集到的原始的、分开的、混杂的信息,通过汇兑、筛选、研究和编写,处理成系统的、适用的"成品"信息。包括信息筛选、信息研究和信息编写等环节。

秘书工作效率的高低取决于收集的信息是否准确、及时、全面,也取决于秘书人员对这些信息是否进行综合处理、从中筛选整理出有价值的成分。

提供信息要在"新"、"精"和"深"上下功夫。"新"即及时反映新情况、新问题、新经验,特别是商务系统和社会生活中的热点问题;"精"即要进行精心的选择,从众多的信息中筛选出有价值的提供给领导;"深"指的就是对信息的深加工,从表层现象挖掘出深层次的信息,把收集到的信息进行综合处理,整理成有情况、有分析、有对策的专题性材料。

(3)信息传递

信息传递是指把收集加工后的信息转换成一定形式的信号,通过一定的介质和渠道输送给信息接收者,它是信息处理的根本目的。

秘书工作的信息作用具体来讲包括两个方面,其一是领导的耳目作用。秘书作为领导的耳目,要把听到的、看到的情况及时反馈给领导,把调查研究和搜集信息结合起来。秘书工作的信息传递还表现在把领导的意图传达出去。传达领导意图要做到主动、准确、及时、迅速,并且注意收集反馈意见。秘书工作的信息传递作用不应仅是单向的耳目作用,而应是双向的,既把听到的看到的情况及时反馈给领导,也把领导的意图及时"说"出去。

3. 掌握不同决策阶段的不同参谋方式

秘书辅助决策的方式在不同阶段有不同的方式方法。

(1)决策前的服务式辅助

秘书在领导进行科学决策前,要为领导提供多方面的服务,主要有以下几方面:一是收集方针、政策、法律条款等有关规章制度,做好法规性准备;二是收集有关的信息资料,做好信息依据准备;三是收集有关方面的参谋建议和要求,做好多方面的群体智能准备,实现决策科学化。

(2)决策形成中的协助式辅助

秘书在决策形成过程中是领导的重要协助者。协助内容有:收集或草拟供领导选择的可行方案;参与对各种方案的分析、比较和评价;参与对初定方案的论证,并征求修正意见,使决策方案充实和完善;对已经确立的方案用适当的公文形式表述出来,便于群众理解和执行。

(3)决策执行中的协调式辅助

在决策执行过程中,秘书的协调辅助主要体现在:一是沟通上下级、领导和群众之间的联系,如实反映下级和群众的情况及意见,传达领导的指挥意图,使之协调一致;二是调解平级之间、不同部门之间的矛盾。当决策计划与环境出现失调时,协助领导对决策方案作适当调整,保证决策顺利实施。同时要运用沟通的手段,协助领导保持与各组织成员协调一致,形成合力。

(4)决策效果评估中的鉴诫式辅助

秘书既参与拟定决策计划,又参与决策实施的全过程,还要参与决策效果的评估,并将决策本身及实施过程中的经验教训、成绩与缺点、长处与短处写入总结材料,作为制订新决策的借鉴和依据。对于实施过程中产生的问题和不足之处,秘书应建议领导采用必要措施进行补救,减少损失。

4. 讲究参谋艺术,注意方式方法

秘书人员要准确地认识和把握自己的身份和责任,发表意见、提供论证方案、提出参谋意见时,说话语调、言词要得体、恰当,在尊重领导和他人的同时,充分而得体地发表自己的意见和看法。

5. 加强商务秘书合理的知识结构与智能结构的建设,提高辅助决策的参谋效益

秘书工作的职能与地位决定了对秘书人员的素质修养有着更高的要求。秘书人员应当注重素质修养方面的自我完善,构建合理的知识结构和能力结构。这就要求商务秘书循序渐进、日积月累。关键是要自觉地、勤奋地学习,不断充实自己,扩大自己的知识面。从多方面努力,把住方向,在工作和学习中做到严格、刻苦、持之以恒,努力实现自己知识结构与能力结构的优化。

思考与练习

1. 商务秘书辅助决策的原则是什么?
2. 商务秘书在领导商务活动中的参谋作用有哪些方面?
3. 商务秘书领会领导意图的原则和方法有哪些?

第四章 商务秘书活动礼仪

作为一个秘书人员,不可避免地要经常涉足商务活动。商务活动是一个社会组织在其运作过程中与其他方面谋求合作互动过程的总称。在商务活动中有许多特别的礼仪规范,秘书人员应该熟悉了解。

秘书商务活动礼仪,指的是秘书人员在各种商务活动中应遵循的仪表仪容、行为举止、言谈风度等方面的礼仪。由于现代商务活动是一种"我赢你也赢",双双获利性质的活动,各方追求的是互利互惠的结果,因此任何成功的商务活动都必然努力寻求"合作"的途径,不断调和双方的矛盾和利益,最终达成某种协议。在这一过程中,就必然要求参与商务活动的秘书人员,能够体现出彬彬有礼,豁达大度,善解人意,灵活机智等风度气质。具体说,就是要能够做到仪容仪表美观大方,言论谈吐委婉得体,行为举止温文尔雅。

第一节 接待工作的意义与原则

一、接待工作的意义

1. 改善外部环境,扩大对外影响

接待工作有利于公司企业改善外部环境、扩大对外影响、获取各种信息,是一种无形的公关工作,所以说它是公司企业工作的门面和窗口,是联系合作的中介桥梁,是领导工作的有力保证。随着我国市场经济的蓬勃发展,接待工作愈来愈显示出它的重要作用。

接待工作是公司企业与外界发生联系的基本环节,得体的接待工作可以使彼此间建立信任,获得友谊,化解矛盾,消除误会,可以创造出和谐坦诚的合作气氛,树立良好的公司企业形象。热情、礼貌、耐心、细致的接待,能给来访者宾至如归的感觉,并由此感受到单位认真严谨的工作作风和蓬勃向上的精神风貌,在无形之中也就提高了本单位的知名度和美誉度,扩大了影响。

2. 获得信息,架起合作桥梁

秘书在接待工作中,会接触到各类人员,获得大量通过其他途径难以获得的信息。例如,接待上级或其他管理部门的人员,可以获得有关社会、管理、政策等方面的信息,可以为单位决策提供重要参考;接待下属单位人员,可以获得丰富的管理方面的感性认识,甚至是一些在汇报材料中很难看到的信息,为更好地组织管理提供更全面的信息;接待外来参观访问者,在为客人介绍经验的同时,也可以听到一些对本公司企业有益的经验和教训,可以促进和完善本公司企业的工作。接待广大客户,更可获得丰富的市场信息。

在商海中公司企业为求得生存与发展,各公司企业之间的联系日益频繁,需要多方合作,接待工作就成为他们之间联合协作的桥梁,起到穿针引线、牵线搭桥的作用。

二、接待工作的基本原则

1. 一般原则

(1)诚恳热情

诚恳热情的态度是人际交往成功的起点,更是待客之道的要点。俗话说:"情暖三冬雪,诚招天下客"。热情友好的言谈举止,会使来访者产生一种温暖、愉快的感觉。对于来访者,不管是上级机关还是下级单位,也不管其身份、职位、资历如何,都应平等相待、诚恳热情,不卑不亢、落落大方。

(2)讲究礼仪

我国是礼仪之邦,接待活动是一项典型的社会交际活动,务必以礼待人,充分体现出秘书人员较高的礼仪素养。讲究礼仪包括:在仪表方面,要面容清洁,衣着得体,和蔼可亲;在举止方面,要稳重端庄,风度自然,从容大方;在言语方面,要声音适度,语气温和,礼貌文雅。

(3)细致周到

接待工作的内容往往具体而琐碎,涉及到许多方面的部门和人员。这就要求秘书人员在接待工作中要开动脑筋,综合考虑,把接待工作做得细致入微、有条不紊、面面俱到、善始善终。

(4)按章办事

许多公司企业都制订了有接待工作方面的规章制度,秘书人员必须严格遵照执行。例如:不得擅自提高接待标准;重要问题随时请示汇报;对职责范围以外的事项不可随意表态;不准向客人索要礼品,对方主动赠送,应婉言谢绝,无法谢绝,要及时汇报,由组织处理;要根据不同国家、地区、民族的风俗习惯来区别接待来访者等等。

(5)俭省节约

接待工作在某种意义上是一项消费活动,需要人力、物力、财力的投入。秘书人员要厉行节约,精打细算,勤俭务实,不搞形式主义、摆阔气、讲排场,应尽可能少花钱多办事。

(6)保守秘密

秘书人员在重要的接待工作中,往往参与一些重要会议,接触一些机要事务、秘密文电等,所以要特别注意保密工作。在迎来送往的过程中,尤其要注意言谈举止的分寸,注意内外有别,严守单位秘密。

2. 外事接待工作的基本原则

(1)平等互利的原则

平等就意味着相互尊重,它包括尊重对方和捍卫自尊两个方面。尊重对方就是不论对方的国家是否强大、企业是否庞大,或者风俗习惯、宗教法律等等是否与我们相同,都不要歧视对方。尊重往往以其外在形式表现,尤其是表现在言谈举止之中。所以,这时的生活小节与正规礼仪是同等重要的。相互尊重的另一方面就是自尊,只有自尊才能得到对方对你、对你的企业、甚至对你的国家的尊重,才能谈得上真诚合作、平等合作。

(2)依法办事的原则

国际间的交往与合作,都有一个原则时刻不能忘记,这就是合法。无论是我国的法律、对方国家的法律,还是国际法和国际私法(如各种双边或多边条约、协议等等),各种法律都要尊重,才会得到有关法律的保护而不是法律的制裁。许多国家的司法体系都比较完善,公民的法律意识也比较强,他们大多认为,法律体系的完善是对他们投资与合作的有力保障。随着我国法律体系的逐步建立和完善,我国公民尤其是从事对外交往的人员,更应具备守法观念,忽视了这一点,就会造成意想不到的被动局面。

(3)内外有别的原则

据说我国过去独有的一项制造工艺就是在一家国外访问团参观时泄密的,当时这家工厂的陪同人员在介绍各种工艺流程时,把绝密的制作工艺无意中泄露了出去,使对方得到了花多少钱都买不到的情报。其实,对那位陪同人员来说,他介绍的情况可能是他认为很普通的常识,但是由于没有注意到内外有别的原则,造成了不可挽回的损失。内外有别当然也包括保守国家机密,千万不要以为要求保密的某种文件、记录、数据等等不重要而随便说出去。

(4)文明客气的原则

这里有必要提醒秘书人员的是,决不可以己度人,即不要拿自己国家或地区的礼俗套用到外宾身上去。由于各国、各民族的礼俗千差万别,即使你完全是好意,也很可能引起不必要的误会。所以,在同外宾打交道时,了解一些对方国家和民族的礼俗是非常必要的。

第二节　礼貌、礼节与礼仪

一、礼貌

礼貌是人与人之间在接触交往中，相互表示敬重和友好的行为。它体现了时代的风尚与人们的道德品质、文化层次和文明程度，侧重于表现人的品质与素养。礼貌是待人接物的外在表现，它可以通过仪表、仪容、言谈举止等表示对人的尊重。

礼貌主要包括礼貌行动和礼貌语言两部分，礼貌行动是一种无声的语言，一个微笑、一个点头、一个鞠躬、一阵由衷的掌声，都能表现出对他人的尊重；礼貌语言是一种有声的行动，如使用"先生""小姐"等敬语；"欢迎光临""请多指教"等谦语；"贵姓""几位"等雅语，这些都是礼貌的具体表现。在人际交往时，讲究礼貌不仅有助于建立融洽和睦的人际关系，而且有利于缓解或避免某些不必要的冲突。因此，商务秘书人员应当自觉地培养和训练自己良好的礼貌习惯。当然，讲究礼貌也要有分寸，应该不卑不亢、落落大方，既不失礼，又讲原则。

二、礼节

礼节是人们在日常生活中，特别是在交际场合中，相互问候、致意、祝愿以及表示相互尊重的惯用形式。礼节是礼貌的具体表现，是礼貌在仪表、仪容、仪态及言谈举止等方面的具体要求。在日常交往中，人们总是对自己的语言或行为等给予必要的约束与完善，以体现对他人的敬重。例如：秘书人员对刚刚进入办公室的来访者主动微笑问候："您好！""请问您有什么事需要我帮忙？"并及时让坐、敬茶等。各国各民族都有自己的礼节，然而礼节也是随着时代的进步而发生变化的。由于当代国际交往的频繁，各开放国家的礼节有互相融通的趋势，但各国各民族的特点是客观存在的，礼节仍有很大的差异。在相互的交往中，熟知和尊重各国各民族的礼节和风俗习惯，是十分必要的。

三、礼仪

礼仪是一个区域内人们交往时所认同的行为准则和规范，是在较大较隆重的场合为表示礼貌和尊重而举行的礼宾仪式，是在国际交往接待时礼遇规格和礼宾次序方面所应遵循的礼貌礼节要求，是对礼节、仪式的统称。礼仪这个古老而新鲜的课题在人类文化史上留下了深刻的印痕，它是中国古代文化的基础，甚至在某种程度上讲，中国古代文化就是礼仪文化。中国被誉为"文明古国""礼仪之邦",有着优良的道德传统,注重"诚于中而形于外"。在《诗经》上就有佐证:"相鼠有皮人而无礼,人而无仪不死何为。相鼠有齿人而无止,人而无止不死何俟。"古人把礼上升到不知晓就必死无疑的地步,其重视程度可想而知。

四、礼貌、礼节与礼仪的关系

礼貌、礼节与礼仪之间是相互联系、相互制约、相辅相成的。礼貌、礼节、礼仪都有一个"礼"字,表现人们在交往中相互敬重和友好往来。三者的本质都是尊重人、体贴人,是一个人内在素质的外显。礼节是礼貌的具体表现,是礼仪的基本组成部分;礼貌是礼节的规范,同时又是礼仪的基础。礼仪在层次上要高于礼貌、礼节,其内涵更深、更广。礼仪实际上是由一系列具体的表现礼貌的礼节所构成的。它不像礼节一样只是一种做法,而是一个表示礼貌的系统、完整的过程。

礼貌和礼节两者的主要区别在于,礼貌是表示尊重的言行规范,而礼节则是表示尊重的惯用形式和具体要求。有礼貌而不懂礼节容易失礼。比如:日常生活中常看到朴实且心地善良之人,虽有谦虚之心,敬人之意,但不知如何表达,结果搞得手足无措,十分尴尬。还有一种情况,有的人懂礼节,但在施礼时缺乏诚意,同样是不对的。礼貌和礼节必须是发自内心的,是内在素质与外在表现的协调统一。

第三节 商务秘书日常工作礼仪

一、接待礼仪

接待工作的好坏直接影响宾客的心情与感受,一般接待的准备工作应于客人到达前15分钟就绪,不可在宾客面前整理准备,那样会使对方产生自己不被尊重的感觉。此外,庄重的接待仪态及温和的说话语气,也能表达出对来宾的尊敬。

接待礼仪应包括以下环节:

1. 张贴欢迎标志

来宾的地位愈重要,欢迎标志就要愈大愈显眼,因为欢迎标志是写给贵宾看的。陪同宾客经过标志时,要告诉来宾;欢迎词要恰当得体;标志张贴的地点要选择来宾必经且清楚明亮的位置,不要贴在厕所等不雅的地方。

2. 按规格等候迎接

接待规格分高规格、低规格和对等三个规格。最常使用的是对等接待。

如果来宾的身份地位超过公司负责人,一定要由负责人亲自迎接。如果只派身份地位与对方相当的人迎接也可,但不可太低或太高。

3. 引导、入座、接见

贵宾到达后应先请至贵宾室奉茶及休息,然后立刻通报主管、负责人准备接见。

4. 安排主管接见

在主管与贵宾见面之前,接待人员应先将来宾的基本资料、相貌特征和来访目的向主管报告,以便双方见面时能立刻进入状态。

5. 参观、会谈

这是来宾访问的主要目的,因此相关资料及茶水应事先准备好,不要在议程进行中随意进出、拿资料或倒水,否则易使人感觉没系统、没秩序。带着客户参观公司时,不必将每个走过你们身旁的人都介绍给访客认识。如果在宾主见面时,有与之相关的人恰好站在附近,可以简单地介绍一下彼此;或是你正带领客户参观各部门,可以决定是否将有关人员介绍给他,这全视是否准备向客人介绍该部门的功能而定。另外值得特别注意的是,在办公室为来访客人做介绍时,不应把同事的昵称介绍出来。在工作场合的专业介绍方式应是:"陈经理,让我来为您介绍,这位是本公司业务部的某某小姐,某某小姐,这位是大州公司的陈福山经理。"

接待来宾时,不论自我介绍或帮人介绍,千万不要长篇大论,而应简明扼要,只要说清姓名、公司名称、头衔这三点,就算是完整地介绍清楚了。

6. 茶点餐宴款待

中间休息时可备茶点招待,使宾客稍作休息并补充体力。正餐时可准备餐饮款待。

7. 馈赠纪念礼品

纪念礼品应在贵宾临走前赠送,以免给贵宾增加提拿礼品的负担。有些单位的主管喜欢在接贵宾的时候就赠送礼物以示隆重,如果来宾不是马上离开,则应请服务人员为来宾拿礼物。

馈赠纪念品也是一门学问,有观礼者时礼物面要对着观礼者,没有观礼者时礼物面则朝向贵宾(礼物面是指包装的正面)。

8. 送客礼仪

送客比接待更重要,可留给对方美好的回忆。许多服务人员接待工作做得很好,但却没有良好的结尾,这是很可惜的。常言道:"出迎三步,身送七步。"可见中国人是非常注重送客礼节的。

在送客时应注意:

(1)起立相送

客人打算离去时,秘书人员要起身送出,但一定要待客人起身后,自己再站起来,否则会有撵客之嫌。要帮忙留意是否有物品遗漏,这是一种体贴客人的行为,不要让客人回头再来一趟,同时也减轻自己保管客人物品的麻烦及责任,对双方都有好处。

(2)握手告别

要将客人送至门外,在与对方握手话别时,不要忘了由来客首先伸手才对。

(3)"下次再来"

客人离开前应询问他是否熟悉回程路线,及搭乘交通工具的地点和方向,尤其对远道而来的访客更应表达关切之情。

不要忘了向客人道别说:"请走好""再见""请下次再来"等。即使再忙碌,也不能忽略这个环节。

(4)目送离去

一般应将客人送到门外,若送到电梯口,应为客人叫电梯,陪客人等候,握别后目送客人下楼或乘电梯离去。若是尊贵的客人则一定要将客人送至小轿车旁,看着客人坐好,车子开出后,方可离去。这里要遵循"右为上,左为下;后为上,前为下"的原则,请客人入座轿车的右后座位上。但当客人已随意坐好,就不要烦劳人家再起身重新坐下。除非上司要求,送客不必太远,否则对客人太过热情,易产生其他后果,可能于己于组织都不利。客人离去后,秘书人员还应将接待结果记录在约会簿上。

以上是体贴客人的送客之道,也为用心的接待礼仪画下一个完美的句号。

总之,接待规范的基本要求是热情友好,彬彬有礼,不卑不亢,落落大方。

二、会议礼仪

会议礼仪主要由会议筹备、会议前的接待、会议中的服务和会议善后工作四个环节组成。

1. 会议筹备工作

接待大型会议,必须要认真做好会议的筹备工作,以确保会议的顺利进行。

(1)确定接待规格

商务组织召开的会议一般有两种类型:一种类型是商务组织内部召开的会议,另一种类型是由上级单位召开、本组织承办的会议。由于参加会议的主要领导身份不同,接待规格也不一样。商务组织内部的会议应尽量俭朴,讲究效率,不拘形式。如果是请上级领导参加的表彰会、庆祝大会,出于对领导的尊重和对外宣传的需要,可将会议办得隆重些。上级单位主持召开的会议,因邀请各企业代表参加,所以会议规模大、规格高,为了完成高规格的会议接待工作,通常由商务组织的一位主要负责人直接抓会议的筹备工作,专门研究布置会议的各项具体工作,明确各接待人员的职责。

(2)发放会议通知

会议通知必须写明开会时间、地点、会议主题、参加会议的要求等。会议通知要提前发出,以便参加会议者有充足的准备时间。如有外地的人员参加会议,应在通知上写明住宿的宾馆、到达的路线、应带的材料、会务费、是否有接站等项内容。发通知时,要准确书写单位名称、详细地址,以防投递出现差错,耽误与会者到达的时间。

(3)选择会场

如果是商务组织内部召开的会议,可根据人数多少选择在会议室或大礼堂进行。如果是承办上级布置的大型会议,则应考虑交通是否方便,食宿条件是否良好,会场附近是否有噪音,会场的照明、空调、音响设备是否完好,以及其他必要的设备、服务是否齐全。

(4)会场的布置

会场的布置包括会场的装饰布置和坐席的安排。大型会议应根据会议主题,在场内悬挂横幅,门口张贴欢迎和庆祝标语。主席台上可摆放盆景、盆花。桌面上摆放的茶杯、饮料,要干净、整齐和统一。

坐席的安排要适合会议主题,符合人员身份,讲究礼宾次序。

(5)准备会议资料

会议资料应准备齐全、装订整齐。如果需要在会上讨论,应提前发放资料,文件资料应用文件袋装好。

2. 会议前的接待工作

会议开始前一小时,应对准备工作进行一次全面、细致的检查,如有遗漏应及时补救,同时做好迎接来宾的工作。

(1)签到

在会场外的适当位置设一签字台,配1~2名工作人员,备好签到簿、钢笔或毛笔。客人签到时应把笔递到客人手中,若同时发放资料,应礼貌地用双手递上。

(2)引座

签到后,会议接待人员应有礼貌地将客人引入会场就座,对重要领导应先引入休息室,由商务组织的上司作陪,会议开始前几分钟再到主席台就座。

3. 会议中的服务礼仪

与会者坐下后,接待人员应及时递茶倒茶。递茶要用双手,茶杯把儿要放在与会者的右手处。倒茶要规范,杯盖的内口不能接触桌面,手指不能按住杯口,可左手拿开杯盖,右手持水壶,将开水准确倒入杯内。茶水倒至八分满为宜,然后将杯盖盖上。

会议如有颁奖内容,工作人员应迅速组织受奖人员按顺序排列好,礼仪人员及时送上奖状或荣誉证书,由领导颁发给受奖者。

如果有电话或有事相告,工作人员应走到其人身边,轻声转告。如果要通知主席台上的领导,最好用字条传递通知,避免工作人员在台上频繁走动和耳语而分散他人注意力,影响会议效果。工作人员在会场上不要随意走动,不要开呼机或使用手机。

4. 会议善后工作

会议结束后,有时还会安排一些活动,如联欢会、舞会、会餐、参观、照相等。这些善后工作是很必要同时又是很繁琐的,应有一位组织能力较强的领导统一指挥和协调,其他工作人员要积极配合做好各自的工作,以保证活动顺利进行。

与会人员离别时,工作人员应根据情况安排车辆把客人送到车站、码头或机场,待客人登上车、船、飞机与客人告别后方可离去。

三、宴请礼仪

1. 宴请的准备

由于宴请的种类不同,宴请的准备及组织安排工作也就有所不同。工作餐较简单,而正式宴会的组织工作则相当复杂,有许多具体工作要进行认真的筹划。

(1)列出宾客名单,发出正式请柬

根据宴请的目的,认真列出被邀请的宾客名单并据此确定宴会的规格。

正式宴会或正式宴请大都需要向宾客发出正式请柬,事先口头约定或电话通知的也要补发,这是礼节上的要求。

(2)确定宴请时间,选好宴请场所

①确定宴请时间

可根据上司的提议确定,如企业开张、公司庆典、友人聚会等。

也可根据其他因素而确定,如接风送行,应由客人的行期而定;庆贺谈判成功,则根据谈判的进程和谈判成功的程度而定;宴请许多客人时,要以保证多数客人能来参加为原则。同时选择宴请日期要与主宾商定。一般不选择在重大节日、假日,涉外宴请还要注意避开对方的禁忌日。

②确定宴请场所

确定宴请的场所,是宴请主办者应考虑的重要问题,要遵循如下原则:

第一,宴请的场所应充分表达出主人对客人的敬意。

如有的适合家宴,以显示主客之间亲密无间的友情;有的适合在清真饭店中摆席,以显示对客人的民族习惯的尊重;有的则适合于在星级宾馆中宴请,以表示主人对客人的敬重。

第二,宴请的场所应根据宴请的目的和宾客中主宾的社会地位和身份来确定。

公司庆典、某项工程的奠基等宴请,一般说来会邀请有关方面的领导人剪彩或出席仪式,在此情况下,宜在有一定档次的宾馆饭店里举行,不宜在小餐馆或家庭中举行。

第三,优先考虑那些交通方便、环境优雅、菜肴精美、价格合理、服务优良的宾馆饭店作为宴客的场所。

(3)订制菜谱菜单

①订制菜谱菜单时要考虑宴请规格及宾客身份,慎重确定宴会范围、客人的饮食习惯、禁忌,同时兼顾菜肴的精致可口、赏心悦目、特色突出及冷热甜咸搭配。

②宜选的菜肴

一般而论,在准备菜单时,有以下四类菜肴可优先加以考虑:

第一类,中餐特色菜肴。

第二类,地方特色菜肴。

第三类,餐馆的看家菜。

第四类,主人的拿手菜。

③忌选的菜肴

在安排菜单时,还必须兼顾来宾的饮食禁忌,尤其是要对主宾的饮食禁忌予以高度的重视。

(4)排定座次

宴会一般都要事先安排好桌次和座次,使参加宴会的人都能各就其位。席位的安排也能体现出对客人的尊重。

①排定桌次

桌次地位的高低,以距主桌位置的远近而定。以主人的桌为基准,右高左低,近高远低。

②排定座位

座位的高低,考虑以下几点:

以主人的座位为中心,近高远低,右上左下,依次排列。

把主宾安排在最尊贵的位置,即主人的右手位置;主宾夫人安排在女主人右手位置。主人方面的陪同人员,尽可能与客人相互交叉,便于交谈,避免自己人坐在一起,冷落客人。译员安排在主宾右侧。

席次确定后,座位卡放在就餐人员的正前方,桌次卡放在桌中间。

2. 宴请的程序

(1)迎客

主人一般在大门口迎接客人。视宴会重要程度,还可有其他主要人员陪同主人排列成行迎接客人。客人到来后,主人应主动上前握手问好。

(2)入席

主人陪主宾进入宴会厅主桌,接待人员引导其他客人入席,待全体人员落座后,宴会即可开始。

(3)敬酒

入席后,主人应招呼客人进餐,并率先给客人敬酒。敬酒时可以不分地位身份高低依序逐一敬遍全席。

(4)交谈

席间主人要引导客人愉快地参与交谈,巧妙地选择话题,使席间充满和谐愉快的气氛。

(5)散席

吃完水果,主人与主宾起立,宴会即告结束。主宾告辞,主人送至门口,主宾离去后原迎宾人员顺序排列与其他客人握别。

四、与上司、同事、客户相处的礼仪

秘书在职业活动中,不仅要懂得礼仪规范,加强个人的礼仪修养,更要善于与方方面面的人相处,建立融洽的人际关系。这里重点介绍如何与上司、同事相处。

1. 与上司相处的礼仪

(1)尊重上司

各商务组织的上司一般都具有较高的威望、资历和能力,有很强的自尊心。作为秘书,应维护上司的威望和自尊。在上司面前,应有谦虚的态度,不能顶撞上司,特别是在公开场合,尤其应予注意。即使与上司的意见相左,也应在私下与上司说明。

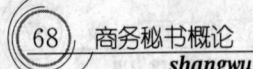

(2)听从指挥

上司对下属有工作方面的指挥权,对上司在工作方面的安排、指挥必须服从,即便有意见或不同想法,也应执行。对上司指挥中的错误可事后提出意见,或执行中提出建议。

(3)多出主意

对上司的工作不能求全责备,而应多出主意,帮助上司干好工作;不要在同事之间随意议论或指责上司。

(4)讲究沟通技巧

秘书在与上司沟通时,一定要讲究方式方法,特别是给上司提建议时,一定要考虑场合,注意维护上司的威信。提建议一般应注意两个问题:一是应先肯定上司的大部分想法,然后有理有据地阐述自己的见解;二是要根据上司的个性特点确定具体的方法。如对严肃的上司可用正面建议法,对开朗的上司可用幽默建议法,对年轻的上司可用直言建议法,对年长的上司可用委婉建议法。

2. 与同事相处的礼仪

秘书与同事可谓"朝夕相处"。与同事关系的好坏,直接关系到秘书工作的进步和事业的发展。如果同事之间关系和谐融洽,人们就会感到心情愉快,有利于工作的顺利进行,从而促进事业的发展;反之,同事关系紧张,相互拆台,经常发生摩擦,就会影响正常的工作和生活,阻碍事业的正常发展。

处理好同事关系,在礼仪方面应注意以下几点:

(1)工作中相互尊重

相互尊重是处理好任何一种人际关系的基础,同事关系也不例外。同事之间的关系是以工作为纽带的,一旦失礼,将给工作带来难以挽回的损失。所以,处理好同事之间的关系,最重要的是尊重对方。

(2)物质往来一清二楚

同事之间可能有相互借钱、借物或馈赠礼品等物质上的往来,一定要对每一项都记得清楚明白。俗话说:"好借好还,再借不难。"向同事借钱、借物,应主动给对方打张借条,以增进同事对自己的信任。有时,出借者也可主动要求借入者打借条,这也并不过分,借入者应予以理解。如果所借钱物不能及时归还,应每隔一段时间向对方说明一下情况。在物质利益方面,无论是有意或无意地占对方的便宜,都会在对方的心理上引起不快,从而降低自己在对方心目中的人格。

(3)生活中互相关心

秘书与同事相处还要注意在生活中互相关心和帮助。同事有困难,通常首先会选择亲朋帮助,但作为同事,应主动询问。对力所能及的事应尽力帮忙,这样会增进双方之间的感情,使关系更加融洽。

(4)不背后议论同事

每个人都有"隐私",隐私与个人的名誉密切相关。背后议论他人的隐私,会损害他人的名誉,引起双方关系的紧张甚至恶化,因而是一种不光彩的、有害的行为。

(5)出现失误或误会,应主动道歉说明

同事之间经常相处,难免会有失误。如果出现失误,应主动向对方道歉,征得对方的谅解;对双方的误会应主动向对方说明,不可斤斤计较,耿耿于怀。

3. 与客户相处的礼仪

人们往往会用自己的亲身感受去影响周围的亲友。在商务活动中,如果能记住这一原则,就一定能广结良缘,促进事业的发展。与客户相处应该注意:

(1)树立"客户就是上帝"的观念。

"客户就是上帝"这一观念时至今日已成为许多企业的信条和经营法宝。日本日立公司广告课长和田可一曾说过:"在现代社会里,消费者就是至高无上的王,没有一个企业胆敢蔑视消费者的意志。蔑视消费者,一切产品就会卖不出去。"从这个意义来说,客户的确是企业命运的主宰。

(2)坚持双向沟通、互利互惠的原则。

从公共关系的角度来讲,仅把客户看成是上帝还是不够的。这是因为,一方面,它只是把企业与客户的关系确定在单向经济利益的基础上,只考虑到了企业通过客户才能获得利润,而没有充分体现出企业应以客户利益为导向的原则;另一方面,客户既然是"上帝",企业就只能被动地满足上帝的需求,而无须主动地关心、体贴客户,甚至引导客户,也就没有体现出企业客户双向沟通、互利互惠的原则。

(3)了解客户的需求,争取客户的信任。

友好地与客户相处,首先应当考虑到客户的利益,以诚恳的态度征求客户的意见,了解客户的需求,取得客户的信任。

第四节　商务洽谈中的礼仪

商务洽谈又被称为商务谈判,是指双方或多方为了促成买卖成交、项目合作或解决争议与争端,以取得各自的经济利益而进行的磋商活动。一般来说,如果不是在正式场合解决某项重大问题或协调争端,人们更习惯称谈判为洽谈。无论是在正式谈判还是非正式的业务洽谈中,都应遵守相互尊重、平等互惠、积极合作的商务礼仪原则。

一、商务洽谈中的咨询商讨

洽谈的过程就是协商的过程,通过信息交流与沟通,洽谈者达到咨询和商讨的目的。这时,要特别注意提问与陈述的技巧。

1. 提问的技巧

提问是打开一切疑团的钥匙。为了试探出谈判对手的动机、意图,揭示出对方的"底牌",谈判人员常会用提问的方式去和对手交涉。要达到好的提问效果,需要选择一种有效的提问方式。

谈判中的提问主要有以下几种:诱导式提问(如:如果我们选择分期付款,你们会加收多少利息?)、澄清式提问(如:您刚才说您可以做出决定,这是不是说您可以对这个合同全权负责?)、商量式提问(如:这一条款好像还需要商榷一下,不是吗?)、直截了当式提问(如:您们要订多少货?)等等。

选择提问方式固然重要,但讲究提问的方法也很重要。提问的时候特别要注意以下几点:

(1)提问前三思而行,事先对所提问题考虑全面,不要问得漫无边际,要能切中要害,也要考虑到对方可能做出的反驳。

(2)注意发问的速度,用正常语速提问,太急让人觉得你没耐心;太慢,又没有气势,令人感到沉闷。

(3)发问前先征得对方同意,尤其是向陌生的谈判者、贵宾提问题。提出问题后应闭口不言,等待对方回答。这样,双方处于沉默之中,会给对方施加一种无形的压力。

(4)要注意发问的先后次序、轻重缓急,注意提问的逻辑性,不要跳跃太大。

(5)所问的问题不应该包括对方的私事,如个人生活问题、工作问题,对方的收入、家庭情况、女士或太太的年龄等等。如果是国外的客户,也不要涉及对方国家或地区的政党宗教方面的问题。当然,面对相当熟悉的谈判对象,适当地问候对方个人生活以及家庭情况,往往容易博得对方的信任和亲切感,拉近彼此间的距离。

(6)所提的问题不要有挑衅的嫌疑,不要提含有敌意的问题,否则会损害双方的关系,最终会影响谈判的进程和结果。

(7)提一些对方不能够迅速想出适当答案的问题,会收到出其不意的效果,使对方措手不及。

(8)不要中止倾听对方的谈话而急于提出问题,可先把问题记下来,等待合适的时机再提出来。有时急于提问题,反而暴露了自己的意图,等到对方调整其后面的讲话内容后,你本来可以得到的更多信息会因此而失去。

2. 陈述的技巧

陈述对洽谈中的商讨也很重要,如果洽谈一方连自己的立场、观点、见解都不能全面、正确地陈述出来,可想而知,这种洽谈是很难取得成功的。商务人员在谈判桌上进行陈述时,要注意以下几点:

(1)陈述时要注意准确、明确,不要拐弯抹角

对所提出的问题、所提供的书面资料和针对问题所作的回答,如不甚了解可延迟答复,或者实事求是讲明,不要将道听途说、主观臆测的材料当作证据,切莫信口开河。否则,将会极大地影响声誉,削弱你的谈判地位。例如涉及到价格、数量、兑换率、赔偿额、增长率、日期等问题时,应提出一个具体的数值,不要模棱两可。否则,对方就会选择对他有利的数值作为讨价还价的基础,使你处于被动地位。

(2)适当地使用模棱两可的语言保护自己

在商务谈判中,经常出现这样的情况:买方想知道卖方商品价格的计算依据,而卖方却偏偏在这个问题上,含糊其词,力图通过模糊语言来保护自己。模糊语言,它具有神奇性和实用性的特征。一场谈判,唇枪舌剑变幻莫测,不可能事先准备好稿子,也不可能像写文章那样洋洋洒洒、从容不迫地进行严密的逻辑推理、拿出准确可靠的数据。洽谈中必须大量依靠临场发挥,依靠即兴应答,在面对涉及组织机密和不便于回答的棘手问题时,就需要适时地使用模糊语言。灵活地运用模糊语言,可以巧妙地掩饰不便直答的事实真相或保守机密。但模糊语言并不是万能的,它有自己生长和存在的"土壤环境与气候条件",若时过境迁,就不能死搬硬套了。如签订合同时,不但自己的语言不能模糊,还要提防对方模糊语言的出现,以保证合同的明确和不起争议。

(3)保持幽默风趣的谈吐,缓和谈判的紧张气氛

风趣的谈吐,幽默的言行,能引人发笑,调节气氛,传递信息,密切关系,使别人获得精神上的快感。幽默在谈判中决不仅是博人一笑而已,它能润滑人际关系,去除烦恼忧郁,从而调解双方关系,缓和紧张气氛,摆脱尴尬局面,使双方顺利进行合作。

二、商务洽谈中的辩论与自我形象的礼仪修养

在商务洽谈中,特别是进入讨价还价的磋商阶段,洽谈双方从各自代表的利益出发,对一系列问题进行磋商,或据理力争,或直言反驳,都希望洽谈朝着有利于自己的方面发展。但不管立场多么对立,意见分歧多大,都应在相互尊重、相互理解的基础上进行友好的辩论与磋商。磋商阶段是商务洽谈的关键

阶段,也是最应注意洽谈礼仪的时候。商务洽谈中失礼的言行,大都发生在这个阶段。因此,洽谈人员要把握好"利益"与"礼仪"的辩证关系,既要维护自身利益,又要不失礼仪。

1. 洽谈论辩"和"为贵

一切洽谈都得经过双方谈判人员智慧的角逐、话语的较量方能达成妥协。洽谈的辩论阶段,双方人员为了各自的经济利益,唇枪舌剑,很容易感情冲动,稍不留神,就会由于不同观点的交锋而酿成谈判人员的个人冲突,生意可能因此而告吹。因此,在辩论中应坚持"和"为贵,坚持"就事论事,对事不对人"的原则,防止感情用事。

2. 充分准备,稳健交锋

在辩论中必须条理清楚,表达严密,言辞简洁,以据论理,突出主题,不缠枝节。为此,在辩论前谈判者应在思想上、资料上和语言表达上做必要的准备。

3. 语言谨慎,举止得体

在洽谈中要正确使用语言,注意九忌:忌鼓动性和煽动性;忌无理纠缠;忌抓辫子、戴帽子和打棍子;忌挖苦讽刺;忌已知的不说,新知的穷说,不知的瞎说;忌手舞足蹈,动作不检点;忌尖声喊叫;忌不顾事实狡辩或诡辩;忌鲁莽轻率。

应举止庄重,不伤大雅。仪态端庄,彬彬有礼,宾主分明,是有修养、有信心和有力量的表现;双腿合拢,双手前合,上体微前倾、头微低、目视对方,则表示谦虚有礼,并愿意听取对方的意见;向对方方向挪挪椅子,或走过去和对方凑近一些,对方会认为你很有诚意,想尽快成交,不再绕圈子等。

4. 紧扣"死线",巧妙周旋

洽谈结束的时间称之为"死线",死线对洽谈的成败具有重大意义。因为,让步往往在这个时刻发生。在交易达成阶段,谈判者往往采用软磨硬拖的战术,使一些谈判对手拱手就范。紧扣"死线"的招术主要有两点:一是强忍等待。当你通过调查,把握住对方急于达成协议的心理时,就可采用这种"疲劳战",以迫使对方让步。二是假装糊涂。有一句格言:"糊涂产生智慧"。在谈判之初,你应多听少说,"明白"也说"不明白","懂"也装"不懂",一而再、再而三地让对方层层让步,以满足己方需要。对于谈判对手某些不合理要求的拒绝,通常宜曲不宜直,即以委婉的口气拒绝。

三、商务洽谈中的冷场处理礼仪

在商务洽谈中,有时会碰到冷场,与会者一言不发。在这种情况下,需要加温,变冷场为"热场"。在这当中,也不能忽视礼仪要求。

1. 应迅速找出冷场的原因。

一般来说，冷场的出现，有的是因为与会者无话可说了，便用冷场来等待会议主持者的裁决。在这种情况下，会议主持者要当机立断，宣布休会。如果在商务洽谈中碰到了难堪或棘手的问题，使与会者很难再进行讨论，会议主持者要随机应变，引出新的话题，激起与会者的兴趣。

2. 应尽量缩短冷场时间。

在商务洽谈中，冷场的时间不宜超过 3～5 分钟。否则，就会影响洽谈气氛，也会使与会者对洽谈的准备工作产生疑虑。这时，会议主持者要主动发言或者调换话题，等到现场气氛活跃起来以后，再把话题转入正轨。

3. 会议主持者要即兴发挥。

当遇到洽谈冷场时，会议主持者要善于借题发挥，谈谈自己的感想，这种话不能是结论性的，因为会议主持者一下结论，往往不是开拓"话源"，反而堵塞了"言路"。高明的办法是，把一些有争议的问题摆出来，然后围绕这些问题往更深的方向有的放矢地进行洽谈。通过恰当的调节，可使洽谈气氛升温，在合情合理的氛围中达到洽谈的目的。

四、商务谈判解脱礼仪

在商务谈判中，双方为了各自的利益，常对某一问题发生争执，互不相让，使谈判陷入僵局。这时，商务谈判人员就应积极主动地分析形成僵局的原因。寻求化解和摆脱僵局的手段和方法一般有：

1. 变换议题

洽谈一旦陷入僵局，双方可以把引起僵局的议题搁置一旁，先谈其他议题，等其他议题谈妥，再返过头来谈引起僵局的议题。这就像在考试中"先易后难"的做法一样。

2. 变换主谈人

有许多谈判的僵局是因为感情因素形成的。一旦陷入，双方的态度都不好改变，直接危及谈判，这时最好的方法就是更换主谈人，新的主谈人就可以在新的基础上，重新开始谈判。

3. 暂时休会

谈判双方"感情"上较劲只是一时激动，可通过暂时休会，待双方平静下来之后，重新谈判。在平静、和谐的气氛中谈判，才能真正谈出成果。

4. 寻找第三方案

当谈判双方对对方的方案互相不同意时，应该停止争执，共同寻求照顾双方利益的第三方案。

5. 寻求调解人

谈判陷入僵局之后,洽谈双方可以借助于调解人,化解僵局,走出困境,重新谈判。

6. 问题上交

谈判双方在某一问题上陷入僵局,可以分别把问题交给各自的上司,由上司提供解决方案。

7. 由各方专家单独会谈

有时谈判陷入僵局可能是因为涉及某些专门问题,这时可以聘请专家单独会谈。比如技术问题请技术专家谈,同行之间的沟通,有助于在焦点问题上取得进展,化解僵局。

谈判陷入僵局,需要有一方采取主动,如果主要责任在对方,则可以安静地观察,等待其变化。在洽谈的实际进程当中,引起谈判僵局的具体原因不同,化解谈判僵局的方法也应有所不同,商务人员应在掌握了上述方法的基础上,举一反三,灵活运用。

五、商务谈判协调礼仪

在商务谈判中,就谈判组织内部而言,谈判人员统一行动、协调作战,与他人形成一种融洽的关系是非常重要的。一位成功的谈判人员要能够尊重别人,能够虚心听取一切有利于实现谈判目标的合理建议,能善于解决矛盾冲突,有较强的说服能力,使谈判成员拧成一股绳,为实现谈判目标密切配合,共同努力。

谈判总是要与另一方或多方进行的,因此还有一个如何与对手协调的问题。商务谈判的协调礼仪要求我们必须注意以下几点:

1. 树立正确的谈判意识

(1)谈判不同于竞技体育项目。要将谈判看成各方之间的一种协商活动,而不是竞技体育项目的角逐。

(2)业务谈判双方之间的利益关系是一种互助合作的关系,而不是"敌对"关系。

(3)谈判中的人际关系是双方实现利益关系的基础和保障,因而一定要处理好。

(4)业务谈判人员要有战略眼光,将眼前利益和长远利益结合起来,抓住现在,放眼未来。

(5)谈判的重心应是避虚就实,要在本质问题上多下工夫,将精力集中在双方各自的需求上,而不是要在非实质性问题上大做文章。

(6)谈判的结果双方都是胜利者。谈判的最后协议要符合双方的利益需求。

上述谈判意识会直接影响和决定我们在谈判中所采取的方针和政策,从而决定着我们在谈判中的所有行为,只有树立了这种意识,才能使我们缩短理想与现实之间的距离,谈判的成功才会向我们走来。

2. 专注于双方的整体利益

如果你的谈判对手来自与你截然不同的文化背景,谈判的难度就会陡增。如何在这样的谈判中跨越鸿沟,满载而归呢?那正是利益导向的谈判技巧大显身手的地方。利益导向的谈判技巧要求了解谈判双方的根本利益所在。换言之,在谈判中对方提出条件的原因往往比他们提出的条件本身更为重要。

通过专注于双方的整体利益,谈判风格就不至于成为不可逾越的障碍。只要你在谈判中的表现令人折服,出自不同文化背景的人也会对你尊重有加。

谈判中双方面临的主要问题是:彼此如何达成共识,再以此为基础达成公平合理的协议,而且双方对最终协议都要有切实的承诺。在这里,询问和倾听都很关键。你不仅要仔细倾听对方提出的问题,更应了解个中缘由。一旦破解了对方立场身后的原因,达成共识也就水到渠成了。

事先协调好自己组织内部的事务,如决定由谁最终拍板等,对谈判也颇有裨益。谈判前先进行内部协调的公司,无形中使他们的谈判人员在谈判进程中信心倍增,而树立自信正是你和外界进行交流的一个重要方面。

3. 将竞争型的"赢—输"谈判扭转为合作型的"赢—赢"谈判

如果你打算与对方建立和保持长期关系,那么你就不得不收敛你的竞争性的本性。在这种情况下,你必须尽力将局势从分割既定大小的蛋糕的竞争性的冲突转变为一起合作、努力做大蛋糕,这才符合你的利益。以下方法可以促成合作方式的转变。

(1)将人与议题分隔开来

谈判很容易迅速地从对议题的讨论转向谈判者个性之间的冲突。毕竟,你们是对立的两个阵营。一旦人的个性与正在讨论中的议题纠缠在一起,那么再多的理性讨论也不能够将它们分开。如果你冒犯了某人的自尊心、公正感或价值观,他们的谈判立场会变得更加坚定。

在整个谈判中,要尽量建设性地讨论议题,同时保持与谈判对手的积极关系。你要抹去讨论的人性化色彩,使其成为一个共同解决的问题。

(2)满足利益而不是立场

无论人们在谈判中所宣称的立场是什么,也只不过是表达了人们对如何满足一些基本需要的看法而已。一位购买者可能会要求某个价格,是因为他们希望他们的产品能够实现盈利目标。一旦你能够深入到这些直接需求的背后,试图去满足潜藏在这些需求背后的利益,你常常能够发现其他可以满足这些利益的途径,而并不必然需要你做出让步。

(3)提出一系列备选解决方案

一旦你提出一系列备选解决方案,你就能够迅速地将原先相互冲突的局势扭转为相互协作的局势。这时,你的谈判对手不是仅仅在想他们从你身上能够得到多少,而是被推动去考虑哪一个备选的解决方案是最好的。通过共同努力去寻找和评价一系列的备选解决方案,可使双方迅速地从对立的立场走向共同努力,每一方都不会觉得他们在自己的立场上做出了妥协。

第五节 商务活动的仪式

一、开业典礼

1. 开业典礼的准备工作

(1)做好舆论宣传工作

商务组织可运用传播媒体在报纸、电台、电视台广泛发布广告或在告示栏中张贴开业告示,以引起公众的注意。

广告或告示的内容一般包括开业典礼举行的日期、地点,企业的经营范围及特色,开业的优惠活动等。

开业广告或告示一般宜在开业前的 3~5 天内发布。企业还可邀请一些记者,在开业仪式举行之时到现场进行采访、报道,予以正面宣传。

(2)做好来宾约请工作

一般来讲,参加开业典礼的人士包括:上级领导、社会名流、新闻界人士、同行业代表。

(3)发放请柬

出席开业典礼的人员一旦确定,应提前一周发出请柬,便于被邀者及早安排和准备。

请柬的印制要精美,内容要完整,文字要简洁,措辞要热情。被邀者的姓名要书写整齐,不能潦草马虎。

一般的请柬可派员送达,也可通过邮局邮寄。给有名望的人士或主要领导的请柬应派专人送达,以表示诚恳和尊重。

(4)做好场地布置工作

开业仪式多在开业现场举行,其场地可以是正门之外的广场,也可以是正门之内的大厅。

按照惯例,举行开业仪式时宾主一律站立,故一般不布置主席台或座椅为显示隆重与敬客,可在来宾尤其是贵宾站立之处铺设红色地毯,并在场地四周悬挂横幅、标语、气球、彩带、宫灯等。

此外,还应在醒目处摆放来宾赠送的花篮、牌匾。

来宾的签到簿、本单位的宣传材料、待客的饮料等,亦须提前备好。

对于音响、照明设备以及开业仪式举行之时所需使用的用具、设备,必须事先认真进行检查、调试,以防在使用时出现差错。

(5) 做好接待服务工作

在举行开业仪式的现场,一定要有专人负责来宾的接待服务工作。

除教育本单位全体员工都要以主人翁的身份热情待客、对来宾主动相助之外,更重要的是分工负责,各尽其职。

在接待贵宾时,须由本单位主要负责人亲自出面。接待其他来宾,则可由本单位的礼仪小姐负责。

若来宾较多时,须为来宾准备好专用的停车场、休息室,并应为其安排饮食。

(6) 做好礼品馈赠工作

根据常规,向来宾赠送的礼品应具有如下三大特征:一是宣传性,可选用本单位的产品,也可在礼品及其外包装上加印本单位的企业标志、广告用语、产品图案、开业日期等等;二是荣誉性,要使之具有一定的纪念意义,并使拥有者对其珍惜、重视。三是独特性,礼品应当与众不同,具有本单位的鲜明特色,使人一目了然,或令人过目不忘。

2. 开业典礼的程序

(1) 迎宾

接待人员在会场门口接待来宾,请来宾签到后,引导来宾就位。

(2) 典礼开始

主持人宣布开业典礼正式开始,全体起立,奏乐,宣读重要嘉宾名单。

(3) 致贺词

由上级领导和来宾代表致祝贺词,主要表达对开业单位的祝贺及希望。

贺词由谁来讲事先要定好,以免当众推来推去。

对外来的贺电、贺信等不必一一宣读,但对其署名的单位或个人应予以公布。

(4) 致答词

由本单位负责人致答词。其主要内容是向来宾及祝贺单位表示感谢,并简要介绍本单位的经营特色和经营目标等。

(5) 揭幕

由本单位负责人和一位上级领导或嘉宾代表揭去盖在牌匾上的红布,宣告企业的正式成立。

参加典礼的全体人员应鼓掌祝贺,在非限制燃放鞭炮的地区还可放鞭炮庆贺。

(6) 参观

如有必要,可引导来宾参观,介绍本单位的主要设施、特色商品及经营策略等。

(7) 迎接首批顾客

可采取让利销售或赠送纪念品的方式吸引顾客。

也可以邀请一些有代表性的消费者参加座谈,虚心听取消费者的意见,拉近与消费者的距离。

3. 参加开业典礼的礼仪

(1) 企业方礼仪

①仪容要整洁

所有出席本单位典礼的人员,事前都要做适当修饰,女士要适当化妆,男士应梳理好头发,剃掉胡须。

②服饰要规范

有条件的单位,最好着统一式样的服装;没有条件的,应要求每个人穿深色西装套裙或套装。

③准备要充分、周到

请柬的发放应按时,不得有遗漏。

座次的安排要讲究,一般按身份与职务高低确定主席台座次及贵宾席位。为来宾准备好迎送车辆。

④要遵守时间

出席本单位开业典礼的每一位人员都应严格遵守时间,不得迟到、无故缺席或中途退场。

如果仪式的起止时间已经公布,主办单位应准时开始、准时结束,向社会证明本单位是言而有信的。

⑤态度要友好

遇到来宾要主动热情地问好,对来宾提出的问题应予以友善的答复。

当来宾发表贺词后,应主动鼓掌表示感谢。不能随意打断来宾的讲话。

⑥行为要自律。

典礼过程中,主办方人员不得嬉笑打闹、东张西望;不得一再看时间,心不在焉;不得做与典礼无关的事。

(2) 宾客礼仪

要准时参加开业典礼,如遇特殊情况不能到场,应尽早通知主办方。

宾客在开业典礼前或开业典礼时,可送些贺礼,如花篮、镜匾、楹联等,以表示对开业方的祝贺,并在贺礼上写明庆贺对象、庆贺缘由、贺词及祝贺单位。

见到主人应向其表示祝贺,入坐后应礼貌地与邻座打招呼,可通过自我介绍、互换名片等方式结识更多的朋友。

在典礼上致贺词时,要简短精练,不能随意发挥,拖延时间,而且要表现得沉着冷静、心平气和。注意文明用语,少用含义不明的手势。

在典礼过程中,宾客要根据典礼的进展情况,做一些礼节性的附和,如鼓掌、跟随参观、写留言等。

典礼结束后,宾客离开时应与主办单位领导、主持人、服务人员等握手告别,并致谢意。

二、签字仪式

1. 签字的准备工作

(1)布置好签字厅

签字厅要庄重、整洁、清静。室内应满铺地毯,正规的签字桌应为长桌,桌上最好铺深绿色的呢台布。

签字桌应横放于室内,在其后可摆放适量的座椅。

签署双边性合同时,可放置两张座椅,供签字人就座。

签署多边性合同时,可以仅放一张座椅,供各方签字人签字时轮流就座。也可以为每位签字人提供座椅。签字人就座时,一般应面对正门。

(2)布置好签字桌

在签字桌上,应事先摆放好待签的合同文本以及签字笔、吸墨器等签字时所用的文具。与外商签署涉外商务合同时,还需在签字桌上插放有关各方的国旗。

插放国旗时,其位置与顺序必须按照礼宾序列。例如,签署双边性涉外商务合同时,有关各方的国旗需插放在该方签字人座椅的正前方。

2. 签字时的座次安排

(1)签署双边性合同

应请客方签字人在签字桌右侧就座,主方签字人则应同时就座于签字桌左侧。

双方各自的助签人,应分别站立于己方签字人的外侧,以便随时对签字人提供帮助。

双方其他随员,可以按照一定的顺序在己方签字人的正对面就座。也可依照职位的高低,依次自左至右(客方)或是自右至左(主方)列成一行,站立于己方签字人的身后。

当一行站不完时,可按照以上顺序并遵照"前高后低"的惯例,排成两行、三行或四行。

原则上双方随员人数应大体上相当。

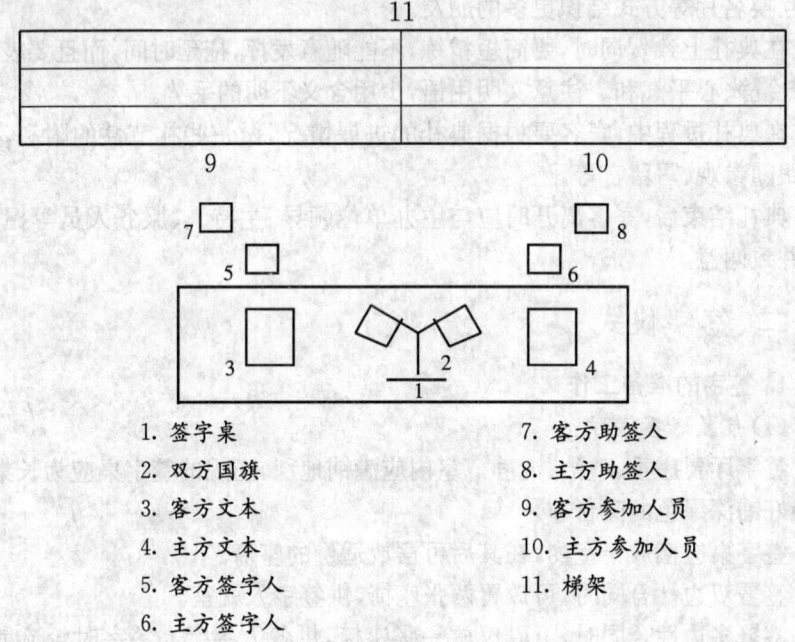

1. 签字桌
2. 双方国旗
3. 客方文本
4. 主方文本
5. 客方签字人
6. 主方签字人
7. 客方助签人
8. 主方助签人
9. 客方参加人员
10. 主方参加人员
11. 梯架

双边签字仪式现场示意图

(2)签署多边性合同

一般仅设一个签字椅。各方签字人签字时,须依照有关各方事先同意的先后顺序依次上前。助签人应随之一同行动。在助签时,依"右高左低"的规矩,助签人应站立于签字人的左侧。有关各方的随员,应按照一定的序列,面对签字桌就座或站立。

3. 对待签合同文本的要求

(1)依照商界的习惯,在正式签署合同之前,应由举行签字仪式的主方负责准备待签合同的正式文本

应会同有关各方一起指定专人,共同负责合同的定稿、校对、印刷与装订。

按常规,应为在合同上正式签字的有关各方均提供一份待签的合同文本。必要时,还可再向各方提供一份副本。

(2)签署涉外商务合同

按照国际惯例,待签的合同文本应同时使用有关各方法定的官方语言。

(3)待签的合同文本

应以精美的白纸印制而成,按大八开的规格装订成册,并以高档质料如真皮、金属、软木等作为封面。

4. 签约的程序

签字仪式的正式程序一共分为四项,分别是:

(1)签字仪式正式开始

有关各方人员进入签字厅,在既定的位次上各就各位。

(2)签字人正式签署合同文本

通常的做法是首先签署己方保存的合同文本,接着再签署他方保存的合同文本。

商务活动规定:每个签字人在己方保留的合同文本上签字时,按惯例应当名列首位。因此,每个签字人均应首先签署己方保存的合同文本,然后再交由他方签字人签字。这一做法,在礼仪上称为"轮换制"。其含义是在位次排列上,轮流使有关各方均有机会居于首位,以显示机会均等,各方平等。

(3)签字人正式交换有关各方正式签署的合同文本

此时,各方签字人应热烈握手,互致祝贺,并相互交换各自一方刚才使用过的签字笔,以示纪念。全场人员也应鼓掌表示祝贺。

(4)共饮香槟酒互相道贺

交换已签的合同文本后,有关人员尤其是签字人当场干一杯香槟酒,是国际上通行的用以增添喜庆色彩的做法。

在一般情况下,商务合同在正式签署后,应提交有关方面进行公证,才能正式生效。

三、记者招待会

记者招待会是商务组织为了向公众宣布有关重要信息,或对已经发生或将要发生的事件做出解释而组织的一种对外宣传活动,是商务组织与新闻界保持联系、建立良好关系的一种主要方式,也是向社会传播信息的一种形式。

为了使记者招待会达到预期目的,商务秘书人员必须周密计划。

1. 记者招待会的筹备工作

(1)确定会议主题

记者招待会必须有一个主题,这个主题是为最终要达到的目的服务的。主题明确了,记者招待会的所有准备工作就必须围绕这个主题进行。如可以有针对性地准备宣传材料,还可以选择邀请的记者类型等。

(2)准备会议材料

为使记者对会议所要发布的新闻有较充分的理解,招待会的组织者必须认真准备所需的文字和图片资料,力求内容充实。主持人的发言稿、答记者问的备忘提纲、新闻稿,以及与将发布的新闻有关的背景资料、论据资料、照片、录音、录像、幻灯设备等均为需要准备的材料范畴。

(3)选择会议地点

会场选择应尽量与会议内容、规格、气氛相协调,同时要考虑到交通的方便,并为记者创造良好的采访条件,如完备的照明视听设备、舒适的座椅、安静的环境等。地点确定后,应进行实地观察,不要到时因场地原因导致临时变更地方,造成记者的不愉快和财力、人力的浪费。

(4)选定会议时间

为了获得良好的传播效果,应选择对各媒体的记者都较方便的时间,并注意避开重大节日及周末、假期,也不宜与社会公众普遍关心的社会重大活动相重叠。

(5)遴选会议主持人和主要发言人

举办记者招待会,一般由主持人简单介绍会议概要,而后由主要发言人详细发言。组织内部的公共关系负责人可担任会议主持人,主要发言人原则上由组织的高级领导担任。因为只有他们最清楚组织的整体情况、方针、政策和计划等问题,也只有他们的回答最具有权威性。

(6)确定会议程序

一般记者招待会的程序要安排得尽可能紧凑。要遵守各项议程,不应临时插入额外的项目。

(7)确定邀请对象,发送请柬

记者招待会主要针对记者,所以有关新闻媒体的记者应是会议的重点邀请者。此外,还可邀请上级部门的个别领导和少量的社会公众代表。

请柬应提前一至两周发出,以便被邀请的记者有所准备,特殊情况例外。请柬应有如下内容:会议主题;大致程序安排;开会的具体时间和地点;主办单位的联系人、联系电话等。请柬设计要精美,最好派人直接送到被邀者手中,以免耽误时间或丢失。

(8)准备胸卡和名牌

每位出席者都应在胸前佩带写有姓名和职务等内容的胸卡。另外还要安排好座位,特别要注意安排嘉宾和主要人物的座位,以扩大自己的影响。

(9)准备好视听设备

会前应检查扩音设备、录音录像设备及幻灯设备、电话、电传等,保证不出故障。

(10)制订预算计划

预算计划应根据记者招待会的规模来制订。

通常包括的费用项目有：①印刷品、邮费；②租用会场；③租用音像器材；④茶点和餐费；⑤照相费；⑥签到留言簿；⑦礼品；⑧请柬；⑨来宾及工作人员交通费、住宿费；⑩会场布置费等。预算计划应留有余地，以备不时之需。

2. 记者招待会中的注意事项

（1）会议主持人应充分发挥其主持者和组织者的作用，始终把握会议主题，维持好会议秩序。

主持人的言谈应庄重而富有幽默感，要能掌握会议时间，调和会议气氛。

（2）会议发言人的讲话应重点突出，语言应流畅生动，吐字要清晰。

（3）应诚恳、明确地回答记者提出的各种问题。

对于一时不便回答或回答不了的问题，要委婉巧妙地回避，不应以"无可奉告"生硬地拒绝。

（4）个别记者若有特殊要求，如要求找单位领导谈话等，主持人应答应下来，并说明在会议之后单独安排，以免影响会议的正常进行。

（5）工作人员应做好会场准备工作，及时为记者提供各种方便。

如送上纸笔、传递扩音器等。

3. 记者招待会的效果评估

记者招待会结束后，要及时对会议是否达到预期效果进行评估检测。主要从以下三方面展开工作：

（1）积极收集各到会记者在新闻媒介上发表的稿件，进行归类、分析，检查是否有由于自己失误造成的谬误，如有，应设法补救。

（2）对照签到簿，检查是否每个到会记者都发了稿子，作为以后开会时选定与会者名单的参考。

（3）积极收集各种反应，发现有不足之处，及时加以改进。

思考与练习

1. 商务接待工作的意义与原则。
2. 什么是商务活动？什么是商务活动礼仪？
3. 什么是礼仪、礼貌和礼节？三者有何关系？
4. 办公室接待应注意哪些礼节？
5. 在举行双边洽谈会时，座次应当如何排列？
6. 举办宴会应做好哪些方面的准备工作？
7. 秘书如何与上司、同事、客户相处？
8. 在商务洽谈中应注意哪些礼仪？
9. 开业典礼应注意哪些礼仪？
10. 签字厅应当如何布置？

第五章 商务秘书公关职能与策划

第一节 公共关系概述

一、公共关系的含义和特点

"公共关系"一词源于英文 Public Relation(缩写为 PR),目前国内流行两种译法:一种译为"公共关系",强调公共关系主要是处理组织与组织、组织与公众之间的社会关系,而不是一般的私人关系;另一种译为"公众关系",强调公众关系主要是谋求组织与内外公众的良好关系。本教材采用"公共关系"的译法。

对公共关系可以这样定义:公共关系是社会组织为了塑造组织形象,通过传播和沟通手段来影响公众的科学与艺术。

这个定义,包含了以下几个要点:

第一,公共关系的行为主体是组织机构。

第二,公共关系的沟通对象是相关公众。

第三,公共关系的基本手段是传播与沟通。

第四,公共关系的目标是塑造良好的组织形象。

第五,公共关系既是一门科学又是一门艺术。

从公共关系定义的上述几个要点可以看出,"组织"、"公众"、"沟通与传播"、"形象"这几个概念是公共关系中的基本概念。

二、公共关系的要素与特征

1. 公共关系的三大构成要素

公共关系的三大构成要素是:社会组织、传播、公众。

(1)社会组织

社会组织简称组织,是指执行一定的社会职能,完成特定的社会目标,构成一个独立单位的社会群体。组织是公共关系的第一构成要素,是公共关系的主导,它决定了公共关系的状态、活动和发展方向。

组织的基本特征是:

①组织具有特定的目标。

②组织具有实现目标的结构和手段。

③组织具有特定的功能。

(2) 传播

传播指信息、思想或观念的交流过程,是人与人之间的信息传递与分享。组织公共关系的传播是指组织利用各种媒介进行沟通,争取理解与信任的过程。它具有以下特征:

①公关传播以组织目标为主导。组织的传播根据组织的目标,从组织的层次角度出发,运用不同的方式,谋求组织的发展。

②公关传播是一种双向传播。在目的、依据、手段上都要求双向沟通。

③公关传播是一种中介传播。传播本身不是目的,不是主体,只是一种工具。

(3) 公众

公众是公共关系的客体,特指公共关系工作对象的总和,即那些与公共关系主体有直接或潜在关系的个人、群体或组织的总和。

公众的分类:

①根据组织行为给公众带来的结果或者按照公众与组织发生关系的过程将公众分为非公众、潜在公众、知晓公众、行为公众四种类型。

非公众是指在一定的时空条件下与组织不发生相互影响和作用的社会群体。

潜在公众是指由于潜在的公共关系问题而形成的潜在的公众。

知晓公众是潜在公众逻辑发展的结果,即已知晓自己的地位,知道组织行为或政策对自己造成的影响的公众。

行为公众是知晓公众发展的结果。这是公众不仅意识到组织对自身的影响和作用,而且采取了行动,形成了对组织的影响和作用。

②根据公众对组织的态度将公众分为顺意公众、逆意公众、边缘公众。

顺意公众,指对组织的政策、行为或产品持赞成意向和支持态度的公众。

逆意公众,指对组织的政策、行为或产品持否定态度的公众。

边缘公众,指对组织持中间态度,观点和意向不明确的公众。

③根据公众构成的稳定程度可以将公众分为稳定性公众、周期性公众、临时性公众。

稳定性公众,指具有稳定结构和稳定关系的公众。

周期性公众,指按一定的规律和周期出现的公众。

临时性公众,指因某一临时因素、偶发事件或专题活动而形成的公众。

组织应当针对不同的公众制订不同的策略,以保证公共关系工作的成功。

2. 公共关系的基本特征

(1) 以公众为对象

公共关系是指一定的社会组织与其相关公众之间的相互关系。公共关系以组织为支点，是组织与其公众结成的关系。组织必须着眼于自己的公众，才能生存和发展。公共关系活动的策划者和实施者，必须始终将公众看成自己的上帝。

(2) 以美誉为目标

在公众之中树立组织的良好形象，是公共关系的根本目的。塑造形象是公共关系的核心问题。组织形象的高知名度与高美誉度，是公关活动所追求的最佳效果。

(3) 以互惠为原则

公共关系不是以血缘、地缘为基础，而是以一定的利益关系为基础的。一个社会组织在其发展过程中，必须得到相关组织和公众的支持。这就要求公关活动既要实现本组织目标，又要让公众受益，如此才能使合作更长久。所以，公共关系活动必须奉行互惠互利的原则。

(4) 以长远为方针

社会组织与公众建立起良好的关系，即使组织获得美好的声誉，又让公众获取利益，得到实惠。所有这一切不是一蹴而就的，组织形象是长期积累的结果，公共关系必须坚持以长远为方针，不可只追求短期效益。

(5) 以真诚为信条

社会组织必须为自己塑造一个诚实的形象，才能取信于公众。传播活动中也必须贯彻真诚的精神，任何虚假的信息传播，都会损伤组织形象。

(6) 以沟通为手段

没有沟通，主客体之间的相互关系就不会存在，社会组织的形象和美誉也无从产生，互惠互利也不可能实现。要将公共关系的目标和计划付诸实施，离不开沟通的手段。平等、顺畅的沟通是达到公共关系协调、平衡的重要而有效的途径。

第二节 商务秘书公关职能

商务组织要求得自身良好的发展，需进行大量的公关活动，作为商务秘书日常的很多工作都和公关工作密切相连。商务秘书作为领导的参谋和助手，联系上下、左右、内外，接触各方面的人，在客观上充当了"公关大使"的角色。作为一个称职的、有作为的现代商务秘书，应加强自我修养，紧跟时代的步伐，自觉地培养和树立公关意识，充分发挥商务秘书的公关职能，为商务组织的发展做出应有的贡献。

一、广泛收集信息,监测组织环境

1. 环境及其与商务组织的关系

环境是指商务组织所处的内外条件的总和。它既包括自然环境,也包括经济、政治、文化、舆论等社会环境;既包括外部公众及其条件也包括内部公众及其条件。因此环境具有广泛性的特征,包括所有与组织生存发展有关的各种因素。

(1)商务组织的生存发展离不开环境

现代商务组织在其活动过程中,不仅要和不同于自身性质的各种职能的机构打交道,而且还要同各种各样的同行竞争者和各式各样的公众打交道。一方面,商务组织要向社会各界提供自己的产品和服务,为社会和其他组织的发展做出贡献;另一方面,商务组织需要依靠社会提供政策法律依据、科学技术保障,以及商务组织发展所需要的资金、劳务、原材料等,这些都是商务组织生存发展不可缺少的因素。

(2)环境对商务组织的生存发展有制约作用

不良的内部环境对商务组织的生存发展会造成重创,同样外部环境的不和谐也会严重影响组织的生存发展。

2. 如何收集商务组织环境信息

(1)收集商务组织形象信息

主要包括组织的外在形象信息以及组织的内在形象信息。商务秘书要及时掌握关于组织知名度和美誉度方面的信息。

(2)收集商务组织公众信息

主要包括内部公众如员工、股东的情况及变化,以及外部公众如服务对象、协作关系、竞争对手等的情况及变化。

(3)收集商务组织一般环境信息

这个环境是指与组织有间接关系的环境。包括自然环境、政治环境、经济环境、科技环境、法律环境、思想文化环境、人口环境、社会舆论环境等。这些一般环境往往与组织并不发生直接关系,但对组织的影响却十分重大。

商务秘书在商务组织的经营管理活动中,要发挥环境信息的收集、整理、分析、评估的作用,充当组织的"耳目","眼观六路,耳听八方",对与组织相关的环境信息保持高度的敏感性,特别是对环境中潜在的问题和危机,要做到及早发现,及早报告。

二、做好公关咨询,辅助决策参谋

1. 商务秘书公关咨询的内容

商务秘书公关咨询、辅助决策的功能就是在商务组织决策时,向决策层或决策职能部门提供有关公关方面的建议,使整个决策过程充分考虑到公关的问题。主要包括以下几方面的内容:

(1)商务组织公关状况的基本估计

包括在外部公众中知名度、美誉度等组织形象的分析;在内部公众中认同感、信任度、支持率的分析。

(2)商务组织公众情况的客观资料

包括组织公众的基本构成、行为方式、基本要求、对组织的基本态度和关系状态及其发展趋势。

(3)商务组织与公关有关的一般环境信息

包括组织所处的自然环境、政治环境、经济环境、思想文化环境、人口环境、舆论环境等非直接公关条件及其发展变化趋势。

(4)商务组织决策可行性方案的评价

包括方案与公众利益、方案与社会效益的关系,以及方案对组织形象的影响,方案实施后公关后果的预测。

(5)商务组织决策方案中公关活动的内容

包括配合决策总目标和总方案的公关目标、公关方案,对出现和可能出现的公关问题的行动对策。

2. 商务秘书做好公关咨询、辅助决策的原则

(1)坚持原则性

商务秘书公关咨询、参与决策是从公关的角度出发提出问题和分析问题,难免会与其他方面的咨询建议发生冲突。在这种情况下,必须坚持公众的立场,坚持社会效益和维护组织形象的原则。

(2)明确参与性

公共关系工作的咨询建议、参与决策是通过咨询建议发挥自己的参与职能。在咨询参与过程中一定要明确自身的参与特性。建议可以充分提,意见应该坚持,但是不应要求决策层一定要听从自己的意见。

(3)把握间接性

公关咨询建议、参与决策因其涉及问题本身的重大,往往难度很大。要在决策中说服别人,必须注意动用说服人的技巧。把握间接性的原则,要依据大量的资料,通过舆论的作用,争取多方的理解和支持,帮助决策者自然地接受公关咨询意见。

三、善于交往沟通，主动协调关系

1. 公关协调的特点

（1）公关协调是一种特殊的管理性协调

公共关系的管理不同于传统意义上的管理，公共关系管理的是组织的无形资产和关系网络，协调的是组织与公众的关系，涉及的内容广泛而抽象，协调管理的难度比较大。

（2）公关协调是一种非利益协调

公共关系不同于经济关系、人事关系。公关协调并不能解决实际存在的种种利益冲突。因此，它的协调作用是十分有限的。

（3）公关协调是一种传播性协调

公共关系工作的基本手段是信息传播，它的基本职能是信息沟通。公关协调不具有行政手段。

2. 公关协调的内容

（1）协调商务组织与外部公众的关系

当外部公众与商务组织之间由于误解或不了解而发生矛盾、摩擦时，商务秘书公关工作的任务是通过信息交流而消除误会，增进了解，把不良影响控制在最小的范围内。

（2）协调商务组织与员工、股东的关系

商务组织的正常活动和未来发展离不开员工、股东的理解和支持，商务秘书公关工作在这方面的协调主要是及时向员工、股东通报组织的有关信息，并注意消除因为对组织情况的不了解或各种误传而带来的紧张关系。

（3）协调商务组织内部各职能部门之间的关系

商务秘书公关工作在组织与部门之间、部门与部门之间的协调，主要是通过沟通信息，使每一方都能相互了解、相互理解，使各方都能了解全局、服从全局。

3. 公关协调的主要方法

（1）沟通信息

信息沟通在日常生活中普遍存在，但大多是无计划的，而公关的信息沟通则往往具有很强的目的性、计划性，一般都经过策划设计、对象选择，是围绕一定目标进行的。商务秘书公关协调工作的信息沟通主要可以采用两种方式：一是建立信息传播网络，定期或不定期地利用网络传递商务组织信息，协调各种关系。二是开展各种各样的公关活动，广泛地或有针对性地传播商务组织信息,协调各种关系。

(2)善于交往

作为秘书要善于交往,保持和各方面人士的联系,在各行各业中结交朋友。朋友关系本身是一种关系网络,可以成为可靠的信息传播渠道,这样可以为公关协调工作提供很多便利。但在交往中要把握正当和适度的原则。

四、重视组织宣传,创造社会气氛

1. 重视商务组织宣传的重要性

商务组织的良好形象必须建立在组织自身做得好的基础上,但同时也要大力宣传组织做出的成绩,从而影响或引导公众舆论,使之有利于自己。商务组织在激烈的社会竞争中要求得生存和发展就必须重视宣传,积极运用传播手段,将本组织的情况、观念、意图,真实而准确、及时而有效地传播给公众,增进相互了解,只有这样才能与公众保持良好的关系,创造和谐的社会氛围。

2. 把握商务组织宣传的重点

商务组织宣传不能一成不变,也不能面面俱到,均一用力,而应根据不同发展时期的具体目标和环境因素拟定宣传的重点。当商务组织刚刚创建时,或推出某种新产品、新服务时,要为其大力宣传,制造舆论,从零开始建立新产品、新服务的良好声誉。当商务组织顺利发展时期,就应致力于维持对组织有利的舆论,同时不断寻找新的宣传契机,进一步扩大组织的影响。当商务组织处于逆境时,即运转面临困境甚至发生危机时,就应促进或强化有利舆论,争取独立舆论,扭转或反击不利舆论。

五、教育引导员工,优质客户服务

1. 对员工进行公关教育的意义

(1)有利于商务组织公关工作的顺利进行

公关教育主要是对内部成员的公关意识教育。实际上就是实现商务组织的全员公关,即"全员PR"。由于公共关系工作所管理的是商务组织的无形资产,工作本身的难度很大。要完成好任务,就必须组织全体人员参与和支持,要做到这一点,就必须对全体人员进行有效的公关教育。

(2)有利于优质客户服务

如果商务组织全体员工都能意识到个人的一言一行都与组织的形象密切相关,都会影响组织的公共关系,从而决定商务组织在客户心中的形象,那么每一个员工都会提高自己的服务质量,从而为商务组织建立良好的客户关系。

2. 对员工进行公关教育的方法

(1)通过公关宣传教育活动,从思想上把公关意识同员工的主人翁责任感结合起来。

(2)从制度上把公共关系工作与员工的本职工作实际地结合起来。

(3)培养各级领导的公关意识。

(4)创造一种组织文化,在商务组织内部形成一种浓厚的公关风气和良好的公关氛围,借以影响、教育每一位成员。

第三节 商务活动公关策划

一、商务活动公关策划

所谓公共关系策划是指以公关调查研究为基础,根据组织形象的现状和目标要求,确定公关活动的战略,并制定出最佳计划行动方案的过程。商务活动公关策划是根据商务组织发展的要求,设计公关活动并制订实施方案的过程。

1. 商务活动公关策划的作用

(1)增强商务活动公关工作的有效性

随着经济的发展和社会的进步,商务组织之间的协作在不断加强,同时,竞争也日趋激烈,商务组织的环境和公众的态度处于不断的变化中,商务组织在公众中的形象也会因此而不断变化。所以,商务组织要求得生存和发展,就要开展各种公共关系活动。经过巧妙策划的公共关系活动可以使组织形象塑造达到事半功倍的效果。

(2)增强商务组织公关工作的计划性

商务组织塑造和完善自身形象的活动,贯穿在组织经营、运作的全面过程中,商务组织处于不同的发展阶段要选择不同的公共关系活动。公关策划不仅要考虑商务组织近期的形象目标要求,也要考虑商务组织长远的形象目标要求;不仅要对开展公共关系活动的各项条件进行充分的估量,也要做好各方面的协调配合工作,以增强公关工作的计划性。

2. 商务活动公关策划的原则

(1)商务组织利益与公众利益相统一的原则

利益是商务组织与公众最敏感的反映区。公关策划往往要通过一定的公关活动与公众沟通,设法赢得公众。商务活动公关策划其利益目标是十分现实的,这就要求妥善处理好自身利益与公众利益之间的关系。如果公关策划为谋取商务组织的自身利益,忽略甚至损害公众和社会的利益,就不能赢得公众,商务组织也不能获得长久和根本的利益。

(2)独创性与连续性相统一的原则

公关工作要想有效地影响和争取公众,公关策划就必须具有独创性,尽力做到不落俗套。但商务组织形象的塑造是一个连续的过程,它需要不断的积累。所以策划者在策划过程中,不仅要考虑本次公关策划的独创性,还要考虑本次活动与前后的公关活动的承启性和连续性,把握此次公关活动目标在整个公关目标体系中的地位,坚持独创性与连续性相统一的原则。

(3)经济效益与社会效益相统一的原则

公关活动不仅是商务组织实现经济效益的途径,也是赢得社会效益的关键。在公关策划中,不仅要注重商务组织的经济效益,更要重视社会效益,通过获得良好的社会效益来实现经济效益。

(4)科学性与可行性相统一的原则

商务活动公关策划首先必须具有科学性,即通过科学的调查研究方法,科学地评估公关状态,使策划过程符合科学程序,用科学的方法推理、论证和优化方案。但要使方案变成现实,还必须使之具有可行性,否则只能是纸上谈兵。

3. 商务活动公关策划的程序

(1)发现和分析问题

这是公关策划的先遣阶段,发现问题的方法主要有直觉感悟法、对比分析法、调查研究法。无论哪种方法,都离不开对信息的收集和把握。发现问题后,要对问题的原因进行分析,以便进一步确立目标。

(2)运筹谋划

这是公关策划的核心环节。主要包括以下环节和内容:

①确定公共关系目标。

在深入分析商务组织存在的公关问题和充分利用公关信息的基础上,确定公共关系目标。商务组织公关目标的内容是丰富的,有提高知名度方面的,也有提高美誉度方面的,有改善内部关系,提高凝聚力的,也有争取舆论支持,调查纠纷和误解的,或是辅助营销活动,促进产品销售等等。要根据商务组织自身特点和公关问题的特点,选择特定的目标作为某一公关活动的具体目标。

②设计主题。

商务公关活动主题是对商务公关活动内容的高度概括,它提纲挈领,对整个公共关系活动起着指导作用。公共关系活动主题的表现方式是多样的,可以是一个简洁的陈述,也可以是一句简短的口号。不管主题的形式如何,它的功能都是统帅整个活动。

③分析公众。

任何一个商务组织都有其特定的公众,确定与商务组织有关的公众是公关策划的基本任务。策划者要根据组织的公关问题和所确立的目标,确定与分析商务组织的公关活动所面临的目标公众,明确其权利要求,并进行深入分析,分出主次和轻重缓急,以便区别对待,使公关活动具有针对性和科学性。

④选择公共关系活动模式。

公关活动模式是公关活动方法的体现,要根据公关目标、主题和目标公众情况来选择恰当的活动模式。

⑤选择活动时间、地点。

恰当的时机、合适的场所是公关活动成功的关键。

⑥选择媒介。

媒介是组织与公众联系的桥梁,各种媒介有自己的优势和弱项,只有选择得当,才能达到一定的公关活动目的。

⑦经费预算。

商务公关活动经费预算,就是对公关活动所需的资金、人力、时间有计划地合理分配,它不仅给予公关活动财力上的支持,而且便于对公关活动有计划地监督管理,以及事后核算成本,评估公关活动效果。

(3)编制方案

编制方案是公关方案的形成阶段,它主要包括以下几个环节:

①拟订方案。

它是编制方案的第一道工序,是将运筹谋划过程中的各种创意、办法、措施进行组合、归纳,用书面形式记述下来,作为进一步优化、论证和审定的基础。

②优化方案。

拟定出的各种方案不可能都被采纳,也不可能十全十美,必须进行方案优化,提高方案的合理值。方案的合理值主要从方案的目的性、可行性和费用三个方面进行考察。

③方案的论证和审定。

公关方案提出后,要经过可行性论证和审定,才可以正式确定下来。方案论证一般是由商务组织的领导、有关专家和实际工作者提出问题由策划人答辩论证。公关策划方案经过论证后,要形成对策划方案的论证报告,经本组织的领导审核批准,方可实施。

④编写策划书。

策划书是公关策划实施的指导性蓝图,是公关活动的"剧本",它是对公关方案的系统化、体例化的文字表述。策划书的一般格式、结构是：

封面。标明策划课题、策划项目委托者、策划机构和策划者名称、策划完成日期、策划文书编号等。

内容提要。对策划书内容作简单介绍。

目录。使策划书的思路、概况一目了然。

前言。阐明策划的背景、宗旨、必要性、意义等。

主体内容。一般要写明对商务组织公关问题的分析、公关活动的目标、主题、公众分析、公关活动模式、公关时机和日程安排、公关活动场所、传播媒介、实施条件、应变策略、经费预算、人员安排等。必要处可用图表形式列出，以便于理解和操作。

附录。包括补充材料、参考文献、调查报告、专家意见、注释文字等。

二、商务公关活动模式

公共关系是一种有计划、有目的的活动。不同的公共关系目标，必须用不同的公共关系模式去实施、实现。商务公关活动模式，是指由一定的商务公关目标和任务，以及实现这一目标和任务的各种具体方式方法和技巧所构成的一个有机系统。常见的商务公关活动模式有以下几种类型：

1. 交际型公共关系活动模式

交际型公共关系活动模式是在人际交往中展开公关工作的一种模式。目的是通过人与人的直接接触，进行感情上的联络，为组织广结良缘，建立广泛的社会关系网络，形成有利于组织发展的人际环境。其方式是开展团体交际和个人交往。团体交际包括各种各样的招待会、座谈会、工作午餐会、宴会、茶话会、慰问、舞会等。个人交往有交谈、拜访、祝贺、个人署名的信件往来等。交际型公关活动模式是公关活动中应用最多、较为有效的公关模式。它不仅是用感情投资的方法达到组织与公众的互助、互利、互惠，而且还是一种获得信息的有效途径。它具有直接、灵活的特征。在与不同人的接触交谈中，可以捕捉到有价值的信息，使组织在竞争中出奇制胜。需要注意的是，开展交际工作时要坚决杜绝各种不正当的手段，并且明确认识交际只是公共关系的手段之一，而绝非它的目的，同时更不能把一切私人交际活动都作为公共关系。

2. 宣传型公共关系活动模式

宣传型公共关系活动模式是运用大众传播媒介和内部沟通方法，开展宣传工作、树立良好组织形象的公关活动模式。主要做法是：利用各种传播媒介和交流方式进行内外传播，让各类公众充分了解组织、支持组织，进而形成有利于组织发展的社会舆论，使组织获得更多的支持者与合作者，达到促进组织发展的目的。其特点是主导性强、时效性强、传播面广、推广组织形象效果好。根据宣传对象的不同,此种模式又可分为内部宣传和外部宣传两种。

3. 服务型公共关系活动模式

服务型公共关系活动模式是一种以提供优质服务为主要手段的公关活动模式。目的是以实际行动来获取社会公众的了解和好评,建立自己良好的形象。服务型公关活动模式绝不仅仅限于专门的服务行业,商务组织也能以自己独特的方式向公众提供必要的服务。

4. 社会型公共关系活动模式

社会型公共关系活动模式是组织利用举办各种社会性、公益性、赞助性活动开展公共关系工作的模式。其目的是通过积极的社会活动扩大商务组织的社会影响,提高其社会声誉,赢得公众的支持,为树立良好的社会形象创造条件。

社会型公关活动模式的形式有三种:一是以商务组织本身的重要活动为中心而开展的。如利用公司开业剪彩、周年纪念的机会,邀请各界宾客,借此播下友谊的种子。二是以赞助社会福利事业为中心开展的公关活动。如赞助教育和残疾人组织,赞助公共服务设施的建设等,以此在公众心目中树立本组织注重社会责任的形象,提高组织的美誉度。三是资助大众传播媒介举办的各种活动,提高组织的知名度。如冠以组织名称的智力竞赛,歌星、影星评选等。

5. 征询型公共关系活动模式

征询型公共关系活动模式是以提供信息服务为主的公关活动模式。目的是通过采集信息、舆论调查、民意测验等工作,了解社会舆论,为组织机构的经营管理决策提供参谋,使组织行为尽可能地与国家的总体利益、市场的发展趋势以及民情、民意一致起来。

征询型公关活动模式可采用的形式很多,如民意测验、访问重要用户、建立信访制度、设立监督电话处理举报和投诉、进行组织发展环境的预测等等。

6. 建设型公共关系活动模式

建设型公共关系活动模式是指在组织初创时期或新产品、新服务首次推出时为打开局面而采用的公关工作模式,是打基础的模式。其主要功能是在组织初创时完善自我、精彩亮相、提高知名度,形成良好的"第一社会印象",就是通常说的"创牌子"。工作的重点是宣传和交际,向社会公众介绍自己,使公众对新组织、新服务、新产品有所认识,引起公众兴趣,并努力结交朋友,尽量使更多的公众知道、理解、接近自己,取得公众的信任与支持。这是商务组织公关活动经常采用的模式。

开展建设型公关有多种做法,一般是采用高姿态传播形式,主要有:开业庆典、开业广告、新产品展销、新服务介绍、免费试用、免费招待参观、开业折价酬宾、赠送宣传品、主动参加社区活动等。开展建设型公关,对于新开办的商务组织,首先要考虑的是整体的组织形象定位,包括组织的总体特征、内在特征、外在特征、CIS组织文化的整体设计。

7. 维系型公共关系活动模式

维系型公共关系活动模式是组织在稳定发展时期用以巩固良好公共关系的模式。其主要目的是通过不间断的宣传,维持组织在社会公众心目中的良好形象。商务组织要特别做好维系型公关活动,使组织的形象能深入人心,并与客户保持长久联系。

运用这种模式一方面可以开展各种优惠服务吸引公众再次合作,另一方面可通过传播活动把组织的各种信息持续不断地传递给各类公众,使组织的良好形象始终保留在公众的记忆中。一旦有需要,公众就可能首先想到自己,接受自己。

8. 防御型公共关系活动模式

防御型公共关系活动模式是组织为防止自身的公共关系失调而采取的一种公关活动模式。这种模式适用于组织与外部环境出现不协调或与公众发生摩擦苗头的时候,其特点是防御与引导相结合,多采用调查、预测的手段。

公共关系应该以预防为主,在组织发展顺利、情况正常的时候,要善于发现问题、预见问题,及早制定出防治措施,才能在公共关系活动中保持主动。

9. 矫正型公共关系活动模式

矫正型公共关系活动模式是组织遇到风险、组织的公共关系严重失调、组织形象发生严重损害时所采用的一种公关活动模式。其特点是及时发现问题,及时纠正错误,及时改善不良形象。在组织形象受到损害时,应立即采取有效措施,尽量减轻损害造成的后果,做好善后工作,配合组织的其他部门,重新建立起组织的新形象,挽回组织的声誉。

10. 进攻型公共关系活动模式

进攻型公共关系活动模式是在主动进取、争取公众、创造良好环境时采用的一种公关模式。这种模式要求组织运用一切可以利用的手段,以主动的姿态调整自身行为,摆脱被动局面,创造有利于组织发展的新局面。其特点是内容形式新颖,能大大吸引公众的注意和兴趣,有利于迅速提高组织的知名度和美誉度。

三、商务公关专题活动

所谓商务公关专题活动,就是商务组织有意识、有计划地动用传播媒介和沟通手段,自觉协调商务组织与公众的社会关系,影响商务组织依存的公众舆论倾向,成功塑造自身良好形象的一系列公共关系实务工作。作为商务秘书了解商务公关常用的各种专题活动的特点与适用范围,理解各种专题活动的价值与区别,掌握策划与组织各种专题活动的方法,对于做好商务公关秘书工作是十分必要的。商务公关常用的专题活动有开业庆典、展销会、发布会、赞助、危机事件处理等。

1. 开业庆典

开业庆典是围绕着重要节日或开幕而举行的庆祝活动,是提高商务组织知名度、扩大社会影响的活动。组织开业或庆典活动,应遵循"热烈、隆重和节约"的原则,作为商务秘书应做好周密的安排。

(1)精心拟出邀请宾客的名单

一般邀请宾客的范围:商务组织的主管部门领导及各界领导、朋友;广播、电视及报刊新闻记者;同行部门和直属部门的领导及朋友。

(2)拟定程序表

程序可包括确定主持人、介绍重要来宾、组织负责人或重要来宾致词、剪彩或安排参观等。

(3)精心布置场地

举行仪式的现场可以设在商务组织所在地的门口。应在场地悬挂开业或庆典会标、庆祝或欢迎词语。

(4)妥善安排接待工作

这一工作要事先指派专人负责。重要来宾的接待应由组织负责人亲自完成。

(5)安排礼仪小姐

礼仪小姐的人数应比剪彩领导人数多1人。

(6)准备好馈赠礼品

此时赠送的礼品也是一种宣传性传播媒介,只要准备得当,往往能产生很好的效果。

(7)提前试验音响,保证音响设备不出问题

2. 展销会

展销会是通过实物、文字和图表以及音像、影视材料等来展销产品的一种促销形式。由于它较为形象、直观,使公众容易信服和接受。因此,展销会是

商务组织促销产品经常采用的一种形式。

(1) 确定时间、地点

展销会的时间依据展销内容和规模而确定。展销会地点可以在室内或露天。

(2) 确定主题和内容

展销会可分为综合性产品(商品)或专项产品(商品)展销会。综合性产品展销会可容纳多家不同产品进行同时展销;专项展销会只围绕一项专业或一个专题举办展销。

(3) 培训专门的产品介绍人员

产品介绍人员应对展销产品的性能、构造、使用方法、同类产品的市场价格情况、组织经济实力和产品信誉、组织发展远景等有较全面的了解,还要有一定的语言表达能力。

(4) 安排团体订货室及工作人员

工作人员应懂得订货知识,并按商务组织订货的有关规定进行工作;工作中应热情接待客户,主动介绍订货规定及优惠政策。

(5) 制作广告,组织新闻报道

为了更好地宣传产品,应请专业人员设计展销会的广告并进行新闻报道。要专门安排新闻发布会,准备好新闻报道所需的各种辅助宣传材料。

3. 发布会

发布会一般指新闻发布会,又称记者招待会。发布会一般要邀请各新闻媒介的记者参加。举办新闻发布会,由组织负责人或公共关系部门的负责人直接向新闻界发表有关本组织的消息,这对组织而言,是宣传活动的一部分。

(1) 确定邀请记者的范围

邀请的范围主要根据公布事件、消息发生的范围和影响而定。如事件或消息只涉及到某一城市,一般只需请当地的新闻单位记者参加。

(2) 确定发布会的地点

一般可选择在本单位或租用宾馆、大饭店举行;如果希望造成全国性影响,则可在首都或某大城市举行。

(3) 布置会场

发布会地点确定后,应进行实地考察。此外,在会议召开前,应认真进行会场布置。

(4) 统一发布口径

在发布会上,本组织参加会议人员要统一口径。某一消息发布到何种程度,应首先在组织内部统一认识。

(5)挑选发言人

发布内容确定后,要选择合适的发言人。

(6)选派会议主持人

主持人的言谈要流畅,有时根据内容的需要可以增加一些幽默感。

(7)注意对待记者的态度

因为接待记者的质量如何将直接关系到报界发布消息的成败。

(8)核对发稿情况

发布会结束后要注意搜集各到会记者在报刊上发表的稿件,进行归类、分析,检查是否有由于失误而造成的谬误,如有应立即设法补救。

4. 赞助

赞助是商务组织为了赢得政府、社区及公众的支持,创造商务组织生存和发展的良好环境,而出资支持社会福利、社会公益和慈善事业等,并以此来证实商务组织的实力,表明商务组织愿意承担社会责任,以赢得社会的普遍好感的一种行为。

(1)赞助的目的

①扩大知名度。

②增强信任度。

③提高美誉度。

④增强商务组织与外界交流的和谐度。

(2)赞助经常采用的形式

①资金赞助。

资金赞助是向赞助对象提供货币资金的赞助形式。

②实物赞助。

实物赞助是向赞助对象免费或低价提供商务组织产品的赞助形式。

③联办和主办。

这种形式是通过商务组织直接插手于一项事务的形式来进行赞助的,可以将物质资助与兴办事业很好地结合起来,增加商务组织对赞助效果的可控性。

(3)赞助的类型

①赞助体育运动。

②赞助文化生活。

③赞助教育事业。

④赞助社会慈善和福利事业。

(4)赞助的步骤

①慎重选择赞助对象。

选择的基本原则是引导公益事业发展方向,符合商务组织公关目标。

②制订年度赞助计划。

在调查研究的基础上,根据商务组织的赞助方向、赞助政策、赞助重点和赞助能力,拟定年度赞助计划。其主要内容有:赞助目的,赞助对象次序,赞助金额,赞助方式,赞助时机等。

③评定审核赞助项目。

对每一项具体的赞助项目,都应进行分析研究。首先是对赞助项目进行总体评价和估计,检查是否符合赞助方向。其次对赞助效果进行质和量的评估。

④实施落实赞助。

在赞助年度计划和具体赞助项目确定以后,应派出专门的公关人员去实施赞助方案。在实施过程中,公关人员要利用各种有效的公关手段,创造出商务组织内外的"人和"气氛,尽可能扩大赞助活动的社会影响。与此同时,商务组织还应以各种传播手段,扩大赞助活动的影响,使赞助活动的效益达到最佳峰值。

5. 危机事件处理

商务组织在运行过程中可能会遇到突发事件,一旦发生突发事件,如公众受到伤害、自然灾害、重大变故的时候,商务组织的公共关系状态便处于危机之中。面临强大的舆论压力和严峻的社会环境,如何及时化解危机,往往需要精心运筹与艰苦努力,综合利用各种传播渠道和应对策略。

(1)危机处理的原则

①及时性原则。

危机事件发生后要尽可能迅速地控制事态的恶化和蔓延,把造成的损失减少到最低限度。

②冷静性原则。

危机发生后,处理人员应冷静、沉稳,不要因头绪繁多、关系复杂而变得急躁、出言不慎。

③全面性原则。

危机往往涉及或影响组织内部和外部的诸多方面,处理时既要考虑内部公众,又要顾及外部公众,既要注意现在的影响,又要预见未来的或潜在的影响。

④准确性原则。

危机发生后，由于种种原因，信息容易失真。为了防止公众的猜测、误解和谣言的产生，应及时、准确地传递有关信息，不隐瞒或省略某些关键细节。

⑤公众性原则。

在处理危机时，当然要考虑组织的利益，但必须强调要把公众利益放在第一位。

(2)危机处理和对策

①迅速成立处理危机事件的专门机构。

②制订处理危机事件的基本原则、方针、具体的对策与程序。并通告有关人员，统一认识，协同行动。

③向媒介、社区等公布事件的真相，表明组织对该事件的态度，通报将要采取的措施。

④调查引发事件的原因，并向媒体公布。

⑤妥善做好受害者的善后工作。

思考与练习

1. 公共关系的要素是什么？
2. 商务秘书如何发挥公关咨询、辅助决策的功能？
3. 商务活动公关策划应遵循什么原则？

第六章　商务秘书与商务谈判

商务谈判是现代商品交易的构成要素,是交易双方为达到互利互惠目的而进行的沟通和协商。公司企业秘书只有对谈判过程的重要环节十分熟悉,才有可能在谈判过程中做好自己职责范围的事务,才有可能把谈判组织好,使谈判艺术和方法得到充分发挥,获得谈判成功。

第一节　谈判与谈判类型

一、什么是谈判

谈判无时不有,也无处不在。谈判不仅在国家之间、政府之间、民族之间、单位之间进行,而且也是每个人平时生活中经常碰到的,只不过人们没有自觉地意识到罢了。在社会生活中,经常发生的谈判有:买卖双方的讨价还价、房地产交易、公司的联合与兼并、劳资合同、竞争投标、拍卖、竞争性资源分配、民事责任纠纷、公平分配、表决程序、国际争端、国际条约,以及家庭纠纷、遗产分配等等。总之,每个人生活中离不开谈判,谈判可以使不协调的各种意见一致起来,使需要得到尽可能的满足。也就是说,只要是为了满足人的需要,任何问题都是可谈判的。

1. 谈判的定义

谈判有个简单而涉及范围广泛的定义,即:"只要人们是为了改变相互关系而交换观点,为满足各自的需要和维护各自的利益,为了取得一致而进行的磋商和协议,就是谈判",这个定义是广义的。不同类型、不同内容的谈判,有它特有的或者说是狭义的定义。

2. 商务谈判

商务谈判是指买卖双方为实现商品交易或劳务的供应,就交易相关的条件进行的协商活动。

商务谈判其本身就是现代商品交易的构成要素,是交易双方为达到互利互惠目的而进行的沟通和协商。

商务谈判是一项十分复杂的综合性经营管理活动,它跨政治、经济、技术、法律、文字、心理、社交等诸多学科。它虽然是企业经营管理的一个组成部分,但与一般的生产、经营、管理又有很大区别。

在我国社会主义市场经济条件下,企业进行商务谈判活动,应遵循平等自愿、协商一致,有偿交换、互惠互利,合法、有序,时效、简洁和满足企业最低目标的原则。

企业通过商务谈判,可实现其特定的经济目标,获取其所需要的市场经济信息。商务谈判活动也是企业开拓市场的重要手段。

二、谈判类型

1. 合作性谈判

合作性谈判在刚开始谈判时,就都竭力建立一种活跃、认真、诚挚与合作的气氛,双方都具有达成协议的诚意,都不想支配对方,而且双方都采取合作的态度,达到谈判的目的。

谈判的目的不仅限于物质方面的需求,而且要在物质以外的方面有所收获。

2. 竞争性谈判

竞争性谈判在营造活跃、认真的气氛的同时,试图增强自己的实力,削弱对方的力量,过早地把谈判引入争执的领域,希望先讨论有可能让步的问题,而把自己可能让步的议题安排在后面。在谈判中,双方都竭力为自己谋求最大利益,为一系列问题争执不下,最后以一方做出让步或双方都做出让步而告终。这样的谈判是互不相让和富有对抗性的,都不让步,就会导致谈判失败。

商务谈判,通常还存在以下三种类型:

(1)按谈判人员参与数不同分类

①"一对一"谈判。"一对一"谈判一般适应于项目小的商务谈判,出席谈判的各方均只有一个人。"一对一"谈判是一种最困难的谈判类型,因为双方谈判者只能各自为战,得不到助手的及时帮助。

②小组谈判。小组谈判一般适应于较大的、情况比较复杂的谈判项目。各方有几个人同时参加谈判,各人之间有分工、有协作,取长补短,各尽所能,可以大大缩短谈判时间,提高谈判效率。

③大型谈判。大型谈判一般适应于国家级、省(市)级或重大项目的谈判,参与人数多,人员来源广泛,规模大,影响面宽。

(2)按谈判地域不同分类

①主座谈判。主座或主场谈判,是在自己一方所在地组织谈判。自己是东道主,有天时地利人和的优势,但不能以主压客。

②客座谈判。客座谈判亦可称为客场谈判,是在谈判对手所在地组织的商务谈判。客座谈判对客方来说要克服不少困难,到客场谈判时必须注意要入乡随俗。

③主客座轮流谈判。主客座轮流谈判,是一种在商务交易中谈判地点互

易的谈判。谈判可能开始在卖方,继续谈判在买方,结束又在卖方。交易对象可能是大宗商品买卖,也可能是成套项目的买卖。主客座轮流谈判应注意确定阶段利益目标,争取不同阶段最佳谈判效益;坚持主谈人的连贯性,换座不换帅。

④第三地点谈判(或中立地谈判)。第三地点谈判,是指谈判地点设在第三地的商务谈判。第三地谈判避免了地域上的优势,使得各方的地位较平等,谈判环境较为公平,缺点是会造成谈判成本提高。

(3)按谈判内容的透明度不同分类

可分为公开谈判、秘密谈判、半公开谈判。

第二节 谈判的特征与原则

一、谈判的特征

1. 谈判是"施"与"爱"兼而有之的一种互动过程

在谈判中,双方都会设法尽早让对方了解自己所能做出的最大让步及要求对方做出的最低限度的让步。当谈判双方展开交锋时,往往是直截了当地触及问题的核心,不纠缠于细枝末节,因为他们深知妥协与和解是达成令人满意结局的通道。

2. 谈判同时含有"合作"与"冲突"两种成分

为了让谈判能达成协议,参与谈判的各方必须具备某一程度的合作性;同时为了使自身的需要能获得较大的满足,参与谈判的各方,势必又处于利害冲突的对抗状态。尽管在不同的谈判场合,合作程度与利害冲突程度各不相同,但可以肯定的是,任何一种谈判都含有某一程度的合作与某一程度的冲突。

3. 谈判是"说服"与"拒绝"融贯在一起的一种行为方式

在谈判中,人们总是试图提出一些观点,并用这些观点直接地或间接地去影响对方,这就需要做好"说服"或"拒绝"。

4. 谈判所呈现的是相对独立或对等的关系

这就是说,在人与人之间构成谈判关系,还需要依赖于另一个重要条件,即作为谈判的双方,必须在物质力量、人格、地位等方面都获得了(哪怕是暂时获得了)相对独立或对等的资格。在谈判过程中,谈判中的一方,如果由于特殊原因而导致自己失去了与对方对等的力量或地位,那么另一方可能很快不再把他作为谈判对手,并且可能采取另外的方式来解决问题,谈判将转化为非谈判。因此,任何谈判者,要想使谈判进行下去,就必然要发展和壮大自己的物质力量,保持自己独立的人格和地位。

5. 谈判是"互惠的",但也会有"不平等的"结果

假如谈判并非是互惠的,那么谈判就无法进行。即使勉强进行,谈判的结果也是不平等的,有些谈判者获得的好处多,有些谈判者获得的好处少。因为导致谈判结果不平等的主要原因在于:谈判各方对谈判结果均具否决权,则不论谈判结果是多么"不平等",这样的谈判也是"公平的"。

6. 谈判有"临界点"

虽然双方都在尽可能地争取再多一点的利益,但也决不能只盯住索取"再多一点"。把握这个临界点是不容易的。成功的谈判不在于发生的事件本身如何,而是事件双方当事人通过和解均感到有所收获。

二、谈判的原则

1. 平等互利原则

一般来说,谈判双方在法律地位上,权利、义务应一律平等,不论单位大小、实力强弱、职位高低都要坚持互利的原则。实际上,要想使谈判顺利进行并取得成功,双方的利益是相互依赖、互相制约的。这种相互存在性越强,双方越体现出互惠性。当然,在实际谈判中,存在着某些方面的不平等因素,但不管怎样,平等互利作为谈判的一项原则,人们必须遵循和维护它,使之在谈判中体现出双方的互惠性。

2. 友好协商原则

谈判中难免发生争议,有时谈判者甚至使用虚张声势、瞒天过海等手段来对付谈判对手,这些都不是解决问题的良策。无论对方有无诚意,条款是否存在问题,只要有一线希望,友好协商都会促使谈判得到好的结局。

3. 依法办事原则

谈判不仅关系到双方的利益,有时还涉及到国家集体利益,只有依法办事,当事人的权益才能受到保护。比如,拟定一项谈判协议时,为了避免执行过程中发生争议,签署的各种文书以及所用的语言文字,必须具有双方承认的明确的合法内涵,并应对其中用语的法定含义做出明确的文字解释,协议才能具有法律效力。

第三节 谈判要素与商务谈判步骤

一、谈判要素

所谓谈判要素,是指谈判者的素质、时间和信息。任何谈判,议题和参与者可以不同,但这三个要素一般是不变的。

1. 谈判者的素质

谈判者所具有的实际力量,包括物质和精神两方面的力量。物质力量是客观的,而精神力量虽带有主观的成分,但在谈判中,却起着决定性的作用,而它是由谈判者的素质决定的。因此,正确认识谈判者素质的存在,挖掘素质潜在的力量是十分重要的。一般来说,一个优秀的谈判者应具备如下一些素质:

(1)个性。谈判的个性应是耐心、毅力、容忍、热情、机智、幽默、识礼等吸引人的个性。比如幽默,高明的谈判者总是利用一切场合,借助于幽默的力量,给人们带来喜悦和愉快。

(2)机敏。谈判者要具有对新情况、新事物和所涉及的谈判问题的敏感性,对谈判环境和谈判气氛的灵敏性,能从普通的数据中看出趋势,从平静的表象中看出潜伏的危机,对任何微妙的变化都能及时地察觉出来。而要做到这一点,首先要学会观察和注意事物。

(3)忍耐。忍耐是获得成功的一种引力。初次谈判的人,很难做到忍耐,谈判高手深知忍耐这一点的重要性。

(4)判断力。所有的谈判,都无非是两个目的:一是明确的利益和要求,这是双方共知的;二是对方的真正需要,这是秘而不宣的。这就需要认真判断,才能做到心中有数。

(5)冒险性。谈判的结果,无非是成功或失败。成功是要付出代价的,至于代价付出多少,自己可以心中有数。为了争取一分成功的希望,就要有冒险的勇气。如重组一个公司或一个部门,就要有冒险的精神,敢于迎接新的挑战。

(6)知识化。谈判是人类行为的一个组成部分,它涉及到传统的和当代的行为科学,包括历史学、社会学、经济学、法学、心理学、语言学、运筹学乃至信息论、控制论及一般系统论的许多方面。一般的谈判,需要有一种本事,即向对方提出合理的问题,并要预测对方是否会精确回答。如果对方是专家,你要施展你的学识和才华,巧妙地与其周旋;如果对方不是专家,你也要谨慎从事,不能蔑视对方。

2. 谈判时间

谈判时间适当与否,对谈判结果影响很大。因此,除非毫无选择余地,否则决不应该对它掉以轻心。

无论商议任何一件事情,都有适合不适合的时间。时间的利用往往是谈判成功的因素。因此,有必要对利用时间的原则加以概括:

(1)能令自己获得最佳谈判效果的任何时间都是适当的谈判时间。基于此,谈判者应留心:①留意自己的生理时钟,避免在身心处于低潮时进行谈判。

例如惯于晚起床的人可能在午后才精神奕奕,故最好是选择午后的时间进行谈判;经常需要小睡片刻才能振作精神的人,则在小睡之后才适宜谈判;从未在星期天工作的人,不宜选定星期一大清早从事谈判,因为这个时候他在心理上可能仍未进入工作状态。②如谈判前经舟车劳顿,则应要求对手给予充分的时间休息,然后再进行谈判。③尽量避免在用餐时进行谈判。如无法避免,则应节制食量,因为太多的食物足以导致思想迟钝。④应避免在身体不适时进行谈判,因为身体不适时很难令自己专心于谈判。

(2)最后期限的公开与保密。一般情况下,谈判者要对自己的最后期限保密。无论对方对你照顾得如何好,对你多么体贴入微,对你的娱乐安排得多么周到,或者对你大加赞赏、大献殷勤,你都要保持冷静,保持警觉,千万不能泄露你的最后期限。而在一个互相敌对的谈判中,最佳的策略则是向对方公开你最后的期限。

(3)适时的最后出价。最后出价的适时提出,能够增加对方对它的信赖。倘若太早提出来,即使是很好的价钱,也难于取信于对方。凡是经过几天讨论之后再提出来的价格就较容易被对方接受了。

(4)要有随时进行谈判的心理准备与实质准备。因为谈判时间有时不能由你选择,在这种情况下,倘若没有足够的心理准备与实质准备,你就很难在谈判中获胜,还有可能被对方击败。

(5)在一系列的谈判中,某一次谈判结束之前应先预约下一次谈判的时间,以避免因拖延中止谈判。

3. 谈判信息

信息是谈判的耳目,信息是决策的依据。没有可靠的信息,便没有成功的谈判。

在谈判场上,人们经常利用各种办法来了解对方,掌握对方的有关信息,从而制订一套对付对方的谈判策略。

(1)信息类型。谈判者尽可能搞清楚以下有关信息:
①谈判者是谁?他们各自的身份和地位如何?
②谁是决策人物?他们的职位、能力、权限、个性嗜好、弱点等。
③谈判者对谈判内容了解程度怎样?
④谈判者各自的想法和打算是什么?
⑤谁是首席代表?他的性格、习惯?等等。

(2)信息的收集方法。收集信息的具体方法是多种多样的,可以因时、因事、因地而异。一般来说,可采取以下方法来获取有用的信息:
①访问法。当面或通过电话、书面向对方询问,以获取有用的信息。

②阅读法。通过阅读书报、杂志、文件、资料,从中寻求有关信息。

③索取法。直接向各有关人员和关有部门索取。

④采集法。建立专门的信息网络来收集信息的一种方法。

⑤预测法。根据事物发展规律和谈判进展情况,进行科学预测,据此做出科学的谈判决策。

收集信息的方法还有收听法、观察法等等。

二、商务谈判的步骤

商务谈判虽然内容有别,但各种商务谈判的步骤基本是一致的。商务谈判的基本步骤表现为开局、报价、磋商和成交四个阶段。

1. 开局阶段

开局阶段是商务谈判的第一步。开局阶段的主要任务是建立良好的谈判气氛,就谈判的目的、时间、进度和人员交换意见并达成一致,为实质性谈判的展开奠定基础。

(1)建立良好的谈判气氛。不同的谈判气氛对谈判的进行有着不同的影响。气氛影响谈判人员的心理、情绪和感觉,从而引起相应的反应。谈判气氛对谈判过程是极为重要的,谈判人员要善于运用灵活的技巧来影响谈判气氛的形成,为谈判的顺利进行创造条件。为了创造一个良好的谈判气氛,谈判人员应该注意以下几点:

第一,谈判双方要彼此尊重,地位平等。

第二,服装仪表方面,谈判者要塑造适合的形象。

第三,谈判者要给对方树立一个开诚布公、可以信赖的良好形象。

第四,双方见面后,在涉及谈判有关的话题以前,双方可先作一些随意性的交谈。但也忌讳过分闲聊,离题太远,要服务于谈判目的。

第五,在接触谈判话题时,先谈双方容易达成一致的话题,语气要轻松、自然。如果能够在此基础上,悉心培养这种感觉,就可能形成积极谋求一致的气氛。

(2)交换意见。在具体内容谈判前,双方应先就谈判目标、计划、进度和人员安排等方面取得一致意见,这是开局阶段的一项重要任务。

(3)开场陈述。在报价和磋商以前,为让对方了解己方的原则和态度,可作开场陈述和倡议。

2. 报价阶段

在商务谈判中,价格问题始终是核心。任何一笔交易的谈判中,买方或卖方的报价以及随之而来的还价,都是激烈的。

(1)报价的原则。报价的基本原则是,通过权衡各方利益,设法找出满足或基本满足各方利益的最佳结合点价格。当然,实际商务谈判中,这个最佳结合点价格是不容易找到的。

(2)确定报价起点。在基本掌握市场行情及其价格走势的基础上,按报价的原则要求,谈判人员可参照近期实际价格,结合本方的经营意图,拟定出价格的控制幅度,确定一个大致的报价范围。主要是为自己一方确定一个最低水平线,即可以接受的最坏的交易条件。

(3)报价时态度要坚决果断,不应有什么保留,这样既可显示出报价者的自信心,也会给人留下诚实而认真的交易伙伴的印象。报价要明确、清晰而完整,以便对方准确了解我方的交易条件和期望。对对方有问必答,避虚就实。谈判中谁先报价是一个比较微妙的问题,先报价的有利之处在于它对谈判的进行具有较大的影响。先报价,实际上等于给谈判划定了一个框架或基准线,最终谈判结果可能会在这个范围内达成。

如果我方谈判实力明显弱于对方,特别是在缺乏谈判经验时,应该让对方先报价,我方可以通过对方的报价来观察、分析对方意图,扩大自己的思路和视野,然后再确定应对我方的报价做哪些相应的调整。

3. 磋商阶段

磋商就是在报价的基础上,双方开始讨价还价。磋商是谈判过程的一个关键阶段,也是最困难、最紧张的阶段。是否能最终与对方达成交易,很大程度上看磋商阶段。

(1)磋商的形式。商务谈判磋商可以以书面、电话或见面等形式进行。由于商务谈判涉及到各方的切身利益,谈判比较曲折、复杂,因此交易的磋商一般要通过面谈来完成。

(2)磋商的过程。商务谈判磋商是讨价、还价、再讨价还价、短暂休谈、再谈的一个复杂过程。

(3)对磋商一般有条理清楚、客观实际、有礼有节的要求。

(4)磋商中的让步。商务谈判在交易条件的磋商过程中,谈判双方一般都要做出一定程度的让步。让步是双方为达成协议所必须承担的义务。让步在所难免,但如何让步需要认真对待。谈判者应根据实际情况采用恰当的让步策略,以便实现己方的谈判目标。

4. 成交阶段

成交是谈判的最后阶段,也是一项交易谈判的结束。成交阶段的主要任务是促成交易签订协议。

(1)促进成交的策略。商务谈判中,常见的促进成交的策略主要有以下几种：

①最后通牒策略。最后通牒，是指提出己方的最后让步条件，并以此向对方施加压力，要求其接受，不接受即要承受谈判失败的后果。向对方发出最后通牒，要冒着被对方拒绝的危险，因此要慎重从事。

②折中策略。折中，是以双方进入最后阶段时的立场差距的中间条件为基础，双方做出大致相等的让步，以促成交易。

③一揽子交易策略。一揽子交易，是指双方将谈判至最后阶段时各自坚持的条件做整体交换，以谋求达成协议，结束谈判。

(2)成交。成交，是指经过最后阶段的努力，谈判双方就交易条件达成一致。成交分完全成交和部分成交。在无法实现完全成交时，若能实现部分成交，也是一种可取的谈判结局。

(3)签订书面协议。签订书面协议，是指谈判的成果通过签订书面协议，以法律的形式予以记录和确认，便于今后遵照执行。

一般谈判的步骤，分为六个阶段：

①导入阶段。即前面已经介绍过的双方见面，介绍、寒暄、简短交谈，创造良好的谈判气氛。

②概说阶段。目的是让对方了解自己的目标和想法，但不是把自己的一切想法和盘端出，只是简单说出自己的基本想法、意图和要求。这是双方彼此认识谈判对手目标要求的第一回合。

③明示阶段。谈判双方把所要解决的问题，摆到桌面上来讨论。包括：自己所求，对方所求，彼此互相所求，从外表看不出来的内蕴要求。

④交锋阶段。对方由于利益和心理等的对立，必然存在着分歧，在这个阶段就明显展开。在交锋中，谈判者既要朝着自己所追求的目标勇往直前，又要有心理准备，随时回答对方的质询，同时要尽量把对方的抵抗心理降到最低限度。

⑤妥协阶段。双方各自做一定的让步，以达成最终的协议。

⑥协议阶段。经交锋和妥协，双方认为已基本达到自己的要求，就拍板同意，双方代表在协议书上签字，谈判结束。

第四节 秘书与商务谈判事务工作

一、谈判前准备工作

谈判能否成功，往往取决于准备阶段的工作是否充分。

1. 拟定谈判计划(方案)

在谈判前要拟定一个计划,使谈判人员在谈判中不偏离方向,围绕中心进行谈判,最终使谈判成功。谈判计划的基本内容主要有:

(1)明确谈判主题

在谈判中最重要的是明确谈判主题,整个谈判都要围绕主题进行。

(2)组合谈判人员

现代商务谈判一般都不是一个人能胜任的,而是通过谈判组进行。谈判组包括以下要素:成员、领导、分工、合作。

一般商务谈判,必须配备五个主要人员:①具有一定身份、地位的负责人;②精通经济法的律师;③业务熟练的经济师;④技术精湛的工程师;⑤熟悉本次谈判业务的翻译。俗称"五人团"机构。谈判绝不是某一个谈判者的事,而是要发挥集体的智慧。

(3)选择谈判地点

选择谈判地点,布置谈判会场必须认真对待。谈判地点选择的优劣,会场布置的好坏,直接影响谈判的效率。

(4)谈判信息收集

根据谈判的内容与要求进行信息收集。

谈判资信调查。在谈判前必须对谈判对象进行资信调查。所谓资信调查,主要是了解谈判对象的法人身份、资本、信用、经营能力及经营方式等。对方的资信条件集中反映在它与银行的信贷关系上。

(5)披露信息

披露信息不是泄露机密,而是为了把握对方的动机目的,获取有利于自己的信息,改变对方对自己的看法。

(6)拟定谈判日程

在谈判准备阶段中,己方应先拟定谈判议程,并争取对方同意。在日程安排上,要合理安排时间,争取双方都满意。

(7)必要的物质条件的准备

谈判中有关资料事先要准备好,包括技术的、法律的、财会的资料等。

2. 确定谈判机动小组

你所进行的谈判,是一项非常重要且又复杂的谈判,在这种情况下,你除了要配备好一支强有力的谈判队伍,而且还要确定谈判机动小组。机动小组,乃是谈判队伍的组成部分,只是分工不同而已。

有位谈判高手说:"最佳的谈判原则是:在你还没有充分准备之前,永远不要进行谈判。"可是,即使是如此做了,难免还是会碰到一些复杂的事情。这个

时候就是召开小组会议的适当时刻了。小组会议往往能给谈判者很大的帮助,谈判者可以做到:

(1)再度温习已经听过的或者知道的事情。
(2)重新发现并且思考问题。
(3)找出新的争论要点和防卫方法。
(4)拟定更好而确实的计划。
(5)探求各种可能的解决方法。
(6)核对所采用的战术和策略。
(7)讨论一切可能的让步。
(8)决定如何应付对方所提出的要求,或者决定是否要提出更进一步的要求。
(9)向专家请教。
(10)复习规定和原则。
(11)分析价钱、规格、时间或条件的改变。
(12)做成本分析。
(13)从容应付令人发窘的问题,或者先发制人。
(14)远离对方的讥讽。

总之,小组会议能够给你充分的思考时间,让你磨砺你的论点,温习已有的事实,或者决定解决的办法,同时也能使大家有一个同心协力的机会。

3. 谈判秘书的选用

谈判秘书就是谈判者的助手。

一位谈判者,特别是首席谈判代表在谈判场合中所需履行的任务至少包括:提出意见并观察对手的反应;倾听对手的答复并作笔记;思考并答复对手的提问;考虑每一论点的可能后果,并设计讨价还价策略;要求结束谈判;记录并追踪谈判的结果。以上各项任务对单一的谈判者来说,有时是一种过于沉重的负担。为了减轻负担,谈判各方往往会将"单刀赴会"改为"联合作战",或是任用助手,令其列席谈判场合以从事辅佐工作。那么,应当选用什么样的助手?一般要符合以下条件:

(1)必须能够不折不扣地执行命令。就是说,即使命令本身有时显得欠妥,而他有更好的意见时,他都能彻底地贯彻命令。
(2)必须具备良好的品性与很强的能力。从某种程度上说,品行比能力更加重要。品行不好,能力又有何用。
(3)对工作的沉迷应超过他对游乐的沉迷。事实上,他的工作就是他的游乐。许多成功的谈判常常是以从事大量的枯燥性工作为代价的。

(4)必须口风很紧。只有在你问他时,经过适当的思考他才开口。

(5)对谈判的每一层面的分析必须是客观的。

(6)外表必须温文整洁,特别是当他必须出现在谈判场合中的时候。

(7)必须具有高度的好奇心。他为谈判而进行的研究与准备愈彻底,他的想像力及求知欲也随之愈大。

(8)不会敷衍了事,更不会提供不明确的答复。

固然,能完全符合以上诸种要求的人不多,但你若想借助一位真正得力的助手,则这一位助手起码要具备上述要求中的大部分。有的谈判专家说:假如你准备令你的助手列席谈判场合,则最好是让他由头到尾地出现于每一阶段的谈判。

二、谈判中秘书服务工作

1. 商务谈判一般技巧

秘书了解商务谈判的一般技巧,有助于做好谈判中的服务工作。

商务谈判的一般技巧是:

(1)组织技巧。组织技巧,是指主谈人对整个谈判过程的组织能力技巧。一次商务谈判成功与否,很大程度上取决于主谈人的组织能力。具体包括对整个谈判过程的安排、谈判细节的涉及以及各方面的协调衔接等技巧。

(2)语言技巧。语言技巧,是指谈判者的语言表达技巧。从商务谈判实践看,常用的语言大致可分为:外交语言、专业语言、文学语言、法律语言、军事语言等。谈判中应该使用何种语言,要依据对手、话题、时间,以及双方谈判进展的实际需要来选择,选择富有技巧性。

(3)说服技巧。说服技巧,是指让对方同意自己立场的技巧。谈判的过程就是彼此说服的过程;说服的过程,就是情感交融、以情动人、以理服人的征服过程,需要技巧。

(4)让步技巧。让步技巧,是指在合理限度内降低已方条件的技巧。在谈判中,为了达成协议,让步是必要的。让步不是轻率的行动,必须慎重处理。让步的技巧表现在让步时机和让步程度的控制两个方面。

(5)要价技巧。要价技巧,是指向对方提出价格条件的技巧。

①是否先要价。先要价的有利之处在于它对谈判的进程具有较大的影响,为谈判划定了一个基准线,最终谈判结果可能会在这个范围内达成。先要价的弊端是对方对我方价格意图先知,在随后的谈判过程中,会采取一切手段,集中力量攻击我方的要价,而我方对对方出多高的价格心里无底。

②要价的上下限。成交价格的高低并不能由一方随心所欲地决定,而是

受供求和竞争以及谈判对手的状况等方面因素制约。谈判者在要价时不仅要考虑要价所能获得的利益,还要考虑要价能被对方成功接受的可能性。从卖方来讲,要价的下限是产品成本,上限是买方的购买力。从买方来讲,要价的下限是零,上限是其他卖方的最低价。

③要价的起点。在基本掌握市场行情及其走势的基础上,谈判人员判断对方的接受程度确定要价的起点。

④对要价进行解释应注意:

第一,对要价一般不要主动做任何解释或说明,因为不管己方要价多高或多低,对方总是会提出质疑。

第二,要价后,对方会要求对要价作解释。这时应解释让对方信服的理由。

谈判的技巧远不止这些,只是说秘书要多掌握谈判技巧,才能当好谈判者的助手。

2. 协助做好评估调整工作

谈判的评估调整是指在谈判中,对谈判的发展变化所进行的分析、评判、重新调整。秘书要协助谈判者做好评估调整工作,评估调整的具体工作是:

(1)对获得的信息资料结合谈判的实际进行重新分析研究,以确定哪些是真实的、有用的,哪些是虚假的、无用的。

(2)整理谈判资料档案,把在谈判中获取的资料信息收入档案,撤出那些无用的资料、信息,并随时制作备忘录。

(3)结合新情况、新问题,或制订新计划、新方案,并在谈判班子内部进行论证,反复调整。

(4)发现业务能力差以及不能主动协调配合的人员,及时加以调整,但要保持谈判班子的相对稳定性。

(5)根据新获悉的情报,发现对他方价值构成的预测不准确时,应研究双方谈判是否存在合理的协议区,协议区有多大,以决定谈判应不应继续下去;如果继续下去,该怎样调整谈判的起点、界点和争取点等。

(6)认为有必要时,在征得对方同意后,重新调整谈判议程。对认为不可再谈的议题要及时删去,发现新的议题可及时补充。

(7)总结谈判中的经验教训,堵塞工作漏洞,防止己方陷于虚假情报和不实资料的迷阵中。

3. 协助做好破解谈判僵局工作

谈判各方往往会由于某种原因而相持不下,陷于进退两难的境地。作为谈判秘书要提供一些破解谈判僵局的方法。

(1)变换议题。在谈判中,由于某个议题引起争执,一时又无法解决,这时谈判各方为了寻求和解,不妨变换一下议题,把僵持不下的议题暂且搁置一旁,等其他议题解决好,再在友好的气氛中讨论僵持的议题。

(2)更换主谈人。有时谈判僵局是由于主谈人的感情色彩导致的,僵局一旦形成,主谈人的态度便不易改变,危害谈判。这时,最好是改换主谈人。

(3)暂时休会。谈判各方由于一时冲动,在感情上"较劲",应考虑暂且休会,等气氛缓和下来再谈。

(4)寻找第三方案。谈判各方在坚持自己的谈判方案互不相让时,谈判就会陷于僵局。这时破解僵局的最好办法是各自都放弃自己的谈判方案,共同来寻求一种可以兼顾各方利益的第三方案。

另外还有借助调解人来进行调解,或由各方专家单独会谈等。谈判是双成、双胜、双赢的活动,要互利互惠,共求发展。

思考与练习

1. 什么是商务谈判及谈判的类型?
2. 谈判的特征与原则是什么?
3. 简述商务谈判的步骤。
4. 商务谈判的一般技巧有哪几项?
5. 秘书在商务谈判中要做哪些服务工作?

第七章 商务文书拟制与商务函电写作

商务文书是公司企业在市场经济环境中经营运作、贸易交往、开拓发展等一系列商务活动所需要的各种文书的总称。商务秘书在掌握行政公文写作与处理规范的前提下,要熟练掌握商务文书写作要求与方法。

第一节 文书的种类与用途

一、文书概述

1. 文书的定义与特点

(1)文书的定义

文书是社会组织和公民个人在社会活动中为处理各种事务而形成的、具有特定效用和惯用格式的信息记录。文书的定义包含以下一些基本含义:

①文书是在人类社会实践活动中形成的,其形成主体既包括各种社会组织,也包括个人。

②文书是为了某种特定的意图而形成的,具有明显的针对性,而不是随意做出的客观记录。

③文书具有直接的应用价值,是解决实际问题的有效工具。

④文书是以书面文字形式并按照特定格式表达的信息记录。

(2)文书的特点

文书是人类社会发展到一定阶段的产物。数千年来,文书在人类社会实践活动中担当着极其重要的角色。今天,秘书人员和机关干部在日常工作中几乎每天都在与文书打交道。要真正使用好文书,必须深刻地认识文书,了解文书的特点。

①文书是人类实践活动的客观记录。

文书与人类的实践活动密不可分,有人类的实践活动,就必然有这种性质的记录。从文书形成的过程来看,文书是伴随着人们的社会实践活动产生的,它真实地记录了形成者在特定时空的所思所想、所作所为,而不是事后收集和编写而成的。文书内容与实践活动的同步性,决定了文书所记录的内容在本质上的真实性与客观性。这是其他信息载体无法取代的。

②文书具有突破时空局限的信息传递功能。

文书作为一种信息的载体,其首要功能在于传递信息,这是由人们制作文书的目的决定的。可以说,人们制作文书的直接目的,就是为了向受文者传递某种信息。这种信息的传递范围,从纵向说,可以超越时间的限制;从横向说,可以跨越空间的限制。文书的价值就在于将其形成主体的意图告知有关组织和个人。离开信息传递过程,公文就失去了自身的价值。

文书的客观记录性和信息传递性,是密不可分的两个方面。记录是传递的条件,传递是记录的目的。没有客观记录性,文书的传递就失去了意义;没有信息传递的价值,文书就失去了记录的必要。因此,文书的客观记录性和信息传递性,既相辅相成,又互为因果,共同构成了文书的基本特点。

2. 文书的类别

文书是一个总的称谓。按照形成者和使用范围的区别,可以划分为公务文书与私人文书两大类别。

(1)公务文书

公务文书简称公文,是法定的机关与组织在依法履行职能的过程中按照规范体式和处理程序制成的具有现行效用和信息记录功能的书面文件,是辅助领导进行公共事务管理的重要工具。

根据不同标准,可以将公文划分为若干类别。

按照公文的内容性能,可以划分为领导指挥类公文、公布周知类公文、报请商洽类公文、日常事务类公文、规章类公文、讲话类公文、书信类公文、礼仪类公文等。

按照公文的使用范围,可以划分为通用公文与专用公文。

公文来源于法定作者,根据行文目的的需要,按照规定的渠道定向传递,在社会实践中发挥着法律规范与约束作用、领导与指导作用、公务联系与知照作用、宣传与教育作用、凭证与备查作用。

公文的产生和使用是一种广泛的社会现象。可以说,只要有公务活动的地方,就会有公文的产生和使用;只要是党政机关、企业事业单位和人民团体,就必然要运用公文处理各种公共事务。公文是一切社会组织在处理公务活动时不可缺少的重要工具,但不是惟一的工具。对公文的拟制、处理和管理,是秘书部门和广大秘书人员的基本职责之一。秘书人员要熟悉不同类别公文的主要特点、拟制、管理和使用常规,准确恰当地使用公文,充分发挥公文的作用。

(2)私人文书

私人文书是个人、家庭或家族在处理私人事务的过程中,按照约定俗成的格式制作和使用的书面文件,是管理私人事务的常用工具。

私人文书的种类、形式、名称灵活多样,例如:日记、自传、家谱、年谱、著作手稿、私人书信、私人契约、墓志、遗嘱等,均属于私人文书范畴。其拟制方法和使用要求基本属于约定俗成的性质,没有国家法律意义上的规定。

目前,无论从应用写作的意义上,还是从文书学的意义上,都没有对私人文书展开专门研究,但是这并不意味着私人文书无足轻重。相反,在历史研究领域,在法律诉讼实践中,在文物史料研究方面,有时私人文书往往引起有关部门和人们的格外关注,甚至在解决一些特殊的具体问题时,私人文书的价值往往大于公务文书,或者能够对公务文书起到重要的佐证和补充说明作用。

二、通用公文

通用公文是各级各类机关和社会组织在公务管理活动中形成和普遍使用的文书,如请示、报告、通知、通报、决定、公函、会议纪要等。通用公文的名称、用途、格式、拟写方法与保管要求等,要符合国家的有关规定。

1. 通用公文的分类

为了便于加强对公文的管理和研究,根据不同标准,可将通用公文作以下分类:

(1)根据公文涉密程度,划分为绝密公文、机密公文、秘密公文、内部使用公文、限国内公开公文、对外公开公文六类。

①绝密公文:指涉及党和国家最核心的机密的文书,一旦泄露会使国家的安全和利益遭受特别严重的损害。

②机密公文:指涉及党和国家重要机密的文书,一旦泄露会使国家的安全和利益遭受较大的损害。

③秘密公文:指涉及党和国家一般机密的文书,一旦泄露会使国家的安全和利益遭受一定的损害。

④内部使用公文:在党和国家机关内部或专业系统范围内使用的文书,不宜或不必对社会公开。

⑤限国内公开公文:内容不涉及秘密,但不宜或不必向国外公开的文件。

⑥对外公开公文:内容不涉及任何秘密,可直接对国内外公开发布的文件。

凡属于涉秘公文,应按照公文格式规定,在眉首右上角和封套上标识秘密等级,提醒领导、秘书人员和有关部门注意保密;涉密公文与普通公文需要分别保管。

(2)根据公文办理时限,划分为特急件、急件、平件三类。

①特急件:内容特别紧急,要求在最短时间内传递与处理的文件。

②急件:内容紧急,要求迅速传递、处理或在规定的时限内办理完毕的文书。

③平件:无保密和时限方面的特殊要求,按工作常规传递、处理的文书。

凡有明确办理时限要求的公文,应按照公文格式规定,在眉首右上角和封套上标识办理时限,提醒领导、秘书人员和有关部门迅即传递和办理,以免耽误工作。没有办理时限要求的公文也应抓紧时间办理。

(3)根据公文行文方向,可划分为上行文、平行文、下行文三类

①上行文:指下级机关向所属上级机关报送的公文,如请示、报告等。

②下行文:指上级机关向所属下级机关发送的公文,如决定、通知、通报、批复等。

③平行文:指同级机关或不相隶属机关之间往来的公文,如公函等。

上行文、下行文和平行文反映了机关之间不同的工作关系。机关对外行文,必须正确区分收文机关与发文机关之间的行文关系,选择不同文种,并注意语言和语气的得体。

(4)根据公文授受关系,可划分为发文、收文两类

①发文:指本机关对外制发的公文,发往其他机关,或只发至机关内部机构。

②收文:指本机关收到的其他机关制发的公文。

2. 国家行政机关公文文种

(1)国家行政机关公文文种及其用途

国家行政机关公文文种是根据公文的不同性质和用途,由国家行政领导机关统一颁布并要求固定使用的公文名称。

根据2000年8月24日国务院发布,于2001年1月1日起施行的《国家行政机关公文处理办法》的规定,我国行政机关使用的法定公文文种共有13种。

①命令(令):适用于依照有关法律公布行政法规和规章,宣布施行重大强制性行政措施,嘉奖有关单位及人员。

②决定:适用于对重要事项或者重大行动做出安排,奖惩有关单位及人员,变更或者撤销下级机关不适当的决定事项。

③公告:适用于向国内外宣布重要事项或者法定事项。

④通告:适用于公布社会各有关方面应当遵守或者周知的事项。

⑤通知:适用于批转下级机关的公文,转发上级机关和不相隶属机关的公文,传达要求下级机关办理和需要有关单位周知或者执行的事项,任免人员。

⑥通报:适用于表彰先进,批评错误,传达重要精神或者情况。

⑦议案：适用于各级人民政府按照法律程序向同级人民代表大会或人民代表大会常务委员会提请审议事项。

⑧报告：适用于向上级机关汇报工作、反映情况，答复上级机关的询问。

⑨请示：适用于向上级机关请求指示、批准。

⑩批复：适用于答复下级机关的请示事项。

⑪意见：适用于对重要问题提出见解和处理办法。

⑫函：适用于不相隶属机关之间商洽工作，询问和答复问题，请求批准和答复审批事项。

⑬会议纪要：适用于记载、传达会议情况和议定事项。

(2) 正确使用公文文种的意义

不同公文文种反映了公文所具有的不同性能。起草公文时，无论是领导亲自交办的起草任务，还是秘书人员按照惯例起草公文，都必须正确选择公文文种。

正确使用文种，不仅是撰写和制发公文的要求，而且有助于提高公文管理的规范化水平，准确表达发文意图，便于收文机关及时处理公文，切实发挥公文的作用。

三、专用公文

专用公文是指在一定的业务范围内由专门的机关或业务部门形成和使用的文书，如外交文书、司法文书、会计文书、计划文书、统计文书等。专用公文在内容、形式、拟制、处理和保管要求等方面，与通用文书相比，具有各自的特点。

1. 外交文书

外交文书是国家的外交部门和有关外事机构在国际联络和对外交往过程中形成和使用的重要书面工具。有特定的格式，文字准确精炼，格式美观大方，使用符合国际惯例的客套用语和身份称呼。

外交文书的主要种类有照会、备忘录、外交函件、国书、全权证书、领事证书、条约、公约、声明、议定书等。

2. 司法文书

司法文书是我国公检法机关依法处理各类刑事、民事案件过程中，按照法定诉讼程序形成和使用的具有法律效力的书面文件。

司法文书的主要种类有诉状、立案报告、破案报告、起诉书、免予起诉书、案件审理终结报告、判决书、裁定书、调解书、笔录等。

3. 会计文书

会计文书是会计核算过程中形成和使用的书面文件。

会计文书的主要种类有会计凭证（原始凭证和记账凭证）、账簿（序时账、明细账、总账）、会计报表等。

4. 经济计划文书

经济计划文书是我国国民经济计划部门在对国民经济和社会发展实施管理与调控过程中形成和使用的书面文件。

经济计划文书从内容上划分有国民经济各部门的单项计划；从地区上分有全国计划、省（自治区、直辖市）计划、地区（市）计划、县计划；从时间上分有远景规划、五年计划、年度计划、季度计划、月份计划等。

5. 统计文书

统计文书是在调查研究的基础上，以数字和报表的形式反映国民经济运行和社会发展情况的书面文件，是制订经济政策、编制经济计划、对国民经济和社会发展情况实施监督管理的重要依据。

统计文书是经济计划文书的基础。统计文书的种类按照地区和内容划分，与经济计划文书基本相同；按照时间划分，常见的有月报、季报、年报等。随着统计手段现代化程度的提高，统计工作的效率不断提高，统计数据包含的时效逐渐缩短。

四、事务文书

事务文书是法定行政公文之外的，在国家各级各类机关和社会组织的日常行政事务管理过程中经常大量形成和使用的公务文书。由于行政事务文书不属于国家法定公文范畴，主要用于一般性事务，因而使用范围相当广泛，使用频率很高。秘书人员经常与事务文书打交道，必须熟悉掌握事务文书的有关知识，掌握事务文书的写作规范。

1. 事务文书的种类

事务文书的种类十分丰富。根据其内容和用途，可以分为计划总结类文书、规章制度类文书、记录简报类文书、书信礼仪类文书等。现将主要的事务文书文种介绍如下：

（1）总结：是本机关针对以往一段时间的工作进行回顾和概括性评价，归纳出规律性的认识，以指导今后工作的书面文件。总结的实质是人们对人类实践活动规律性的再认识。

（2）计划：是本机关对未来一段时间的工作或即将开展的某项活动所做出的预想性安排的书面文件。计划对机关工作活动具有直接的指导和规范作用。

(3)条例:用于对某一方面的行政工作做出比较全面、系统的规定。

(4)规定:用于对某一方面的行政工作做出部分的规定。

(5)办法:用于对行政工作做出比较具体的规定。

(6)简报:是各级各类机关和社会组织在日常工作中普遍使用的,用于简明扼要地汇报工作、交流信息的书面文件。

(7)大事记:大事记是按照时间顺序记录一定时空范围内发生的重大事件、重要情况,以供查考的实录性事务文书,是一个单位、一个行业、一个地区、一个政党乃至一个国家各个领域大事要事的简要记载。

(8)会议记录:是会议指定的记录人员在会议过程中同步完成的会议情况的实录性书面文件,是会议情况的原始凭证。

(9)倡议书:是机关、社会组织或个人向公众或某些组织成员公开提倡和建议开展某项有意义活动的书面文件。

(10)邀请书:是为了邀请别人前往指定地点聚会或参加某项社交活动而专门拟制的具有礼仪性质的书面文件,又称请柬。

(11)聘请书:是未来聘请某人担任某一职务或承担某项重要工作而向受聘人发出的具有礼仪性质的书面文件,又称聘书。

(12)感谢信:是为了感谢对方的支持、帮助和关心而专门拟制的书面文件。

(13)表扬信:是为了表彰某些集体、个人的先进事迹、思想、风格等优良品质而专门拟制的书面文件。

(14)欢迎词:多数情况下用于礼仪场合,是领导人为了表达对来访客人或新到成员的欢迎之情所发表的讲话。

(15)欢送词:属于领导人在礼仪活动中发表的讲话,但内容与欢迎词有较大区别。

(16)答谢词:是代表一定的机关、社会组织或本人在接收、欢迎、欢送或表彰、奖励时表达感谢之情的书面文件。

2. 事务文书的特点

(1)使用频率很高。各机关在处理日常事务中频繁使用,与机关组织的工作活动关联直接而紧密。

(2)写作格式灵活。法定公文具有极为严格的公文格式和各自的适用范围,甚至具有较为固定的写作模式。事务文书在写作格式、制发程序等方面,无严格而明确的限制,而是约定俗成,因此起草人员要熟悉事务文书的起草要领。

(3)内容针对性强。事务文书都是根据机关和社会组织的实际需要而制发的,有的文书特别讲究切合情景和适应惯例要求,所以秘书人员还要学习和具备相应的专门知识,确保事务文书的得体适用。

第二节　公文写作程序与方法

拟写公文是秘书部门发挥参谋助手作用,辅助领导人处理政务的重要体现。拟写公文的过程是有一些基本步骤可以遵循的。掌握这个规律,拟文工作的质量和效率会随之提高。

一、写前准备

1. 接受任务,明确公文主旨

公文是按照本单位领导人的授命或来文机关的意愿,由秘书人员撰拟而成的。因此,接受拟稿任务,明确公文主旨是公文写作的起点。

首先,要深刻领会本单位领导的发文意图,即下达任务的精神实质是什么,行文目的何在,行文要求如何。领导下达任务的精神实质就是文章的中心思想。行文目的就是发文机关或机关领导人试图通过发文要实现的结果。行文要求是指为了实现行文目的,向收文者提出的希望阅读、办理、执行、答复等方面的具体愿望。

其次,要规范使用文种。文种是公文标题的重要组成部分,具有概括表明公文性能和发文机关职权范围,体现行文目的与要求的功能。必须正确选择,避免用错文种。

公文是集体智慧的结晶。因此,秘书人员在动笔之前就要集思广益,发挥群体优势;还要努力提高拟稿人的思想水平,使自己的思想认识与领导人的发文意图相一致,而不是背道而驰。胸有成竹,意在笔先,是高质量完成拟稿任务的重要保障。

2. 围绕主题,广泛收集资料

资料是拟写公文不可缺少的"粮食",拟写公文离不开收集资料。这是确保公文内容真实可靠的基础,也是实事求是的原则在拟文活动中的必然要求。

首先,收集资料必须考虑表达主题的要求,要围绕主题收集真实、准确、新鲜、典型、反映事物本质特征的资料。

其次,要明确收集资料的途径和方法。根据材料的类型和实际需要,可以从现有的文献资料中收集有关材料,了解有关情况;可以深入到实际工作的第一线,收集大量第一手活材料,以便反映工作中的动态信息;可以从党和国家现行政策法规中收集有关资料,为拟写公文寻找更多的权威性依据。网络技术和网络资源是收集资料的现代手段与重要的新兴途径,可以为拟写公文的工作提供大量参考资料。

3. 总体构思,拟定写作提纲

这一环节旨在确定公文内容的整体表达次序、正文各部分之间的衔接配合以及过渡照应情况,为即将开始的起草工作设计整体框架。这相当于为拟写公文做写作方案的准备。主要从以下几个方面着手:

(1)确定公文内容的组成情况。

应当明确公文划分为哪几个部分,重点问题是什么,要说明哪些情况和问题,对收文机关提出怎样的建议、要求或请求。

(2)确定公文正文的表达顺序。

要根据实际情况恰当灵活地安排公文表达顺序。例如,可以按照事物发展过程的时间顺序安排;可以按照提出问题——分析问题——解决问题的思维逻辑顺序安排;可以按照事件构成的要素安排,即按照事件的时间、地点、人物(机关单位)、原因、过程、结果等要素的次序排列;可以按照因果顺序(先因后果或先果后因)、总分顺序(先总后分或先分后总)或工作的实际步骤排列;还可以按照内容的重要程度排列,等等。

(3)安排公文的首尾和衔接过渡,解决公文开头、结尾和各层次之间有序表达问题。

(4)将上述设计成果固化为文章的写作提纲,为下一步工作奠定直接的基础。当然,提纲的粗细详略程度,完全取决于拟稿人的写作习惯、写作水平与具体文种,在实际工作中可以灵活对待。

总之,只有精心设计和妥善安排公文的结构,才能使公文条理清晰、层次分明、衔接紧密、总体和谐。

二、正式起草

这是起草公文的核心步骤,无论是公文的主旨,还是公文的材料;无论是领导授意的精神实质,还是拟文者"揣摩"领导意图之后的锦上添花,都要依赖起草环节来一番加工转化,使"思维"转化为具体的"文章",并固化到"发文稿纸"上,因此这个阶段的工作对公文质量具有直接和关键性的影响。

正式起草过程有几个方面的事项需要注意:

(1)做好会商工作。公文内容涉及其他单位或部门的职权范围时,要积极会商,征得相关部门的同意或配合,以免政出多门,政策"打架",使收文单位无所适从。

(2)讲究材料与观点和谐统一。严格掌握用材标准,材料要支持观点,观点要统率材料,切莫出现材料与观点相互矛盾的情况。

(3)注重文面规范和公文构成材料要求。使用规范的"发文稿纸",准确填写稿纸首页的有关项目;手工起草,要讲究书写工整清晰,标点规范完整,以便打印、校核文稿;机械手段起草文稿,要注意符合有关技术标准的要求,使文面规范,整齐划一;要符合公文字迹材料与用纸规定,以便妥善保存文稿。

(4)增强时效观念。要在做好前几项工作后抓紧办理,按时结稿。否则,就会影响领导工作的正常开展。

三、修改与审核

1. 文稿的修改

常言道:"文章不厌百回改"。起草公文离不开对文稿从思想内容、语言表达到格式要素等各方面进行检查修正、反复锤炼,以求文稿各方面达到最优化的程度。修改是使公文文稿进一步完善的工作,是提高文稿的准确性、增强文稿的鲜明性、实现文稿的简明性的不可缺少的重要环节。

拟稿人是修改文稿的第一责任人。文稿起草完毕,切不可草草交差了事,要认真履行修改责任。

文稿修改的范围主要分为内容和文字两个方面。例如:文稿主题和观点是否正确、鲜明和突出;概念、判断和推理是否符合逻辑要求;引用材料是否准确无误;结构是否严密合理、重点突出;语言是否精确、简练,语气是否得体;标点符号是否正确、规范、恰当等。这些方面的任何疏忽与错误,都会降低公文的质量,必须一丝不苟,精心推敲。

文稿修改的方式方法灵活多样。可以由拟稿人边读边改;或者由领导指定的经验丰富的人员代为修改;可以由集体讨论修改;对于那些不太急迫的文稿,还可以采用"冷处理"的方法,先放置几天再来修改。要正确使用修改符号,使文面整洁美观,便于其他环节的处理。

2. 文稿的审核

公文草稿经过拟稿人加工修改之后,按照公文制发程序的要求,文稿要交由办公室负责人或领导指定的专人进行全面审核"把关",这是发文程序中的核稿环节,实质上是文稿修改过程的延续,是文稿送交领导人签发之前,秘书部门对文稿的终审工作。其根本目的,是为了提高公文文稿的质量,为领导人审阅和签发文稿节省时间和精力。

做好文稿的审核工作,是秘书部门的重要职责。秘书部门应当把好以下几"关":

(1)把好行文关。即确定是否需要行文,应由哪一级机关或部门行文;行文关系是否正确。

(2)把好内容关。即确定文稿是否符合国家现行的方针、政策、法律、法规,是否与有关规定相协调,反映的情况是否属实,提出的措施和办法是否符合实际,切实可行。

(3)把好形式关。即确定文种使用是否正确,文字表达是否准确、通畅、简明、清晰,是否符合语法要求,结构是否严谨,人名、地名、机关名称、时间、引文、数字等是否准确无误,格式是否规范得体。

文稿的审核是代表领导和发文机关把关,要站在全局的角度看文稿,善于发现问题、提出问题、分析问题、解决问题。审核过程中发现一些看不懂的问题,要虚心求教经验丰富的人员,切忌自以为是,自作主张。

四、签发与定稿

签发是公文制发过程中的关键环节。机关领导人针对秘书部门送审的发文稿认真审读,并确认该文稿的各方面质量合格之后,即在文稿的签发栏内亲笔签注同意发出的意见,如"同意"、"发"、"急发"等和签发人姓名以及签发日期。签发是发文机关领导人行使决策权的表现形式,一般公文经过领导人签发之后,即开始产生法定效力。

签发环节使原来的草稿转变成为定稿。定稿是印制公文正本的法定依据,只有孤本一份,具有原始凭证作用,一般要作为档案妥善保管。

五、拟稿人员的素养要求

从狭义角度而言,公文写作程序反映了公文起草工作的内在规律性。如果从广义上说,即从公文与起草人关系的角度看,公文质量更主要的是取决于起草人的全面素养状况。正所谓"文如其人"、"人如其文"。因此,商务秘书要特别注意加强自身的全面修养,提高综合素质。

第一,要加强政治和政策修养,善于运用马克思主义的立场观点和方法分析、认识和解决问题,要注意学习不同时期党和国家制订的方针政策和现行法律规范,增强守法意识。

第二,要注意提高思维水平,锻炼分析、综合、判断能力,掌握抽象思维的特点、规律和方法。

第三,要打牢基础知识。一是要具备良好的政治理论基础;二是要有比较广博的科学文化知识;三是要有较强的文字表达基础;四是要不断增加社会阅历,了解机关工作和社会实际情况,广博见闻。

第四,要特别注意加强语言修养,了解不同语体的表达特征,其中重点学习和领会应用文的语体特征,可以通过借鉴、模仿等手段,掌握应用文的语言要领。

第五,要坚持多写、多改、多练,细心揣摩,反复体会,强化基本功训练。这样,写作能力会不断长进,写作水平会不断提高。

第三节 公文处理规范

公文处理,是商务秘书最基本的日常工作。商务秘书遵循公文处理的要求与规范,通过一系列紧密衔接的程序,完成拟制、处理和管理公文的业务,保证本组织工作的正常运转,实现组织内外的信息沟通,其根本目的在于辅助领导部门进行科学管理和正确决策。

一、行文制度的基本规范

为确保公文运转的准确、安全和畅通,维护机关正常的工作秩序,各机关单位往来公文时必须遵循统一的行文规则。根据《国家行政机关公文处理办法》的规定,行文规则的主要内容包括以下几个方面。

1. 根据机关之间的工作关系准确行文

机关之间的工作关系有四种类型:同一组织系统的上下级机关之间属于领导与被领导关系;同一专业系统的上下级主管业务部门之间属业务指导与被指导关系;同一组织系统中的同级机关之间属平行关系;非同一系统中的任何机关均属不相隶属关系。

机关之间的工作关系决定了行文关系:上级领导、指导机关向下级机关发送下行文;下级机关向上级领导、指导机关主送上行文;同级或不相隶属的机关之间相互主送平行文。

2. 维护机关之间正常的工作秩序,上下级机关之间以逐级行文为基本方式,一般不得越级行文

为了维护正常的领导、指导关系,具有领导与被领导关系、指导与被指导关系的机关之间,以逐级行文为基本的行文方式。

为了使包含重大事项和需要不同层次的机关同时办理的公文尽快到达多级上级或下级机关,可采用多级行文的方式。

只有在下列特殊或必要的情况下,才能采用越级行文方式:

第一,情况特殊紧急,如逐级上报或下达会延误时机造成重大损失;

第二,上级领导交办并指定越级上报的具体事项;

第三,需直接询问、答复或联系的具体事项;

第四,多次请示直接上级机关,长期未予解决的事项;

第五，与直接上级有争议而又急需解决的问题；

第六，揭发、检举、控告直接上级机关。

由于情况特殊而必须越级行文时，一般应抄送被越过的机关。

3. 明确行文的主要次要责任，正确选择主送机关与抄送机关

除普发性公文外，通常一份公文只能选择一个主送机关，应避免多头主送。除领导直接交办的事项外，不应将公文直接主送领导者个人。选择抄送机关时，应选择确需了解相关情况或需其协作的有关机关。下述情况可以抄送：向下级机关的重要发文，应同时抄报直接上级机关；受双重领导的机关向一个上级机关主送公文时，应抄送另一上级机关；向受双重领导的机关行文时应同时抄送另一上级机关。下列情况不得抄送：请示不得在上报的同时抄送下级机关；接收抄送公文的机关不得再向其他机关转抄转送；凡与公文办理无关的机关一律不得抄送。

4. 贯彻党政公文分开行文的原则

党政机关应在各自系统内制发公文，尽量减少联合行文。行政机关不能直接向党的组织制发领导性、指导性公文，一般也不制发报请类公文；党的组织也不应向行政机关请示、报告工作或直接下达命令、指示。

5. 联合行文时作者应是同级机关

同级政府之间、政府各部门之间、上级政府部门与下一级政府之间可以联合行文；政府及其部门与同级党委、军队机关及其部门可以联合行文；政府部门与同级人民团体和行使行政职能的事业单位、公司亦可联合行文。联合行文的方式限于涉及发文机关的职权范围而又必须协调统一的问题。为维护公文的权威性和政令的一致性，凡下行公文的内容涉及其他机关的职权范围时，行文前须就有关问题协商一致，不得按照各自的意见向下行文，以免造成工作中的混乱，或造成下级机关无所适从。经协商仍不能取得一致意见时，应报请上级解决。如擅自行文，上级机关有权责令纠正或予以撤销。

6. 严格控制公文数量，简化行文手续

为缩短公文的传递时间，扩大传递范围，经批准可直接在报刊上公开发布公文，各方面应视为正式公文依照执行，可不另发文。同时，由发文机关印制少量文本，存档备查。

二、发文处理程序及其方法

发文处理程序，是指以本机关名义对外制发公文的一系列工作程序，是机关日常文书处理中的重要部分。发文处理程序主要包括以下环节：

1. 草拟

草拟文稿，即起草公文。有关规范与要求参见本章相关内容。

2. 会稿

当发文内容涉及其他组织或部门的职权范围时，发文机关应依法与其协商并征得同意或配合，以免政策"打架"。

3. 审核

又称核稿，是指文稿送交领导人签发之前，对文稿从内容到形式所作的全面检查和修正工作。有关规范与要求参见本章相关内容。

4. 签发

是指领导人审定文稿后，在发文稿纸的有关栏目内签注同意发出的意见、姓名和日期。签发人代表机关或部门，对所签发的公文无论从政治上、文字上，都负有完全的法律责任。

5. 注发

指秘书人员在定稿上注明缮印制发要求，也叫批注。具体注明发授范围、缮印方式、赋予发文字号等注发内容，还要在专门的登记簿册上加以登记。

6. 复核

是指秘书部门在公文正式印制前，对公文进行全面、系统的复查工作。主要是复核审批签发手续是否完备，公文体式是否完整规范，公文附件材料是否齐全，行文关系是否正确。

7. 缮印

指以签发后的定稿为根据，缮写和印制公文正本，产生公文的最后成品。缮印工作必须做到文字准确，字迹清晰，符合规定体式，页面美观大方，装订齐整牢固，以便于收文机关阅读、处理和保管。

8. 校对

指以定稿为基准，对缮印而成的文件进行认真校正核对工作，确保公文的文字印制质量。

9. 用印（签署）

指在印制或誊清的公文落款处加盖公章或由机关领导人签署姓名。印章和签署是代表机关职权的一种凭证和标志。公文一经盖章或签署，即生效。因此，用印和签署是十分严肃的事情。公文用印应以领导人签发时签名为根据，领导人未签字的公文，不得用印。公文用印要与制发机关名义相一致。以机关名义发文，用机关公章；以部门名义发文，用部门公章。盖章要清晰、端正，不能随意乱盖，不能模糊不清。领导人签署姓名之前，要注明领导人的职务身份。

10. 发文登记

一切正式发文均须履行严格的登记手续,以便于公文的管理、统计和查找。公文登记后即可装封传递,分发给受文单位。

11. 立卷归档

经过发文环节处理完毕的公文定稿和样本以及留存的其他文稿,要及时收集齐全,交给有关文书人员归卷保存。

三、收文处理程序与方法

收文处理是指接收上级机关、下级机关、平级机关或其他单位送交本机关的各类公文、材料,按照规定进行文书处理工作。收文处理程序包括:签收启封、收文登记、分送传阅、拟办、批办、承办、注办、对内催办、立卷归档等。其中,需要办理答复的公文,从承办环节起,转入发文处理程序。

根据《国家行政机关文书处理办法》的规定,现将收文处理主要工作环节介绍如下:

1. 签收

指机关收到公文后,收件人在送件人的公文投递单、送文通知单或回执单上签字,以明确交接双方的责任,保证公文运行的安全可靠。签收时要认真清点,检查数量与质量,查实确认无误后,履行接收签字手续。如果是急件,还要注明收件时间在几时几分。

2. 登记

指将收到的公文在收文登记簿(或利用其他方式)上编号并逐项登记,记录公文来往和处理情况,控制公文的运转,明确交接责任,避免紊乱。

3. 审核

指对收到的各机关公文进行核查工作,确认其是否符合有关方针政策和法律规定,文中提出的要求和意见是否明确具体,是否符合行文规则,是否属于本机关办理范围。

4. 拟办

指秘书部门对准备如何处理收文提出初步意见,以供领导人决断时参考。一般由办公厅(室)负责人或业务部门承办人提出拟办意见。拟办可以充分发挥秘书部门辅助领导处理公务的参谋助手作用。

5. 批办

指机关领导人或办公室负责人就某份公文如何办理所作的批示意见,批办意见是承办公文的依据。

6. 承办

一是指办理具体工作;二是指办理答复的公文。承办属于文书处理程序的核心部分。

7. 催办

指适时对公文承办情况进行督促检查,有助于提高办文效率,避免延误办文时间。

8. 立卷归档

指秘书人员将完成收文办理的公文文稿,及时清退集中,按照文书立卷的规范和要求,完成立卷归档工作。

第四节　商务文书写作

一、商务信函的写作

1. 商务信函的含义与功能

商务信函是工商企业与贸易伙伴维持联系、互通信息和实现各种商务往来的有效工具和重要媒介。

在商务活动中,来往的信函与正式文件一样具有直接的约束力。信函不仅有助于贸易双方达成协议,而且可以作为办理商务事宜的凭据,以备日后查考。随着我国成功入世和对外商务活动的日益频繁,商务秘书要拟写越来越多的英文商务信函。所以,商务秘书不仅要精通英语和通晓外贸实务,还要学习和掌握商务信函的写作知识与技能。这已经成为商务秘书的基本能力要求。

2. 英文商务信函的格式

英文商务信函由必备部分和选择部分组成。

(1)必备部分

①信头(Letterhead)

是指印在信笺上方的发信人所在公司的法定名称、地址、电话号码、传真号码等。如果是没有印好的信笺纸或私人信件,要在信的右上角打印写信人姓名、地址、日期或所在公司的名称、地址等,这是必须具备的部分。

②日期(Date)

写在右上端的信头之下,日期的写法有英式(日、月、年)、美式(月、日、年)的区别。例如:

28 June,2003;15 Sept. 2003(英式)

June 28,2003;Sept. 15,2003(美式)

由于英式日期和美式日期中的月和日的顺序不同,所以写日期不能全部使用阿拉伯数字,以免引起误解。例如6/9/2003,英国人认为是9月6日,而美国人认为是6月9日。除May、July、June外,其他月份可以使用缩写形式。

③收信人及其地址(Inside Name & Address)

写在信内首页左上方,与信封上的写法一样,将收信人的名字、职务或企业名称、所在楼号、街道、城市名称与邮政编码、国家名称等,按照顺序排列。

④开头称谓语(Salutation)

是对收信人的称呼,一般要顶格书写,以尊称表示礼貌。商务信函中常用的称呼用语有以下几种:

Dear Sir(称呼不知名的男士);

Dear Sirs(称呼一家公司);

Dear Madam(称呼不知名的女士);

Dear Madam(称呼由妇女经营的公司)。

⑤正文(Body of the Letter)

正文是信函的主体部分。一般来说,正文前要用客气、礼貌的开头语说明来函的原因,或者是对哪封信函的答复,要简明扼要,自成一段。主要内容要具体明确,条理清晰。如果有几层意思,可以分成几段,每段集中表达一个中心。若信的内容超过一页,第二页开始用没有信头的信纸,上端要注明页码、收信人姓名、日期。打印正文时,要注意行与行的间隙,段与段之间的空行,信笺四边要留有适当空白,给人美观整洁的感觉。

西方人崇尚精简务实,商务信函尤其要语言简练,切忌不惜笔墨,洋洋洒洒,甚至借题发挥。

⑥结尾敬语(Complimentary Close)

正文结束后,发信人常以谦称、致敬语和客套语向收信人表示礼貌。书写位置大多在正文的右下方,第一个字母必须大写。

写给个人的信函多用:Yours sincerely 或 Sincerely yours

写给公司的信函多用:Yours faithfully 或 Faithfully yours

⑦签名(Signature)

签名在结尾敬语的下方,表示发函者对信函内容完全负责。

以公司的名义发出的信函,要全部用大写字母打印公司的英文译名,并在公司名称前加"For"。公司负责人要亲笔署名,以示对该信函内容负完全责任。

以个人名义发出的信函,签名必须由发函人用稳定的、别人不易模仿的字体亲笔手签,不能用图章代替。西方人认为,加盖图章的大多是未经负责人过目的普通信函,往往不被重视。发函人亲笔签名后,还要打印出英文全名和职务,以便对方辨认和回函。签名者为女性的,还要在打印的姓名前冠以"Miss"或"Mrs",以便区分是小姐还是夫人。

(2)选择部分

①编号(Reference Number)

因为贸易往来信函较多,为了便于处理和存档,必须标明参照号码,一般要在信头和收信人地址之间,写明按照部门、产品、地区和客户进行分类的编号。

②主题(Letter Subject 或 Subject line)

就是以简洁概括的语言写明信函的主题,类似中文文件的标题,让读信人一目了然。位置在正文的正上方,用下划黑线标出。

③指定阅信人(Particular Address 或 Attention Notation)

发出信函者请求将该信给特别指定部门或人员阅读,一般写在信内地址的下方。

④附件(Enclosure,可以缩写为 Encl 或 Enc)

信函中带有其他文件材料时,提示对方不要漏掉阅读。一般在正文左下角注明附件名称和份数。如:

Encl:

Bill of loading(4 copies) 装货清单(4份)

⑤抄送(Carbon Copy Notation,缩写为 C.C.)

当需要把信函抄送给有关部门或某人时,一般在信纸最下端左边打印 C.C.字样,然后注明抄送对象的单位名称或个人姓名。

⑥补述(Postscript)

类似中文书信中"又及"的使用方法。信函主要内容写完后,发现有遗漏需要另外附加些内容,即在信的末尾用 P.S.,然后将要补充的内容写明,最后打印写信人的首字母。要注意,郑重的信函不允许使用 P.S.,发现有重要的遗漏,必须重写一遍,以示郑重负责。

3. 信封的书写要求与邮政事宜

信封的书写和邮政事宜,是成功发出商务信函的重要环节,必须合乎有关规定。

(1)区分不同邮件类型

邮件分为平件、挂号、航空、特快专递等类型。邮寄时要根据需要选择邮寄类型。

(2) 选用国际标准信封

国际标准信封是指寄往国外及港澳台地区的重量在 20 克以内的信函信封,分为水陆路和航空两种,购买时一定要选择符合国际标准的纸质好的信封。

(3) 确保信封书写规范

①书写信封要用英文或寄达国通晓的文字书写,国名或地区名用大写字母书写。

②按照国际惯例格式书写,即信封左上角写寄信人姓名和地址,地址由小到大,先写门牌号码,再写街道、城市、国名;信封中心偏右下方写收信人姓名和地址,地址同样由小到大,收信人姓名之前加职务头衔。

③使用黑色或蓝色的水笔或圆珠笔,不能使用红色墨水或铅笔。

4. 商务信函的写作要求

拟写商务信函通常要注意"6C"原则。

(1) 准确(Correctness)

首先要保证内容传达要准确无误,要与领导仔细沟通,领会好领导意图,确保每一条信息的准确;其次是文字表达要准确,英语语法、拼写、字母大小写、数字、标点、商业术语、国际惯例等各方面都要认真核实,准确无误。

(2) 完整(Completeness)

信函要完整地表达发函单位及其领导者的意图和一切有关的信息,使收函方一看就明白要干什么,要实现什么目的,以便对方有针对性地答复。

(3) 清楚(Clearness)

要把联系的事项及其内容表达得清楚易懂,一文一事,言之有序,层次清晰,不能使用容易引起误会、歧义或过于冷僻的词语。

(4) 具体(Concreteness)

把所要表达的意思尽量精确化、具体化、明确化,避免笼统抽象,含糊其辞。

(5) 简洁(Conciseness)

简洁明了是商务书信的基本要求。商界人士公务繁忙,尤其喜欢开门见山的信函。商务秘书要在准确、具体、完整表达领导意图的情况下,尽量用简短的文字清楚地表达。

(6) 礼貌(Courtesy)

商务信函作为一种交际工具,可以反映出发函人或一个单位的文明素养程度。谦恭有礼、亲切平易的信函,能够营造一种祥和友好的气氛,有助于贸易伙伴的交往与合作,只有尊重对方,才能得到对方的尊重。所以,要使用好谦辞、敬语,多用委婉和缓的语气,并符合信函的国际惯例。

二、商务调研文书的写作

商务调研文书有很多种类,例如市场需求(调查)预测报告、产品销售调查(预测)报告、生产资源调查(预测)报告、商品价格调查(预测)报告、新技术应用前景预测报告、市场竞争情况调查(预测)报告、可行性研究报告等。商务秘书只有熟悉调研文书的写作要领,才能更好地为公司企业的生存和发展服务。

1. 市场调查报告与市场预测报告

(1)市场调查与市场预测的含义及其相互关系

市场调查报告(简称市场调查)是在对有关商品的市场需求状况及其发展趋势进行深入调查研究和综合分析,得出合乎事物发展规律的结论之后,所撰写的书面报告。

市场预测报告(简称市场预测)是在对市场的有关资料进行统计,对商品的产供销各环节的发展变化趋势进行现状调查,并运用科学方法做出推断后撰写的书面报告。

市场调查与市场预测的关系极为密切,它们既有联系又有区别。市场调查的目的是为了进行市场预测;市场预测的前提条件是市场调查。为了在市场竞争中获得有利地位,必须认真进行市场调查与市场预测。市场调查与市场预测的写作侧重点不同,市场调查以写市场供需的现状为主,市场预测则以写市场的未来需求和发展趋势为主。

无论是市场调查还是市场预测,都有助于为企业决策者提供市场需求变化的信息,以改善经营管理,促使产销对路,合理地组织商品的生产和流通,增强产品在市场上的竞争力,指导和推动企业的发展,提高企业的经济效益和社会效益。它们与行政公文中的调查报告相似,却又不完全相同。它既可以作为商务文书在公司企业内部特别是决策部门的会议上传达,又可作为经济新闻在某些传媒上发布。

(2)市场调查与市场预测的应用范围及其特点

市场调查与市场预测的应用范围极其广泛。从行业来看,各类工商企业都要使用,它们既是商业经营的手段,又是工商企业经营决策之前必经的步骤。国民经济计划和管理部门,更要以市场调查与市场预测所形成的科学数据与信息为前提,制订国民经济和社会发展计划。

市场调查与市场预测的特点:

①时效性：市场调查与市场预测是为了摸清市场供求情况，因此要迅速及时捕捉市场信息，对于那些新情况、新动向更要有敏感性。

②科学性：市场调查与市场预测是为了进行市场分析，摸索市场运作规律，掌握市场发展的基本趋势，所以要讲究科学性，要善于从大量事实中得出合乎科学的结论。

③真实性：市场调查与市场预测离不开大量的第一手资料，这些资料必须出之有据，真实无误，而不是随意拼凑起来的。

(3) 市场调查的结构要求与写作方法

市场调查的结构一般包括标题、引言、主体、结尾四个部分。

①标题的写法

市场调查的标题主要由"调查内容＋范围＋文种"组成。例如《广州钻石牌电风扇在北京市场销售情况的调查》；也可以采用正副标题的形式，例如《进口电视机在我国市场被冷落——某国电视机在我国市场销售情况的调查》。

②引言的写法

主要概括地说明市场调查的依据、研究目的、调查对象、调查时间和调查方法等。文字要简洁概括、点到而止，然后用一句过渡语引出主体内容。

③主体

主体部分是正篇市场调查的核心内容。一般由市场情况、结论意见、建议与决策三个部分组成。

市场情况，是对市场客观实际情况的叙述、解释与说明，为进行预测或得出结论提供充足的依据。

结论意见，即根据调查写出结论性意见，供领导决策时参考。

建议与决策，是根据预测信息，向有关部门提出建议或应当采取的措施，为领导决策提供重要参考依据。

④结尾

用简要的文字进一步深化或强调中心思想，或说明调查过程中存在的主要问题。

(4) 市场预测的结构要求与写作方法

市场预测报告的结构一般分为标题、前言、主体和结尾四个部分。

①标题

市场预测报告的标题，一般要标明"预测范围＋预测时间＋预测对象"。比如《南昌地区 2001 年空调需求量预测报告》，其中"南昌地区"是预测范围，"2001 年"是预测时间，"空调需求量"是预测对象。此外，为了醒目和活泼，也可以采用正副标题的形式，如《京城涌动健身潮——北京地区健身器材市场预测报告》。

②前言

这一部分要用简练的文字说明预测的主旨或概括全文的主要内容,也可以采用倒悬法,将预测的结果提到前言部分来写,有先声夺人的效果,以引起读者的注意。

③主体

主体是市场预测报告的核心内容,也是决定预测报告价值的关键。一般可以划分为三个部分来安排:

第一,明确现状情况。预测的目的就是"察往知来",即根据过去和现在的市场供需情况推断未来。所以,写作市场预测报告,首先要从收集到的材料中选择有代表性的资料数据来说明经济活动的历史和现状,为进行预测分析提供依据。

第二,预测市场需求。根据统计数据进行科学的定性分析和定量分析,从而预测经济活动的趋势和规律。这是市场预测报告的重点所在,应在调查研究或实验数据的基础上,对各种相关信息进行认真分析研究,再经过判断推理,从中找出市场发展变化的规律。

第三,提出具体建议。适应市场形势的发展变化,为领导决策提出有价值的参考建议,这是写作市场预测报告的目的。因此,既要注重预测分析结果,也要特别讲究切合市场的实际需要。

市场预测报告的主体有着严密的逻辑关系,是不可分割的统一体,其内容安排可以根据预测的目的和内容不同而灵活安排。

④结尾

结尾可以对预测的结论进行归纳,并提出应注意的问题,也可以与前言相呼应,强调中心思想。

2. 可行性研究报告

(1)可行性研究报告的含义和特点

可行性研究报告是有关公司企业、研究单位在拟办某一重大项目之前,组织专家学者对有关项目的技术先进性、经济合理性和建设可行性进行深入调研、科学预测和技术经济论证后写成的书面报告。

可行性研究报告在工商企业经营管理实践中应用频繁,如新产品开发和经营、新商业网点的选择、新技术的应用、新的经营机制的启动等,都离不开可行性研究报告。

可行性研究报告具有以下突出特点:

①明确的目的性:作为可行性研究报告的根本出发点,就是要通过研究论

证,确定某种设想、某个项目具有可行性。明确的目的性是拟写可行性研究报告的基础和方向。

②极强的专业性:可行性研究报告必须以严谨科学的态度为指导,运用经济分析、财政金融和涉及具体项目的专门知识,进行综合评价论证,得出科学的结论。

③论证的严密性:可行性研究报告的写作过程,不能靠想象、凭感觉,而是建立在严格的理性分析基础上的一种研究活动,要依靠多学科的知识和方法,靠严密的论证产生令人信服的力量。

(2)可行性研究报告的类型

根据不同标准,可行性研究报告可以划分为以下不同类型:

按照报告内容划分,有经济建设项目可行性研究报告、事业建设项目可行性研究报告;

按照报告性质划分,有综合性可行性研究报告、专题性可行性研究报告;

按照报告结论划分,有可行性研究报告、非可行性研究报告和弥补性研究报告等。

(3)可行性研究报告的格式与写作要求

可行性研究报告一般由标题、前言、主体、结论四个部分组成。

①标题

完整的可行性研究报告标题由"单位名称+报告主题+文种"组成。例如:《某药业集团公司关于兴建某制药厂的可行性研究报告》、《某股份有限公司与某公司关于合资经营某地区茶叶贸易市场的可行性研究报告》,也可以由"报告主题+文种"组成,例如:《关于合作开发某办公软件的可行性研究报告》。

②前言

对论证项目进行概要说明。具体内容包括项目名称、项目主办单位和法人代表、拟建项目的背景、可行性研究的依据、范围,投资的必要性和经济意义、预测经济效益和社会效益等。

③主体

是可行性研究报告的核心内容。重点围绕拟建项目可行性理由、承建企业的现有条件及其有利因素、需求预测和拟建规模、环保条件及其环保治理方案、项目实施目标、具体步骤以及保障措施、对不可变的不利因素所采取的对策和弥补性措施等,展开可行性分析论证。

④结尾

在充分论证的基础上得出结果,结论要简明扼要,态度肯定,不能含糊不清,犹豫不定。

三、意向书、经济合同的写作

1. 意向书

(1)意向书的含义与特点

意向书是合作双方或多方之间针对某个建设项目正式签约之前,表达合作设想或愿望的准契约性书面文件,为进一步正式签订合同或协议奠定了基础。

意向书是经济技术合作领域常见的文种,它具有以下几个特点:

①协商性。意向书是合作双方为了实现各自利益而平等协商的结果,反映了双方真诚合作的愿望。

②简略性。意向书只是双方愿意合作的基本意向,其内容比较简要、原则,而不是可操作的具体方案。

③可变性。意向书不像协议与合同,一经签约就不能随意更改,而是具有较大的灵活度,合作各方均可按照各自的意图和目的提出意见,在正式签订协议、合同前可随时调整或补充有关内容,直至最终达成协议。

(2)意向书的基本格式与写法

意向书的结构,主要是由标题、正文、落款三个部分组成。

①标题

意向书的标题主要有两种形式。一是直接以文种,即"意向书"作标题。二是由"项目名称+文种"作为标题,如《合资兴建某丝绸服装厂意向书》。

②正文

常规的意向书由"导语+主体+结尾"组成。

导语:写明合作各方(甲方、乙方)单位的全称,双方接触的简要情况,说明"本着某原则,兴建某项目",然后用"现达成以下初步意向"作为承转语引出主体部分。

主体:采用条款形式逐条逐项说明已达成的意向内容。一般来说,意向书应当包括的基本内容是:项目名称及规模,投资方式及比例,利润分配及亏损责任分担,合营期限及双方责任分担等。项目的写法及其排列,可参照经济合同的方法。

结尾:为了慎重稳妥起见,要专门写明"未尽事宜,在签订正式合同或协议书时再予以补充"一语,以便留有余地。

③落款

签订意向书各方单位的名称、公章、各方代表人亲笔签名及签字日期。

(3)意向书写作的注意事项

①准确体现洽谈内容。意向书是依据合作双方洽谈会议记录整理而成的，必须经过双方认可生效。因此，意向书必须准确体现洽谈会议商定的内容，不能擅自改变，更不能随意编造，而是要忠实于洽谈内容。

②表达形式要符合体例要求。意向书必须按照条项分列的形式拟写与排列，便于理解和操作执行，并为最终签订正式合同奠定基础。

③语言准确简明，表达要清楚肯定，语义单一，力戒歧义。

2. 经济合同

(1)经济合同的含义、功能与特点

经济合同也叫做契约，指的是经济活动中的社会组织或个人之间，为实现各自的经济利益，经过充分协商并取得一致意见后，按照法律规定确定相互权利、义务关系的协议。

经济合同是市场经济运行过程中不可缺少的基本工具，是公司企业之间相互协作、共同发展的重要保障，是合同双方按照经济规律办事、用经济手段解决经济问题的一种有效措施。

经济合同具有以下的特点：

其一，合法性。经济合同是一种法律行为，签订后即产生法律效力。合同双方要严格按照国家的方针、政策、法律、法规行事，合法的合同受国家法律的保护。

其二，对等性。签订经济合同的双方地位是平等的，任何一方不能把自己的意志强加给另一方，应本着平等协商、等价有偿的原则解决签订合同过程中的一系列问题。

其三，约束性。经济合同是双方自愿签订的具有相互制约性质的文书，为了保证双方经济利益的实现，双方必须如约履行合同规定的各项事宜，不得随意违反，否则要承担相应的法律责任。

其四，互利性。即经济合同以经济利益为纽带，签订合同的各方，都能从中获取与所承担的义务相对应的经济效益。双方都必须享有需求对方的权利，也同时承担保证对方权利得以实现的义务。任何一方都不能以牺牲对方的权利来谋取己方的利益。

(2)经济合同的类型

按照不同划分标准，经济合同可以分为不同类型：

①按照合同内容分，有购销合同、借款合同、供用水电合同、财产租赁合同、货物运输合同、加工承揽合同、仓储保管合同、科技协作合同、融资租赁合同、建设工程合同等。

②按照合同性质分,有经济合同、技术合同、经济技术合同等。
③按照合同期限分,有长期合同、中期合同、短期合同等。
④按照表现形式分,有条款式、表格式、条款与表格结合式。
(3)经济合同的基本内容
①标的
标的是指经济合同双方所要实现的目的,既可以是货物,也可以是货币,还可以指劳务或工程项目等。没有标的或标的不明确的合同,当事人无法履行义务和享受权利,合同不能成立。
②数量和质量
数量和质量是衡量标的的指标,是标的的具体体现。数量是指标的的计量,如产品的数量、款项的金额等;质量主要是指标的的规格、性质、式样、标准等。没有数量和质量,双方权利和义务的大小就无法确定,合同也不能生效。
③价款或报酬
价款或报酬是取得合同标的的一方向另一方所支付的代价和报酬,是标的的价值,以货币数量来表现。价款或报酬是经济合同中权利义务平等的具体体现。
④履行期限、地点和方式
履行期限是指合同兑现的时间,包括交货期限和付款期限。这是双方履行义务和享有权利的时间依据,对双方都有制约力。
履行地点是指交货、提货、付款和建设的地点,这是指双方在何处履行各自的义务,这直接关系到履行的义务和费用,是履行合同的保证。
履行方式是指采用什么方式和手段履行合同的义务,如交货方式、结算方式、一次履行还是分批履行等。
⑤违约责任
违约责任是指双方不能履行或不能完全履行经济合同时,必须承担的经济责任和法律责任。这是对不按合同履行义务者的制裁办法,也是避免经济损失、维护合同严肃性的重要措施。承担违约责任的主要方式是支付违约金和赔偿金。
⑥解决争议的方法
说明履行合同过程中出现争议时,应当采取的解决方式与方法。
(4)经济合同的格式与写法
经济合同格式主要分为条款式和表格式两类。我国《合同法》规定:"当事人可以参照各类合同的示范文本订立合同。"
合同的基本结构是:标题+立约单位+正文+落款

①标题

标题通常直接使用合同名称,以表明合同的性质,例如"柜台租赁合同"、"借款合同"等。有的合同在名称前加上一些限制性词语,例如"××皮货商场租赁经营合同"等。

②立约单位

标题下空一行,分为左右两侧写订立合同单位的全称或个人真实姓名。通常各方当事人要以相同形式分行并列,习惯上将双方分为"甲方"、"乙方",或以当事人在合同中的地位称呼,如"买方"、"卖方"、"供方"、"需方"、"出租人"、"承租人"、"委托方"或"受托方"等,不能用"我方"、"你方"等,以免引起混乱。

③正文

经济合同的正文的基本结构是:引言+主体+结尾

引言。要简要写出订立合同的依据和目的,例如一份《购销合同》的引语为:"为了进一步满足某小区居民生活需要,保证肉、蛋、奶制品的供应,甲乙双方代表经过平等协商,特订立本合同,以资共同信守。"

主体。主体用条款或表格形式写明合同内容,即合同标的、数量和质量、价款和酬金、履行期限、履行地点和方式、违约责任、解决争议的方法等,还包括经当事人商定的其他必要条款。经济合同与意向书相比,应尽可能将各项条款写得更加具体、明确、严密、肯定,不遗漏、不含糊、不模棱两可,将各方的责任和义务规定得一清二楚。否则,执行过程中容易发生争议,使合同难以执行。

结尾。结尾要写明合同的份数、效力。例如"本合同一式两份,具有同等效力,双方各执一份"。有的还需注明合同的有效期限、附件名称等。

合同正文的表达方式是,每个部分和每项内容,在条款式中都要另起一段,在表格式中都要另占一行,复杂的合同(例如进出口贸易合同)还要划分章目,并在前面列出目录。

④落款

落款位置大多在合同书的最后,除了写明合同双方单位全称、加盖公章、双方法人代表亲笔签名、加盖私章、注明签订日期外,还要注明双方地址、电话、电传、银行账号等。合同经过鉴证的,鉴证机关可以单独开具"合同鉴证书",也可以在合同后签署鉴证意见并注明日期,经办人和鉴证机关要署名、盖章。

(5)拟写经济合同的注意事项

①合同内容、形式、签订程序等方面,都必须符合国家方针政策、法律

法规。

②贯彻平等互利、协商一致、等价有偿原则。

③拟写合同要按照统一的合同文本格式行文,确保格式规范。

④合同的内容要具体、完备,语言要准确、严谨。

⑤合同的书写或印制,必须清楚无误,签字要用碳素或蓝黑墨水的钢笔,不能使用纯蓝以及其他彩色墨水的钢笔或铅笔签字。正式合同的文面不能有涂改或增删的内容。发现错漏或其他必须改正补充的问题时,必须在双方协商同意的基础上修改,并在改动处加盖双方印章,方为有效。

四、商务礼仪文书的写作

1. 欢迎词、欢送词、答谢词

欢迎(欢送)词是领导人在商务活动的迎来送往中为来访者举行的欢迎(欢送)仪式上所发表的致词。答谢词则是宾客对主人或主人对宾客表达诚挚谢意而发表的致词。欢迎词、欢送词、答谢词都是典型的礼仪文书。这些致词的应用,对于顺利进行商务活动,加强双方的沟通往来,拓展合作空间,创造了和谐友善的氛围。

(1)欢迎词、欢送词、答谢词的基本格式

一般由标题、成文日期、致词人署名、礼貌称谓、正文组成。

①标题

欢迎(欢送)词的标题有以下几种表达形式:直接以"欢迎词"、"欢送词"、"答谢词"作标题;以"某在欢迎(欢送)某仪式上的讲话(致词)"为标题;以概括主题的短语方式为标题。

②成文日期

成文日期在标题之下居中安排,标明致词日期。

③致词人署名

在成文日期之下标明致词人姓名。

④礼貌称谓

相当于欢迎(欢送)词的收文机关。采用符合礼仪惯例的礼貌称谓用语,在正文上方左侧顶格标明。如"尊敬的某董事长阁下"、"尊敬的某总经理先生"、"女士们、先生们"等。

⑤正文

欢迎词正文的写法:

首先,以真诚的态度和热情的语言,对客人的来访或参加活动表示热烈的欢迎。

其次,回顾主客之间的交往和友谊,赞扬对方为发展双方商贸往来所做的贡献,说明宾客来访的重要意义。也可以简要介绍本公司情况,并恳请对方多提批评、指导意见。

最后,预祝客人的访问活动取得圆满成功。

欢送词正文的写法:

首先,概括回顾宾客访问期间的经历、活动内容。

其次,充分肯定此次访问所取得的成果,希望进一步加强友好交往,不断发展商贸关系,增进彼此友谊。

最后,真诚地表达惜别之情,祝愿客人归途平安顺利。

在为员工调离而举行的欢送仪式上,公司领导者也可以致欢送词。拟写这类欢送词,首先应当充分肯定即将离去的员工以往取得的成绩,赞扬其为本公司的发展所做出的重要贡献;其次,预祝他们在新的岗位上不断进步,大有作为;最后,祝愿他们工作顺利,生活幸福。

答谢词正文的写法:

首先,对主人的热情欢迎或款待表示由衷的感谢之情。

其次,向对方简要汇报来访取得的可喜成果并表达对双方合作的满意之情。

最后,展望双方合作的更加广阔的前景,真诚祝愿双方的商贸往来得到进一步发展。

(2)拟写欢迎词、欢送词、答谢词的注意事项

①感情真挚。无论对故旧新朋,是欢迎还是欢送,都要真诚相待。在外事场合,更要不卑不亢,自尊自重,既要热情,又要分寸适度。

②注重礼貌。欢迎词和欢送词是为了礼仪需要而发表的讲话,要特别注意礼貌常规。称呼对方用尊称并使用符合惯例与礼仪要求的用语。还要注意尊重对方的风俗习惯和民族禁忌。

③恪守原则。既要表示友好的态度,又要注意维护己方的利益,措辞慎重委婉,恰如其分,不能随心所欲,信口开河。

④简洁凝练。礼仪场合的致辞应该精简篇幅,力求短小精悍、表达准确得体,切忌使用深奥难懂的词汇和啰嗦冗长、令人不快的语言。

2. 请柬

请柬又称请帖或邀请书,是为了邀请客人而发出的一种精美短小的通知。在现代商务活动中,为了促进贸易双方的相互理解,增进友谊,拓展合作领域或解决一些通过函电难以解决的问题,经常会邀请宾客出席比较正式的、规格较高的会议,或参加具有沟通感情作用的礼仪活动。为了表示对宾客的尊重,事前常发出印制考究的请柬。

请柬的格式是约定俗成的。主要由以下要素构成:

(1)封面。写明"请柬"或"请帖"字样,要讲究艺术效果,用美术字或手写体,可以加图案装饰,如果能够烫金印制,效果更佳。有的请柬没有单独使用封面,"请柬"字样则在起首处醒目标明。

(2)请柬内容。由称谓、正文、落款组成。

称谓:要顶格书写被邀请者的姓名、职务,并在姓名后使用符合礼仪惯例的尊称方法。如按照不同身份、性别,称呼"阁下"、"先生"、"女士"、"小姐"等。

正文:要准确、简明地交代活动的内容、时间、地点(必要时具体说明席位、座次等),如有其他特殊要求,应明确写出,以便被邀请者事先准备。正文最后,要恰当使用敬语作结,如"敬请光临"、"请届时光临"、"敬候莅临"等。

落款:在正文右下侧(竖行行文时,自右至左,落款在页面左下侧)写明邀请单位的名称或个人姓名,注明日期。

(3)制作请柬的注意事项

①请柬在礼仪活动中代表一个单位的"脸面",要认真对待,不可疏忽大意。表达要严谨、准确、简明、规范,并认真核实。发给国际贸易伙伴的请柬,还要使用英文,要注意翻译准确。活动搞得再成功,一旦请柬上出了问题,也难以挽回不良影响。

②请柬用语要符合礼仪文书的常规,用词要庄重、典雅、优美,令被邀请者感到赏心悦目,温馨愉悦。

3. 聘书

聘书是聘请书的简称,用以聘请某人担任公司的某一职务或某项工作,是典型的礼仪文书之一。在市场经济条件下和商务活动中,聘请一些有影响、有才华的专门人才担任顾问,或指导本单位的工作,是充分发掘人力资源,更好地满足企业发展需要的有效方式。

聘书表示聘用方对受聘人的充分信任和信守约定,也有助于增强被聘者的责任心和荣誉感。

聘书的整体风格类似请柬。其基本格式比较简单,主要由封面(标题)、聘书内容、落款组成。

(1)封面:印制"聘书"字样,要做到庄重、美观、大方、得体,以烫金印制为佳。

(2)聘书内容:包括受聘人称谓、正文、落款三个部分。

称谓:要顶格书写受聘者的姓名、职务,并在姓名后使用符合礼仪惯例的尊称方法。如按照不同身份、性别,称呼"阁下"、"先生"、"女士"、"小姐"等。

正文:要准确、简明地说明出于何种目的,聘请某人担任何种工作,具体职务、职责、任期等。结尾应使用具有感谢、祝愿、致敬意义的词语,如"对您给予的支持和帮助,本公司不胜感激"、"预祝您工作顺利"、"致以崇高的敬意"、"谨致谢忱"等。

落款:在正文右下方(竖行行文时,自右至左,落款在页面左下侧)写明聘请单位名称、发聘书日期,并加盖公章。有些聘书特意用领导者名义制发,则要由领导者亲笔签字、盖私章,以示负责。

(3)拟制聘书的注意事项

①制发聘书前,聘任方应当与受聘人充分协商,明确受聘人的职责、聘任期限、聘任酬金等,双方达成协议。

②聘书内容的表达要具体、简明、严密,交代清楚,不能出现歧义现象。

③聘书相当于对双方责任、义务的一种书面承诺,要慎重行事,加盖公章,以示郑重。

五、商务招标书、投标书的写作

1. 招标书

(1)招标书的含义与种类

招标书亦称招标说明书或招标通知书,是招标人利用投标者之间的竞争从而达到优选投标人的一种告知性书面文件,也是招标者为了征招承包者或合作者而对招标的有关事项和要求所作的解释和说明。

招标书的种类很多,按照内容和性质划分,有商品交易招标书、企业租赁招标书、工程建设招标书、选聘企业经营者招标书、技术引进招标书、劳务招标书等。

(2)招标书的格式与写作要求

招标书的格式一般由标题、开头、主体、结尾四个部分组成。

①标题

招标书的标题主要由"招标项目名称+文种"或"招标单位名称+文种"组成。如《某技术进出口总公司国际招标公司招标公告》、《某历代帝王庙修复工程招标书》。

②开头

用简要文字写明招标目的、招标范围、招标项目名称、招标依据,使应标者知道标的以及自己是否属于招标对象。

③主体

分项说明招标文件编号、招投标办法、招标时限、招标地点、开标时间等,以使应标人一目了然。

④结尾

写明附件名称、招标单位的名称、成文日期、招标地址、联系方法、传真号码等,以便应标者及时与招标人取得联系。

2. 投标书

(1)投标书的含义与种类

投标书也叫做标函或标书,是投标人针对招标书提出的标准和条件,向招标单位提出的订立合同的建议,是提供给招标人的备选方案的书面文件。

(2)投标书的格式与写作要求

投标书是完全按照招标书的有关规定拟写的,其结构形式与招标书基本相同,但是写法和内容不尽相同。投标书的格式一般分为标题、送达单位名称、正文、结尾四个部分。

①标题

投标书的标题有以下几种写法:

"投标项目+文种",如《关于承包青山水泥厂二期建设工程的投标书》;

"投标单位名称+文种",如《某市道路建筑工程公司投标书》;

"投标单位名称+投标项目+文种",如《天艺装潢公司关于某艺术馆装修工程投标书》。

②送达单位名称

标题下左侧顶格书写招标单位全称。

③正文

开头部分,简要说明投标企业认真研究招标书后,表明愿意投标的态度。

主体部分,根据招标书提出的目标、要求和有关具体内容,分别说明投标企业的现状、资质情况、技术力量、投标期限、投标形式、拟订标的、承诺内容等主要支撑投标的有利条件。

④结尾

写明投标单位名称、地址、联系方法、传真号码、成文日期、附件说明与附件原文等,以便招标单位联系。

3. 招投标书的写作注意事项

(1)实事求是。真实地反映招标和投标企业的实际情况,决不能弄虚作假。

(2)明确肯定。语言要准确无误,诚实守信,一言九鼎。

(3)精确合理。各项指标要仔细推敲,计算科学,有根有据,符合情理。

(4)文字简要。提倡用短句,语义单一,概念准确,避免产生歧义和误解。

(5)避免废标。废标即无效标的,凡是因违反国家关于招投标方面的政策规定或不符合招投标手续而失效的招投标书,均属于废标。严禁违反国家政策法律进行招投标活动。

思考与练习

1. 文书的种类与用途有哪些?
2. 文书的写作程序和方法有哪些?
3. 行文制度的基本规范有哪些?
4. 发文处理程序及方法有哪些?
5. 收文处理程序及方法有哪些?
6. 结合实际写一封公文信函。
7. 结合实际写一篇市场调研报告。
8. 结合实际写一篇可行性报告。
9. 结合实际写一份订货合同。
10. 招标书、投标书的格式有哪些?

第八章 办公室日常事务工作

公司企业中的办公室是直接为企业领导服务的办公机构,商务秘书人员作为领导的助手,在组织商务活动中扮演着重要角色。办公室的主要工作内容包括处理信函、文件,打电话,日常接待,查找资料,掌握领导外出活动的情况,负责信息的沟通和各种突发事件的处理,为领导做好各种商务活动安排等。同时管理办公环境,使之整洁、美观、安静、明亮、适用;管理办公用品,制订合理和适用的办公用品计划,控制发放,妥善保管。通过不断地健全和完善各项规章制度,照章办事,加强监督,使管理逐步走向科学化、规范化和制度化。

第一节 办公环境的维护和办公用品的管理

办公室工作环境的清洁、安全、有序直接影响着组织的形象和绩效。一个良好的工作环境,不仅有利于组织的对外形象塑造,而且为组织内的员工创造了一个好的沟通氛围,有利于提高秘书的工作效率。

办公室的环境可分为软环境和硬环境。所谓软环境包括办公室的工作氛围、人际关系、秘书人员的素养等等。所谓硬环境包括办公室的空气、光线、声音、色彩、办公设备的摆放以及办公室的设计布置等。办公室整齐、明亮、清洁、有序,让来访者立时能感受到组织的生机活力和管理的高效。

一、构成办公环境的要素和办公责任区

1. 构成办公环境的要素

(1)空气环境:办公室内要有良好的通风条件,这将有助于提高秘书工作的效率。办公室内的温度要适宜,可根据天气设置供暖供冷设备,最好室温不低于16℃。禁止在办公室吸烟,需要时可在工作区外设立吸烟区。

(2)光线环境:办公室的光线应充足,局部照明要达到要求,可采取人工光或人工光与自然光结合,而且灯光不闪烁。阳光直射的窗户应安装挡板或窗帘,注意光线不应引起计算机屏幕的反射。如果长时间在光线不足的办公室里工作,很容易产生视觉疲劳。

(3)声音环境:办公室要保持肃静、安宁的气氛,地面、墙面、天花板应有一定的吸音、静音装置。

(4)空间环境:办公区建筑必须坚固安全,办公设备的摆放应整齐,布局要

合理,办公室空间及座位空间要适当,座位间要留有通道,在通道的拐角处,要注意桌椅、设备摆放的安全。

(5)绿化环境:办公室内摆放一些花木,会使办公室内空气更清新,布置更优雅。

每一名秘书都要关心自己的工作环境,爱惜自己的生命安全和身体健康,应每天在上下班的时候,检查一下工作场所的温度是否达到了要求;门窗是否严密安全;照明是否满足工作的需要;噪音干扰、空气污染是否超标;办公家具和设备是否够用等。

2. 秘书的办公责任区

秘书的责任区域一般包括:个人办公责任区、公用区域、上司的办公区域。

(1)个人办公责任区。一般指秘书办公桌椅围绕的区域中地面、墙壁以及家具和负责的所有电器设备。

(2)公用区域。如秘书经常使用的传真机、复印机,与同事共同使用的档案、报纸柜架,办公室的茶水桌等。

(3)由秘书辅助的上司的办公区域。一般指上司办公桌椅周围区域、桌面、家具等。但是,秘书要整理上司的办公桌,事先要经上司的授权。

3. 秘书对责任区的管理

(1)秘书要经常清洁整理个人的责任区

①清洁台面、地面、电脑、负责的设备、家具以及门窗墙壁等处;

②保持办公桌面清洁、整齐、美观,不乱放零散的物品和无用的东西,也不能摆私人的物品;

③电话按键、听筒和传真机的磁头应经常清洁消毒;

④来访者用过的茶具应立即清洁干净,并重新摆放好,用完的一次性口杯要及时清走;

⑤废纸篓要及时进行清理,涉及组织秘密的任何纸张都不能扔在废纸篓中,而应放入碎纸机中。

(2)自觉清洁整理本人参与的公用区域

①经常清洁整理复印机、打印机等设备的周围,发现复印纸抽拿零乱,废纸扔在地面等,都要经常参与服务并共同维护;

②经常清理参与使用的茶水桌,保持桌面、地面无弃物、无水迹,茶具清洁整齐;

③经常清理参与使用的文件柜、书架、物品柜等家具;

④注意清理由秘书负责的接待区或会议室,并在访客离开或会后立即清理,保证在下一个访客或会议前又显现一个清洁整齐的环境;

⑤设备、物品和公用资源要摆放有序,自用的办公文具、用品、零散物件应有序地放在抽屉里,文件夹应整齐地叠放在桌边或直立在文件架上,并贴有标识予以区分,专用的电话应放在左手边方便拿到的位置,以用右手记录留言,电脑、打印机等办公设备宜放置在一起,便于电源接线和管理。用过的电话号码本、火车时刻表、字典、航班表、文件等要放回原处。

(3)自觉整理上司的办公区域

①经常清洁整理上司的办公桌,将文件整理好,文件柜、书架、百宝阁和各种陈设要经常清洁整理,地面和废纸篓要经常打扫和清倒;

②经常打扫清洁上司办公室的门窗,每天打开窗户,为上司的办公室通风、调温;

③经上司授权后,定期对上司的文件柜进行整理,将文件进行归类,将一些无用的文件销毁;

④注意对上司的办公室进行绿化,适当摆放一些绿色植物。

(4)办公环境中常见的有碍健康和安全的隐患包括

①办公设备及操作中的隐患,如设备的电线纠缠在一起,电器插头打火或电线磨损裸露;

②办公设备方面的隐患,如椅子的靠背角度不对,办公桌的摆放不合理,桌角磕碰人的大腿,电脑键盘桌面过高,难以用正确的姿态操作;

③室内光线、温度、通风、噪音、通道方面的隐患,如室温太低或太高、光线耀眼、空气污浊等;

④地、墙、天花板、门、窗中的隐患,如地上突起的砖块,从墙上掉落的各种标识牌;

⑤工作中疏忽大意造成伤害、失密的隐患,如复印时将保密原件忘在复印机玻璃板上,或者正在起草保密文件时,来了客人,也不将文本倒扣过来;

⑥火灾或消防中的隐患,如乱扔烟头,灭火器前堆放杂物。

二、办公用品的管理

办公用品适时适量,按需求购进和发放,对保证正常的管理和提高效率具有积极的作用。

1. 合理计划,正确选择办公设备和办公用品的供货商

秘书要熟悉办公用品的进出制度和手续,要根据整个组织的工作性质、特点、规律和以往的惯例拟出计划草案。首先要清查现有库存,了解各部门所需办理用品的种类、数量和质量,然后做出计划,估算金额,再根据经费的开支情况、财务制度写出明细表。计划要具有预见性、可行性、合理性,并要在实践中不断调整、完善。

秘书选择供货商时，应注意考虑供货商提供的价格、费用、质量、品牌、售后服务、供货商所在的位置、联络方式等。另外，购买办公用品和易耗品，要了解供货商的商业信誉，并要仔细检查订货单、交货单和发票。

2. 严格按照制度，适时适量发放，保证重点

对于企业内部的一些重要部门和办公用品消耗量大的部门，在条件允许的情况下，要首先满足它们的需要，要保证重点，兼顾一般，使各部门的精力集中于优质高效地完成任务，不会因办公用品供应跟不上而耽误工作。

3. 加强库存记录和库存监督，建立严格的领用审批登记制度，加强保管

对购进的办公用品，要逐件登记，妥善存放。对于库存的办公用品要定期检查、清点，切实做好防火、防盗、防潮、防霉、防蛀、防过期等工作，要建立整套的发放制度，严格审批手续。

认真清点、核实、发放办公用品，定期核查，以免造成公用财产的流失和浪费。

秘书要认真做好办公用品的库存记录，并逐步摸索库存量，然后决定最大库存量、最小库存量和再订货量。认真填写库存卡和办公用品申请表。

4. 制订有效的办公用品节约制度

对组织内部人员加强厉行节约的教育，杜绝随意浪费等不良倾向。

第二节　办公室电话工作

电话工作是秘书日常工作的一个重要内容。通过电话，秘书每天进行大量的对内、对外联络工作，电话成为展示企业工作效率、社会形象的一个窗口。在电话工作中，人们彼此不能谋面，看不到对方的表情、举动，只能通过声音去揣测对方的心理、态度，秘书电话应答的声音、方式是对方能够直接感受到的全部信息，在只能闻其声，不能见其人的情况下，秘书电话应答的声音就成为企业的外在形象。因此，秘书以礼貌的态度、专业的方式来积极处理每一个电话就变得极为必要。

一、使用电话的基本礼仪

秘书接打电话时，应该特别注意自己的方式和态度，要将每一个电话都看做是自己一整天中惟一的一次电话工作，认真地对待它。

1. 态度要热情周到，礼貌友好

在通话过程中，秘书应该让对方感觉到他是受欢迎的，这样企业内外的客户才能乐于与组织沟通。因此，秘书应尽量使用礼貌用语，如"您好"、"请"、

"谢谢"、"欢迎再来"等。在电话交往中,秘书应该尽量做到耐心、热情、周到,显示出愿意同对方合作的态度。但应注意适度地把握分寸,既要热情又要有原则。

如果与对方已经不是第一次打交道了,还应尽量从对方的声音中辨别出他是谁,并及时称呼。这样做往往会使对方感觉到在过去的交往中他确实给你留下了深刻印象,从而有一种受尊重的、温暖的感觉。

微笑着拿起电话听筒,将笑容一直保持到电话结束。尽管对方不会看到你的表情,但微笑确实会使你的声音听起来更加柔和、悦耳,让人有一种愉悦的感受。

2. 口齿清晰,声音愉快自然

秘书在电话中的声音应尽量动听悦耳,音质清亮。语速要适中,说话时语速拖沓会让人感觉到懒散,而语速过快又会让人感觉忙乱、紧张,甚至听不清你在说什么,正常的语速能让人感觉自然。表述清晰镇定,反应敏捷。音量要适中,在电话事务中,秘书的音量应以能够让对方听清,又不干扰周围环境为度。

3. 语言简洁明了,得体准确,和谐有序

电话联络是口头联络的一种重要方式,方便快捷,但有时显得不如书面联络准确。因为人们在讲话时由于发音或表达的缘故,可能会让电话的另一方理解困难甚至产生误解,平常秘书要花些时间去注意自己的发音,纠正某些不良的发音习惯。

语言要简洁高效,在进行复杂内容的通话时要事先打好腹稿,避免临时组织语言。尽量不在工作时间扯无关的话题。

4. 提高电话工作的效率,注意保密

电话工作也要讲究效率,要善于处理电话中的闲聊和纠缠。要是在通话时想打喷嚏或咳嗽,应偏过头去,掩住话筒,并说声:"对不起。"千万不要边打电话边嚼口香糖或吃东西。应避免打电话时和旁边的人交谈。并要注意打电话时,不要涉及组织的机密。

5. 简洁完整准确快捷地处理电话留言

在记录留言时,要抓住要点,让接收者一目了然;留言中若提到有关日期、时间、数字等重要信息,要非常仔细的记全,并要认真核实,不要遗漏;要确保信息记录的正确,包括对方的姓名、对方的单位、电话号码、来电日期、时间、来电的内容等。记录者应尽早传递留言,如果留言是紧急内容,应将留言表中紧急一项标出,提醒接收者。

二、接听电话的技巧

1. "响铃不过三",铃响三声之内拿起话筒

秘书在电话铃响后,应迅速接听。铃声响了三次以上才拿起话筒是缺乏效率的表现,势必给来电者留下不好的第一印象,也可能会使公司失去一些机会。如果耽搁了一会儿,拿起电话后,要先向来电者真诚地表示歉意。

一般电话应放在桌子的左手边,这样当电话铃声响起后,迅速地用左手拿起电话,同时右手马上拿过来一直准备着的电话记录本和笔,做好记录准备。电话记录本和笔应该是专用的,并且放在触手可及的地方。有时秘书需要离开办公室,在电话无人值守的情况下,秘书最好将电话配备自动应答器,要求对方留言。

2. 接听电话的问候通报

接听电话时,先要主动问候,然后对外线者报出单位名称,对内线者报出部门名称。

3. 做好电话记录

工作电话往往会涉及一些重要的事情,秘书不能掉以轻心,不能完全相信或依赖自己的记忆力,因为忙起来的时候,很可能会暂时忘记了电话里说过的事,或无法确定电话中对方告诉自己的一些重要的时间、地点、数字、名称等细节,这样不仅可能影响秘书自己的工作,有时还会造成十分严重的后果。避免这种情况的一个好办法,就是进行电话记录。

(1)记录的内容应包括所有需要的细节,不能仅仅记下对方所告诉你的,为了对整个事情有清楚的了解,方便过后的办理或转达,应该主动了解或询问所有有关的细节,并记录下来。在这里我们不妨借用一下西方的五个 W 和两个 H 的要素方法来使自己的记录尽量齐全:what 电话涉及什么事,需要什么;when 电话中提到的事情是什么时间;where 电话中的事情需到哪儿去或在哪儿发生;who 涉及到的人或单位名称;why 电话中提及的事情的原因;how 怎样完成或处置;how much 需要花费的时间或费用、要使用的物品或设备。

(2)记录完毕之后,为了确保信息的准确,应该再次向对方重复核对,这一点也是非常必要的。

4. 正确处理电话的临时中断

在通话过程中,有时会因为临时的意外或故障,中断对话,也可能另外有些突然发生的事会迫使秘书暂时中断自己的电话(这是应该尽量避免的),也有可能需要临时去寻找谈话中所涉及的一些文件、资料、数据或找其他的同事去询问一些情况,那么,秘书需向对方解释道歉,在要求对方稍等时,必须能够保证在很短的时间内(如一分钟内)返回电话机旁,如果不能,则应该征求对方的意见,或建议先挂断电话。在暂时中断电话时,秘书还应有保密意识,学会使用"闭音"功能,尽量避免将办公室内同事正在进行的谈话传入话机。

5. 学会处理不在的人员的电话

如果来电要找的人不在或因开会不能来接电话,秘书可以进行以下处理:如果能够知道要找的人何时回来,就可以告诉对方到时再打来。如果要找的人无法确定何时回来,可请对方留下姓名和电话号码,等上司或同事回来后再同他联系。还可询问对方是否愿意与其他人通话,或者由你代为处理。

6. 适时结束电话

结束电话之前,应该保证事情确实已经谈完了,所有的细节都已经讲清楚了。还可以向对方询问:"请问还有什么事情吗?"结束电话的时候,可以说一些"谢谢您打来电话,再见"之类的表示客气的礼貌用语,然后,再轻轻挂断电话。

7. 同时处理打进来的多个电话

有时秘书的办公室配备不只一部电话,这样秘书会经常遇到这种情况:当手头的一个电话还没有处理完毕时,另外又有电话打进来。这时秘书需要镇定、有序地进行处理。秘书要专心处理好每一个电话,又不能对另外一部电话的铃声置之不理,正确的处理方式有:

(1)请电话中正在交谈的一方稍等,告诉他另外有电话打进来。

(2)迅速接听另一部电话,并问清对方的目的,然后记下电话号码。请其稍候,尽快回到第一个电话来。

(3)如果第二部电话必须由秘书接听,而且不是三言两语就能结束的,则需对两个电话的重要、紧急程度和长途、市内、组织内的前后顺序迅速做出判别,然后,依序处理。

(4)无论是出于上面的哪种原因回到第一个电话,首先都应向对方的等待进行道歉。然后,如果是由于第二个电话的重要性,不得不先结束第一个电话,则应向对方解释另外有紧急的事要处理,必须先结束这次谈话,必要的话可以等事情处理完毕后再给对方回电话。

8. 接听打给上司的电话

秘书替上司接听电话时,必须认真对待。先要问明对方的身份及目的,这样做可以替上司过滤掉一部分不必要接听的电话,从而尽量避免了对上司工作不必要的打扰。一些事情,可以不必要上司亲自解决,可由秘书或其他人代为处理。还可以使上司在接电话之前,对来电话人的情况有大致的了解,提前做好准备。

如果上司正在开会或正在会见、谈判,不方便接听电话时。秘书可以向对方做简单解释,建议一会儿请上司回电话,或请对方在一个确定的时间后再打电话来。但在做后一种处理时,秘书必须保证这个时间是准确的、合适的,而不应该出现当电话再次打来的时候,上司仍然不在办公室或仍不方便接听电话。在向对方说明上司不方便接听电话时,要适当注意保密,不要泄露上司的行踪和电话号码。

如果上司外出,秘书更应认真对待每一个打来的电话,要时刻掌握上司的行踪。对打来的电话及办理情况(如果有的话)认真进行记录,应及时了解对方的目的或要求,尽可能地给对方以帮助,记录要准确全面,以方便上司返回时的转达。在授权范围内对电话内容及时做出处理,避免对工作造成贻误。对于重要的电话和无法做出决定的电话,秘书应及时向上司请示汇报。

三、拨打电话的技巧

秘书除了每天要接听许多电话以外,经常还需要为各种事情打出电话,进行各种联络。在拨出电话时,注意有关的方式方法,有助于提高电话效率和质量。

1. 尽量选择合适的时间打电话

秘书在拨打电话时,应尽量考虑选择合适的时间,不致使对方感觉不方便。刚刚上班的前 40~60 分钟,特别是周一,往往是最忙的时候,人们一般不太愿意被电话打扰。但是如果秘书要打的电话是非常重要或紧急的,则应选择办公室人最多和最齐的时候。拨打国际电话时,秘书还应特别有时差的概念。

2. 打电话前的准备工作

秘书应该养成打电话前先做一些准备的好习惯,事先的准备工作对于提高打电话的效率和质量特别有帮助,需要准备的内容主要包括:准确的电话号码,确切了解接听方的姓名、职务或身份。事先准备好电话中要用到的文件、资料或数据,如果电话的内容比较复杂,要事先在记事本上逐一列出电话中将要谈的事情,秘书还可以利用电话机的各种功能提高拨号速度。

3. 及时自我通报

在对方接听电话向你通报问好后,秘书也应该及时向对方通报自己,让对方了解自己的姓名及目的。如果秘书拨打的是国际或国内长途电话,考虑到较高的通话费,要及时向对方声明这是长途电话,以便于对方与你配合。

4. 要求对方做好电话记录

有的电话会涉及重要事情或详细的时间、地点、名称及数据等,为了不致发生错误或方便对方办理转达,秘书应要求对方做电话记录,并就记录内容进行重复核对。

5. 替上司拨叫电话

有时上司在比较忙的时候,会要求秘书先替他拨通某个电话,然后他再来和对方讲话。这时秘书要注意几个问题:在拨电话之前,秘书必须能够肯定在这段时间内你的上司就在附近,不会走开。如果对方与上司比较熟悉,秘书可以在拨通对方电话后及时进行通报,然后将电话听筒交给上司。

6. 如果通话临时中断或受到干扰

如果打电话时,电话因故障临时中断,作为打出的一方,应主动再将电话打回去,并向对方解释和道歉。打电话时,室内如果已经有人或通话时有人闯入而没有退出室外,秘书可先对话筒说声"对不起",然后有礼而坚定地对进来的人说:"我待会儿再去找你",示意其退出。

第三节 办公室接待工作

一、接待工作概述

在公司的业务活动中,每天都会有大量的来访。来访者的目的多种多样,不一而足。可以是咨询、商洽、联络业务,也可以是参观、访问、考察工作等。来访者访问的对象可以是秘书、雇主,也可以是公司的其他人或部门。秘书是公司对内、对外联系的桥梁,任何来访的客人都不可能绕开前台,秘书的一项重要职责是接待各种来访者,尽量帮助他们达到来访目的。

秘书在接待工作中并不一定就是每一位来访者的最终接待者,秘书在了解其来访目的后,可以将他引见给相应的部门或人员,并起到过滤、分流的作用,帮助上司避免许多无谓来访的打扰,给上司提供良好的工作环境。

对于公司来说,工作时间的来访是大量的,它实际上同公司的各项工作紧密地联系在一起。秘书应该对每一位来访者给以热情的接待,进而保证日常工作的顺利、高效运转。

1. 接待工作分类

就公司而言,来访人员是来自多方面的,有多种形式,接待的方式往往也会因此有一些不同。通常接待工作可以做以下分类:

(1)按来访的人数、规模分类

①个人来访。单个的来访者往往是秘书每天接触最多的,这其中包括公

司以外的来访者,也包括公司内部员工,他们的来访目的往往很具体、单一,一般不会占用过多的时间,也不会涉及到较多的人,但是发生的频率很高,特别是那些没有事先约定的突然来访,有时会打乱事先做好的工作计划。

②团体来访。是指以团、队等形式组成的多人来访。他们的目的是共同的,包括会谈、商洽、考察、联络、参观、调研、检查工作、解决问题等多种情况,而且这种来访往往同公司业务有重要关系,甚至会对公司业务产生重大影响。一般来说,这类来访发生的频率不会像个人来访那么高,但一旦发生就是一件很重要的事,将会涉及到更多的人和事,因此事先需要精心的准备。

(2) 按照接待的准备程度分类

①有约来访。是指事先约定好的个人或团体来访。他们依时到访,公司中的有关人员或部门都已事先做好准备,不会与其他工作发生冲突。一般团体来访都属于有约来访,很多个人来访也是经过事先约定的。

②无约来访。是指那些临时出现的来访。来访者出于各种原因,事先没有和公司进行约定,临时到访。由于他们的突然到来,有关人员事先没有做好准备,所以可能不能得到及时接见,秘书应该进行妥善处理。个人来访中,这种情况比较多见。

2. 接待的礼仪原则

从事接待工作的秘书人员是展示公司形象的一个重要窗口。因此,秘书应认真做好接待工作,通过专业的接待方式,认真的工作态度,尽量为每位来访者提供帮助,从而建立和维护公司良好的公众形象。

(1) 态度热情,耐心倾听

应该让来访者感觉到他们的来访是受欢迎的。秘书在接待过程中,对于来访者提出的合理要求,应尽量予以满足,同时,应以满腔的热情与来客沟通,倾听他们的各种要求,耐心回答来访者的问题,积极帮助来访者解决各种问题。使客人有宾至如归的感觉,从而产生对公司的好感。

(2) 礼貌待人,仪表得体

从事接待工作的秘书应该穿着得体,气质端庄,举止大方,礼貌待人,显示出良好的修养和高超的工作技巧。能在工作中使用礼貌用语,注重接待礼仪。

(3) 照顾周到,进退有度

在接待工作中,既要热情礼貌,又要进退得体。服务要周到,做到一视同仁,遇到为难的人和事,秘书的态度一定要以礼相待,尽可能地让其满意而归。

(4) 环境整洁,物品齐全

秘书还应该注意保持接待环境的整洁有序,使之随时都处于整齐、洁净、优雅的状态。当着来访客人的面手忙脚乱地收拾凌乱的会客室肯定是极为不妥的,因此每次会客室或其他接待场所使用完毕后,应该及时整理。

二、日常接待工作的基本程序

(1)无论是有约来访还是无约来访,秘书都应以良好的公司形象迎候来访者,当来访者走近时,要以站立姿态面带微笑主动问候;以欢迎的态度礼貌友好地接待,如果当时秘书正在接电话、打文件或是查找资料,都要先向来客致意,请来客稍候,然后迅速放下手里的工作,进行接待。

(2)查对预约登记,搞清来访者是有约来访还是无约来访。了解来访者约定见面的部门或人员,如果来访者是如约前来,秘书事先已有心理准备,对其身份及来访目的也比较清楚,因此不需过多地询问,如果来访者是在约定的时间到达,应立即通知被访者。

(3)如果来访者比约定的时间来得早,上司不能马上接待他,秘书应请对方在秘书的办公室或接待区稍候,款待茶水饮料,递送书报资料以排遣时间,或轻松地和他们交流,使他们感到不被冷淡。

(4)按照公司的要求请来访者登记,给来访者发放宾客卡,并提醒来访者离开前返还宾客卡。

(5)向上司通报有来访者到来。客人如约到访后,秘书应及时通知上司。这样可以使上司事先有所准备,尽快处理完正在做的事,准备接待来访者。但如果来访者是上司正在等待的客人,而且不是第一次来公司,秘书也可以不再进行通报,直接请客人自己去上司的办公室。如果客人是初次来访,秘书要送客人去上司的办公室。如果秘书正在处理非常重要、紧急的事,不方便走开去为客人引路,可以向客人指明上司的办公室。秘书带客人来到上司办公室或接待室门前一定要敲门,经允许后方可进入。进入之后,需要替双方做介绍。

(6)上司如果临时失约,秘书要做出妥当的安排。应向客人道歉并解释,以求得到对方谅解。不经上司允许,秘书不应该擅自请客人在上司的办公室等候,因为上司的办公室里往往有许多重要的文件,容易泄密。如果上司是因为遇到突发性的事情,需要取消事先已定好的约会,秘书更应小心周密处理,以免招致客人的不满。应先向上司请示处理办法,如果可能,可与对方另行约定时间,也可以授权请其他人接待;如果来不及阻止客人成行,客人已经来到公司,应该向客人道歉并解释,以取得对方的谅解,并及时采取措施进行补救。

(7)必要时帮助上司中断来访。秘书应留心上司接待来访客人的情况,当上司的日程安排比较紧,下一个活动时间已经临近,秘书应及时提醒上司,以免延误下一项工作。

(8)替上司接待来访者。有时,秘书可能被授权替上司接待一些来访者,这时秘书要认真对待这项工作。应了解自己的授权范围,明确哪些事情自己可以做出承诺或自主解决,哪些事情自己无权处理,必须向上司请示。详细了解对方的来意或要求,妥善处理来访者的问题。

(9)做好来访记录,告之办理的程序和期限。

为了更好地掌握、总结接待来访的工作情况,秘书应对每天的来访情况进行记录。记录的内容可以采取下列表格形式:

来访登记表

年　　月　　日

序号	来访时间	来访人姓名	来访人单位名称	来访目的	要求的接见人	实际接见人	备注

(10)礼貌送别来访者。来访者将要离开的时候,秘书应妥善照顾来访者,如提醒和帮助对方拿好自己的东西,主动为客人取衣帽等物,根据客人身份的尊贵程度,将客人送至电梯间、公司大门口或直至将客人送上车。送客人到电梯时,要为客人按电梯按钮,在电梯门关上前道别,如送到大门口,要一直等到客人所乘坐的汽车开出视野后再转身回去。和上司一起送客时,要比上司稍后一步。

三、接待团体来访的工作程序

团体来访一般来人比较多、事情比较重要、来访期也更长一些,往往会涉及到公司中更多的人和事,因此接待工作要比日常接待工作复杂得多,需要提前做出准备。

1. 了解情况

(1)了解来访的目的。秘书必须准确无误地了解来访的目的,可以向上司或有关人员了解情况,也可以向来访者事先联络了解。

(2)了解来访规格。来访的规格一般由来访目的的重要程度及来访人员的身份决定。一般可分为高规格、低规格和对等规格三种类型。重要的来访或是来访人员的身份较高的,一般采取高规格;通常情况下采取对等规格;只有在对方身份过高,本组织没有人能够相比之下,一般才采取低规格接待方式。

(3)了解来访者的基本情况。为了接待工作准备得更充分,秘书要事先掌握来访者的基本情况,如单位、姓名、性别、人数、身份、民族(国籍)、信仰等,有时还需要了解其爱好、性格等,对这些情况了解得越多、越具体,接待的准备工作就做得越好,越能取得接待工作的成功。

2. 制订接待方案

团体来访因为事关重要,为谨慎起见,应事先制订出详细的接待方案。内容包括:

(1)确定接待准备人员。根据来访的重要程度,确定相应的接待准备人员。一般秘书会承担主要的接待准备工作,但一些特别重要的来访准备工作不是秘书一人能够承担的,可能需要由相关的部门或主管人员组成一个接待准备小组,秘书在其中也会发挥重要作用。

(2)确定接待规格。即确定本次接待工作中应该由哪位高层管理人员出面接待、陪同人员、接待时用餐、用车、活动安排等一系列活动的规格等。

(3)制订接待计划。在与来访一方联络协商,并得到上司的同意后,制订出接待的详细计划,如来访的具体起止时间、来访期间活动的日程安排等。接待计划应该得到上司或主管经理人员的批准,并及时传送给来访一方,让其心中有数。

(4)预估接待经费。要根据上司的授意,事先提出经费预算。

3. 做好接待准备工作

按照接待计划,秘书应该做好具体的准备工作,主要包括:

(1)资料准备。主要包括来访一方的背景材料,如人员构成情况、公司经营情况、与本次来访目的及要求相关的材料等,同时对应地准备好我方的资料。

(2)食、宿、交通安排。事先做好来访人员的接站、用餐、住宿、交通等安排,每一项工作的每个环节必须具体落实,不能有半点疏漏。

(3)设施及物资准备。在准备工作中,不仅要落实接待活动中要用到的会议室等场所,还应考虑好需要的布置及设备准备,保证它们随时可使用。

(4)为来访人员准备一些小礼品。依据来访及接待规格,公司可能要为来访者准备一些小礼品,需要秘书根据来访人的情况精心准备。

(5)取得其他部门的协作与配合。团体来访涉及的方面较多,很多工作需要公司内其他部门及人员的配合才能完成,秘书应该注意随时与有关的部门及人员进行沟通,加强合作联系。

第四节　邮件信函的处理

各种邮件、信函是公司工作的一个重要联系手段,公司中每天都会有大量的进出邮件:一类为通过邮政系统传递的邮件,如各类信函、电报、报刊、包裹等等,另一类为电子信函,如电传、传真、E-mail 等。处理邮件是办公室日常工作的一个重要内容,包括在邮件、信函的收进和发出过程中所要进行的一系列工作。有效地处理邮件,能够使办公室更好地成为公司对内、对外联系的桥梁和窗口。

一、邮件寄发程序

邮件的寄发程序是指在各种邮件拟写完毕后,至装入信封交寄之前所要经历的一系列工作环节。发送邮件工作的程序有:

(1)做好邮件的准备和核对工作

信函起草完毕后,秘书应该按照正确的格式进行打印,并保证字句、用词及标点的使用正确。核对附件等是否已装好,尽量保持信件的整洁、清楚。防止遗漏,确保附件的准确、齐全。

(2)提请上司签发邮件

秘书发出邮件必须经过上司签字之后,才能生效。秘书要做的工作是将需要上司签发的信函准备好后,在恰当的时机送上司签字,除非是紧急的信件必须立即请上司签字之外,一般的信件可以集中在一起,找一个方便的时间统一请上司签字。

将需要由上司签字的信件和需要他阅知的信件分开。有时由于上司外出而授权别人代签信件,这时秘书应该将信函及时送交被授权人签字,并注意签名处是否有代签的标记。公司发出的重要邮件应该留存备份存档。

(3)邮件的装封与折叠

邮件装封之前,秘书应该注意将信纸上的小夹子或其他装订用具取下。信纸的折叠应该根据信封和信纸的规格而定,以 A4 规格的复印纸为例,装入邮局标准规格信封的折叠方法是:

①不折叠　一般重要的文件或纸张较多的信件可以不折叠,直接装入大信封中。

②二折法　纸张对折,将底边折到距顶边 0.5 厘米处。

③三折法　先将底边上折约 1/3,再从下往上折到距顶边 0.5 厘米处。

④四折法　先将信纸叠成二折法,再将纸的左边向右折叠至距右纸边 0.5 厘米处。

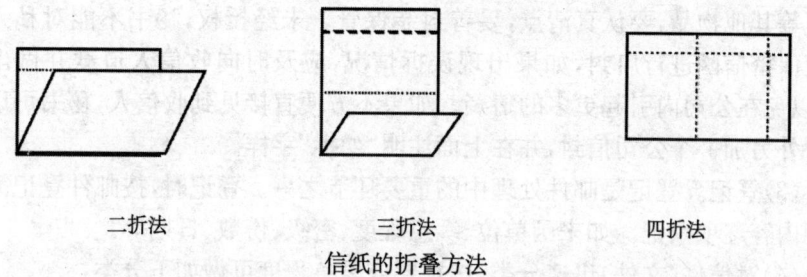

　　　二折法　　　　　三折法　　　　　四折法
　　　　　　　信纸的折叠方法

　　(4)邮件装封时,要对所发邮件进行查对,检查信封上的收信人姓名、地址与信笺上的收信人姓名、地址是否一致;
　　(5)邮件分类,将各类信件、包裹等分类,快件立即处理,大宗的信件可以捆扎;
　　(6)做好登记,在重要邮件发送前先要用登记册来登记;
　　(7)符合邮政方面的规章制度和寄发时间。
　　(8)选择适当的邮寄方式。
　　秘书应该根据信件内容的重要性及时效性选择妥当的传递方式,既保证信件可以在需要的时间内安全投递至收信人手中,又控制邮资开支。秘书应能恰当地使用哪种服务。如:平常信函和明信片、挂号信函、保价信函[①]、商业信函、印刷品。

二、邮件接收程序

　　邮件接收程序是指对通过各种渠道投送至公司的邮件进行处理的一套行之有效的程序,很多公务邮件要由公司领导来处理,为了提高领导处理邮件的工作效率,在大多数情况下,秘书在收到公务邮件后,应该在职权范围内替上司进行先期处理,如拆阅、标注、提供相关材料、拟写回函等,然后再交上司处理。接收邮件工作的主要程序有:
　　(1)签收。对所收邮件的件数要认真清点,检查实收件数与投递清单上的件数是否相符。清点后,要检查文件信封上或封套上所注明的收文单位、部门、姓名是否都对,如有误投,应立即退回。还需检查包装和封口是否损坏;文件经清点检查无误后,收件人要在送件人的"投递回执单"或"送文簿"上签字,并注明收到的时间。
　　(2)拆封。启封时,注意保持原封的完好,特别注意封内文件不能损坏。必要时,应把原封订在文件后面,一并处理,以便日后查阅。如果随邮件寄有

---

① 以下材料摘自 http://www.Chinapost.gov.cn

票证等其他物品,要认真清点,妥善封装保管。未经授权,秘书不能对私人信函及保密信函进行启封,如果出现误拆情况,应及时向收信人道歉并做出说明,以免在公司内引起更多的猜疑。如果不方便直接见到收信人,秘书可以在信封外另加一个公司信封,并在上面注明"勿拆"字样。

(3)登记。登记是邮件处理中的重要环节之一。登记时,按邮件登记簿中所列内容逐项登记。如来函单位、缓急程度、密级、份数、日期等。

(4)对信件(文件)迅速分类,按重要或紧急程度可做如下分类:

①重要和紧急信函。航空信函、电报、传真、E-mail、挂号信、保价信函、特快专递、电报、传真、E-mail 往往最能体现邮件的时间要求,挂号信、保价信则更体现邮件的重要性。而特快专递(EMS)既可以体现时限要求,也可以体现邮件的重要性。这类邮件应该优先得到处理。

②一般信函。用于寄送一般事务的邮件,邮局收寄时不付给收据。这类信函不对时间及重要程度做额外的强调,一般可以在处理完紧急邮件后再处理。

③报刊、广告品。由于所载明的信息对公司业务可能不是很直接,所以相对来说,它们要求处理的时限可以更加宽松一些。

④私人信函。包括寄给上司的私人信函及公司里其他人的私人信函。私人信函一般标有"亲启"、"私人"等字样。

(5)及时处理邮件。通过邮局递送的邮件有很大一部分都是在每天大致固定的时间送达,当中有很多包含有重要的、紧急的信息,秘书除非手头有更为重要的工作,一般都应暂时停下手中的工作,及时对邮件进行处理。而一些快递邮件、电子邮件则不受时间的限制,所以秘书还应养成一种习惯,即一上班即打开电脑接收邮件,并到传真机前去检查是否有传真件。同样,下班之前要保证传真机中有充足的纸。

(6)将与自己有关的工作记录下来。秘书应该随时将信函中涉及到的与自己有关的工作暂时记录下来,过后及时处理。

(7)呈送邮件。在将邮件送有关的人员处理前,秘书应将自己初步处理好的信件分成以下几类:

①需要上司本人阅读、批示的信件。这些信件应该按照紧急程度加以排列,最需要先行处理的放在最上面。

②需要由其他部门答复的信件。对这类信件的处理,秘书应该请示上司,而不能擅自将之交给具体的承办人。

③可以由秘书本人回复的信件。在日常工作中,上司可能会授权让秘书处理一些日常信件。这时秘书可以自己先拟出回函,然后将之与来信一起呈

送上司签发。

三、上司外出时，秘书处理来信或邮件的方法

(1) 上司外出时，秘书应像往常一样，按前文所讲的程序迅速处理各种来信。如果你的上司习惯每天给办公室打电话，你应该把公司信件和外来的信件分开，同时把每封邮件的内容大致记录一下，以便于随时向上司汇报；

(2) 如果上司没有每天给办公室打电话的习惯，你应该主动打电话把需要上司亲自处理的邮件告诉他，或者传真一份给他；

(3) 如果你的上司离开不止一天，应把所有邮件都通知给他；对于他人不能处理的信函，如标有"亲启"、"机密"的信函，秘书应及时请示上司，或者是通知发信人，告知上司返回的具体日期，或者是及时转寄给上司；

(4) 尽可能多处理一些邮件，你可以在给上司的汇报中说清楚邮件的主题，或者把邮件交给公司有权处理的人回复；

(5) 如果你的上司正在度假，并且不让你转交邮件时，你可以先把需要上司亲自处理的邮件保存下来，并在通知发件人已收到的信中告诉对方何时可以得到回复；

(6) 把积压的邮件分别装入纸袋，标上"需要签字的邮件"、"需要某某处理的邮件"、"需要阅读的邮件"、"报告"和"一般阅读材料"等字样；

(7) 上司外出期间处理过的各种来信应该保留至他返回后，请上司逐一阅读处理，这样他可以了解他外出期间所发生的事，不至使他的工作信息链条产生中断。

第五节 时间管理与办公效率

一、时间管理概述

1. 时间管理

所谓时间管理，是指对时间进行有效的计划和控制，从而在有限的时间内创造最大的效益。随着社会事务变得越来越复杂，人们要做的事情也越来越多，以致不可能在有限的时间内（一个小时、一天、一个月、一年、甚至一生）做完你所有想做的事。因此，时间的机会成本变得越来越高。例如，你用来打电话的时间，就不能用于起草文件，但实际上，起草文件可能要比你打的这个电话重要得多。越是身份重要的人，他的时间机会成本就越高。时间管理理论即是研究怎样最有效地管理时间的一门学科。

时间管理理论之所以得到人们的广泛关注，是因为它不仅可以大大提高

工作效率,甚至可以影响人的一生。早在20世纪90年代初,国际秘书协会在美国和加拿大地区对大约2000位秘书和1000位经理进行了一次调查,调查资料表明,他们都认为提升能力最好的方式分别是:学习电脑、学习人际关系、学习时间管理。从某个方面看,秘书的工作实际上就是为了提高别人的工作绩效。而要提高其他人的办公效率,秘书自己先要学习时间管理,科学地管理上司和自己的时间。

2. 时间管理理论的四个发展阶段

第一阶段是采用记录和列出清单的方法,提醒自己完成必须要做的工作。即随时用笔和本记下要做的事情,抽时间列出自己的工作清单。这时的理论主要是强调不要完全相信自己的记忆力,在大量的干扰下,你很可能会忘掉一些甚至是很重要的事,因此,建议人们采用记录和工作清单来提醒自己完成重要工作。

第二阶段是应用日程表和预约册,将要做的事分配到某个具体的时间。因为第一阶段的时间管理理论固然可以提醒人们应该做的事,但没有提供时间保证,这些事可能会被后来发生的很多事所淹没,因此第二阶段的管理理论要求人们事先对要做的事做出具体的时间安排,然后尽量按事先计划好的时间表工作,以保证它们能够完成。也正是从这个时候开始,秘书开始为自己也为上司做一项重要工作,即安排工作日程,并尽全力保证日程计划的实施。这个阶段的理论所强调的是时间的计划性,还没有明确认识到应该按照每件事的轻重缓急来做日程安排。

第三阶段理论的特点是,第一,要求按照事情的轻重缓急程度来决定做事的顺序,然后再落实到工作计划。秘书每天要做的工作很多,而各项工作的重要程度和紧急程度各不相同,根本不可能简单地按时间顺序做,必须进行正确判断,先做最重要的和最紧急的工作。第二,开始对时间流向进行分析,对过去的时间利用进行总结分析,找出时间浪费的误区,尽可能杜绝时间浪费。第三,根据事情的轻重缓急设立相应的短期、中期和长期目标,然后将之体现于每日的工作计划中,逐步实现。

第四阶段即现阶段的管理理论进一步向纵深发展,首先它深入研究和明确界定到底什么才是最优先要做的工作,同时强调有弹性的时间管理。人们认为过去的时间管理理论确实帮助人们很有效地利用了时间,但人却在这种管理下丧失了自我,每天的时间越来越多地被计划牢牢控制,时间变得越来越没有弹性,而一些所谓紧急的工作其实并不值得自己花去大量的精力或占去太多的时间,这导致人们在工作中变得越来越不快乐。因此第四阶段时间管理理论开始提出,以目标为中心,将与目标密切相关的事情界定为"重要"的事情,它最值得人们优先处理,并在这上面花费最多的精力,同时也要兼顾紧急的事情。人们还将帕累托定律(又称 2/8 定律)引入时间管理领域,即应该用80%的时间做能带来最高回报的事情,而用20%的时间做其他事情。现阶段时间管理理论的核心内容是根据事情的重要和紧急程度将各种事务划分为A、B、C、D四个区域:

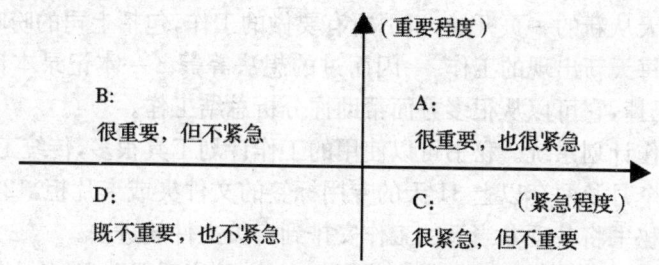

第四阶段时间管理理论的工作分区

A:应该在第一时间去做,并值得为它花费大量的时间;

B:计划好什么时候开始做,应该花费大量的时间;

C:马上就做,但应在尽可能短的时间内完成;

D:尽量控制做这类工作的时间,应该在完成了所有重要的、紧急的工作之后,花一点时间去做,甚至根本不去做。

按照这种方法对事务进行处置,是最有效的时间管理。

二、秘书进行有效时间管理的方法

1. 明确目标

目标是人们努力和奋斗的方向,有助于帮助人们分清各种事情的轻重缓急,把握重点,有效地安排时间。秘书要想让每天纷繁无序的工作变得井井有条,取得最高成效,必须要有明确的工作目标。

首先要了解公司的整体目标或远期目标,然后要了解自己所在部门(或所服务的对象)的工作目标和工作职责分工,这实际上是公司整体目标的分解,也是自己工作的具体环境。然后还要了解自己所在职位的职责及重点工作,它又是部门职责(目标)的分解,是自己的工作目标。最后,还应该为自己设立职业发展目标,更主动地把握自己的人生发展方向,不断取得进步。目标应该是切合实际的,应该有足够的时间、能力去完成所设定的目标。秘书还应该知道能否和在哪儿获得自己所需要的各种支持和必备的资源。

2. 制订工作计划

明确了目标之后,就可以按各项工作的轻重缓急程度安排工作计划。计划是将各项工作付诸实施的保证,必须提前对各项工作做出安排,越是重要的工作,越要及早做出计划。

3. 有效管理时间的工具

(1)工作记录本。千万不要只相信自己的记忆力,记录本才可以真正帮助你不忘掉任何事,几乎所有的伟人都有把想法记录下来的习惯。用一个专门的本子,每天从新的一页开始,记下所有要做的工作,包括上司的吩咐、同事的请求、自己每天新出现的工作、一闪而过的想法等等。一本记录本记满之后,不要马上扔掉,它可以从很多方面帮助你分析总结工作。

(2)工作计划系统。秘书可以使用的工作计划工具很多,传统工具中有一种附有12个月及两套以上31天的专用标签的文件夹或卡片柜,12个月顺序排列,方便秘书将各项非当天的工作安排到有关文件放进去。

与这个工具相类似的,是很多公司都有的"效率手册"一类的小册子,它们同样也能进行较长时间的管理,记下一些中、远期的工作,如下个月某一天某时在某地举行的会议。这种"效率手册"体积小,方便随身携带,但它的缺陷是每天只有一页纸的固定空间,不能附加材料,而且如果是工作很多的人,要完全记下各项安排可能会有些困难。

(3)每天的时间表和值班表,详细安排每天要做的事。它可以是一个本子,也可以是一张纸。

(4)必须随时有一个准确的日历,帮助你准确及时地知道确切的时间。

三、管理上司和自己的工作日志

秘书的一项重要工作就是节省上司的时间,工作日志就是秘书协助上司提高效率的一种很重要的工具,秘书应学会很好地利用它。工作日志一定要制订得详细。

1. 工作日志填写的信息内容

无论手工填写日志还是电子工作日志,填写的信息内容应相同,上司的日志内容通常包括:

(1)上司在单位内部参加的会议、活动情况,要记录清楚时间、地点、内容。

(2)上司在单位外部参加的会议、活动情况,要记录清楚来访者的姓名、单位详情、约会时间。

(3)上司在单位外部参加的会议、活动、约会等情况,要记录清楚时间、地点的确切细节,对方的联络办法等。

(4)上司个人的安排,如去医院看病等,以保证秘书不会在这段时间安排其他事宜。

(5)上司私人的信息,如亲属的生日,以提醒上司购买生日卡或礼物。

秘书的日志内容除了包含上司的日志内容外,还需要包括:上司的各项活动需要秘书协助准备的事宜,例如为上司参加某会议准备发言稿、订机票等。上司交办自己的工作,例如签字仪式联系地点、邀请媒体等准备工作。自己职责中应做的工作、活动。

2. 填写工作日志的方法

(1)提前了解上司工作和活动的信息,并在两人的工作日志上填入,并于当日一早再次确定和补充;要经常与上司的工作计划进行核对,保证你自己的工作安排不会与上司的工作发生冲突。

(2)提前在自己的工作日志上清楚标出自己当天应完成的工作;应该在每天下班之前,将第二天的工作计划准备好,它可以使你第二天一上班就能进入工作状态,不浪费一分钟。

(3)输入和填写的信息要清楚、方便阅读,保持日志整洁,最好先用铅笔填写再用钢笔正式标明确认。

(4)输入或填写的信息要完整,应标明各项活动的时间、地点、姓名、联络方式等必要信息。

(5)输入或填写的信息要准确,情况出现变化时,应立即更新日志,并告之上司出现的变化。

(6)在上司日志变化的同时,应更改自己的日志,并做好变更后的有关工作。

(7)在自己日志上要清楚标出为公司有关活动做出的准备,并逐项予以落实。安排工作的时候,不要忘了例行的工作,如文件归档。

(8)协助或提醒上司执行工作日志,在必要时帮助上司排除干扰。

3. 处理日志的变化和调整

(1)安排活动时,要留有 10 至 15 分钟的间隔,以备活动时间的拖延或新添临时的、紧急的情况。

(2)进行项目的时间调整变更,要遵循先重急后轻缓的原则,并及时将变更的情况报告上司。

(3)确定变更后,应立即做好有关善后工作。如通知有关客户变更时间,协调内部会议的安排等。

(4)再次检查工作日志是否已将变更的信息记录下来,防止漏记。

四、提高办事效率和节约时间的小技巧

1. 养成良好的工作习惯

获得成功的人都有好的工作习惯,它能帮助人们提高工作效率。如将所

有要做的事记下来,提前制订工作计划,集中精力只做一件事,保证每件事一次成功,决不要有第二次的返工。每件事一经开始做,不要轻易放弃。在自己工作状态最好的时候做最复杂的工作。把握住自己的最佳工作时间,提前做好准备。保持工作环境整洁有序,防止因找不到自己要用的东西而浪费时间。

2. 善用时间

学会将性质相同或类似的事集中在一起做,尽量少做或不做那些无益的或回报低的工作,试着拒绝不属于自己的工作,经常主动了解你的服务对象的近期工作计划,为你可能要做的工作提前做出准备。

3. 改善工作条件,提高工作效率

科学的进步及社会的发展大大提升了秘书们的办公手段,人们创造出了各种各样可以提高工作效率的办公设备、办公软件及其他一些设施,秘书应该经常留心这方面的信息,在条件许可的情况下,及时地加以选用。

秘书还可以在经常的工作中去总结、分析现有的工作流程是否有不合理的地方,什么地方可以进一步简化。及时调整,去掉一些不必要的手续或环节,这样也可以提高工作效率,节省时间。同样,合理调整办公设备、办公家具及常用物品的存放位置,尽量做到取用方便,也能为你省下不少时间。

思考与练习

1. 构成办公环境的要素包括哪些?
2. 如何管理自己的办公责任区?
3. 办公环境中常见的隐患有哪些?
4. 发放办公用品的方法有哪些?
5. 使用电话的基本礼仪是什么?
6. 简要说明接打电话的技巧。
7. 办公室接待的礼仪原则。
8. 日常接待工作的基本程序。
9. 接待团体来访的工作程序。
10. 邮件的寄发程序和接收程序有哪些?
11. 时间管理理论四个阶段的主要内容是什么?
12. 秘书进行有效的时间管理的方法是什么?
13. 如何管理上司的工作日志?
14. 提高办公效率的主要技巧有哪些?

第九章 商务档案基础知识

商务活动是企业经营管理活动的核心。商务档案是企业商务活动的真实记录,也是企业商务活动的基础信息资源,对于企业商务活动具有原始的凭证价值和重要的参考价值。因此,商务档案是企业顺利开展商务活动的重要保证。商务档案管理是商务秘书的重要职责之一。本章主要阐述商务档案的涵义、属性和价值,商务档案管理机构和人员,商务档案管理的基本理论。

第一节 商务档案概述

考察商务档案的科学管理,我们首先必须深刻理解商务档案的涵义,并且在此基础上正确把握商务档案的属性、种类以及商务档案与商务文书、企业档案的联系与区别。

一、商务档案的定义

商务档案是档案的一个种类。档案是原始的历史记录,"是社会组织或个人在社会实践活动中直接形成的具有清晰、确定的原始记录作用的固化信息。"[1]《中华人民共和国档案法》第二条规定:"本法所称的档案,是指过去和现在的国家机构、社会组织以及个人从事政治、军事、经济、科学、技术、文化、宗教等活动直接形成的对国家和社会有保存价值的各种文字、图表、声像等不同形式的历史记录。"档案的本质属性是原始记录性。

根据档案的定义,我们可以给商务档案做如下定义:商务档案是微观经济主体在各种商务活动过程中直接形成的具有保存价值的各种形式的原始记录。这一个定义包括以下六个方面的涵义:

第一,商务档案的形成者是微观经济主体。商务档案是由各种营利性的微观经济主体(主要是各类工商企业)形成的。而政府机关和非营利性的社会组织一般不会形成商务档案。

第二,商务档案的形成领域是各种商务活动。商务档案是在企业各项商务活动过程中产生的。而在企业的生产制造、研究开发、人力资源管理等活动过程中产生的原始记录不属于商务档案。

第三,商务档案是商务活动过程中直接形成的。商务档案是微观经济主

---

[1] 冯惠玲、张辑哲.档案学概论.第1版.北京:中国人民大学出版社,2001.5页

体在各种商务活动过程中,由随时产生、使用或收到的商务文书转化而来的,而不是事后编撰出来的,也不像图书、期刊、报纸、资料等其他商务信息那样是从它处收集、购买、复印而来的。

第四,商务档案是具有保存价值的历史记录。并非商务活动过程形成的所有历史记录都是商务档案,商务档案只是由具有保存备查价值的商务文书转化而来的。没有保存价值的商务文书经过一段时间后就会被销毁。

第五,商务档案的载体和形式多种多样。现代商务档案的载体主要是两种:一是传统的纸张,二是由于电子商务的兴起而涌现的大量电子商务档案,这些电子商务档案的载体一般是磁盘、光盘等。商务档案的记录形式可以是文字、符号、图形、表格、图像、声音等等。

第六,商务档案是商务活动的原始记录。商务档案区别于其他商务信息的本质属性是原始记录性。它是一种原始的历史记录,真实地记录和客观地反映了商务活动的历史状况。

二、商务档案的属性

1. 原始记录性

所谓原始性是指商务档案是微观经济主体在商务活动过程中直接形成的,不是事后随意收集或编写整理的,它真实、客观、历史地反映了某一商务活动的主体、过程、结果、时间、地点和方式等当时当事的状况。商务档案的记录性是指商务档案所记录的内容具有确定性,能为人们所理解。商务档案的这种原始记录性使得其最直接、最原始地记录和反映了商务活动的客观、真实面貌,具有得天独厚的、任何其他商务信息所不具有的凭证价值。

2. 商务性

商务档案的形成者是从事商务活动的微观经济主体,其形成领域是商务活动领域,其内容是有关商务活动的记录,其利用对象在相当长的一段时间内也主要是从事商务活动的微观经济主体。因此,商务档案是商务活动的"伴生物"、"副产品",具有鲜明的商务性。

3. 信息性

在日常用语中,信息是指音信、消息、情报、指令、密码等等,它是通过文字符号、图表图像、语言声音、动作行为、电磁波等各种形式表现出来的。美国数学家维纳指出:"信息是我们在适应外部世界和控制外部世界的过程中,同外部世界进行交换的内容和名称。"钱学森认为:"信息是代表物质的某一种状态的资料","情报资料、图书、文献和档案都是一种'信息'"。商务档案具有一般信息的共同属性,如可认识性、可存储性、可转换性、可再生性、可浓缩性、可传递性、可共享性、有价值性等,是一种重要的信息资源。

4. 知识性

商务档案是储存和传播商务知识的一种形式,具有知识属性。知识是人们在认识世界和改造世界的实践中所获得的认识和经验的总和,是人们的主观世界对于客观世界的概括和如实反映。一方面,商务档案是记录、积累、存储商务知识的初始载体。人们在从事商务活动过程中所获得的各种商务知识(即实现经济资源买卖的途径、程序、技术、方法等知识),最初便是通过商务档案予以记录下来的,并随着商务档案的积累、存储得以积累、存储起来,为人们所继承、运用。离开了商务档案这一初始载体,创新的商务知识只能记忆于人脑之中,难以确切记录、日后印证、长久流传。另一方面,商务档案是传播商务知识的原始媒介。商务知识的传播最先始于商务档案信息的传递与转换。人们除了直接从商务档案这一原始媒介上获取商务知识外,更多的是将商务档案中包含的商务知识转换到图书、报刊、资料、情报等其他形态的信息、知识媒介上,再广泛传播开来。

三、商务档案与商务文书

文件是"组织或个人为处理事务而制作的记录有信息的材料,是人类记录、固定、传递和储存信息的一种工具"(《中国大百科全书·档案学分卷》)。它包括各种载体和形式的记录信息,而不仅指书面文字、正式公文,电子文件、信件、票据等都可以视为文件。文件与文书基本上是等同的概念,传统上人们习惯于称"文书",现在人们开始更频繁地称"文件"。商务文书是微观经济主体在商务活动过程中形成的文书(文件),也称之为商务文件。商务档案是处理完毕的、具有保存价值的、有规律集中保存的商务文书。

1. 现时使用完毕或办理完毕的商务文书才能转化为商务档案

现时使用完毕或办理完毕的商务文书才能转化为商务档案,而正在办理、处理中的商务文书,仍具有现实执行效用和直接使用的商务文书,均不属于商务档案。所谓现时使用完毕或办理完毕,是相对而言的,主要是指为履行当时的职责而直接使用商务文书告一段落,或完成了商务文书的处理程序,并不是说以后不再利用,商务文书内容针对的具体事务全部办完,该份商务文书才算"办理完毕"。也就是说,商务文书具有现行的效用,是现行文件;而商务档案则是完成了现行效用的商务文书,是非现行文件(历史文件)。

2. 只有具备保存价值的商务文书才能转化为商务档案

人们在商务活动过程中会形成数量十分巨大的商务文书。一方面,我们不可能有足够的存储空间、经费、人力、精力来保存和管理这些商务文书。另一方面,我们也没有必要将所有商务文书保存下来。因为许多商务文书随着其记事、办事工具等现行功能的结束,而就失去了它自身存在的价值;只有一小部分商务文书,由于对今后的商务活动具有备忘、信守、凭证等功能,才需要保存下来。例如,企业在商务活动过程中会与其他企业签订许多商务合同,这些商务合同在其合同有效期内,甚至有效期结束后相当一段时间都具有凭证、查考价值,因而必须转化为商务档案保存。企业每天都会收到许多广告宣传单,这些广告宣传单,几乎没有任何备查价值,绝大多数只保存几天就会被销毁,而不需要转化为商务档案。

3. 只有按照一定的规律保存起来的商务文书才能最后成为商务档案

商务文书是逐年累月一份一份地产生的,其自然积累的本来状态是分散的和零乱的,只有把这些商务文书按照一定的程序和条理集中保管起来,它们才能转化成为商务档案,以方便人们日后利用。归档和集中保存,既是商务文书向商务档案转化的程序和条件,又是文件转化为档案的标志和界限。

四、商务档案与企业档案

"企业档案是在企业的各项活动中直接形成并保存备查的各种文献载体形态的历史记录。"[①]商务档案是企业档案的重要组成部分,在不同企业所占的比重各有不同:

一是,一些国家独资、垄断经营、特殊行业的企业,按国家计划组织生产,产品的销售由国家负责,不直接面向市场,因而其企业活动主要是生产活动,而商务活动不多,相应地,其形成的企业档案主要是生产技术活动过程中的科技档案,而商务档案不多。

二是,轻工业生产经营型企业,直接面向市场,自主经营、自负盈亏,必须根据市场需要、顾客心理和自身条件决定企业的发展方向、生产范围、市场定位,才有可能取得市场成功,谋求生存和发展。这类企业如果只重视生产,而忽视经营,就不能适应瞬息万变的市场环境。这些企业生产活动和商务活动并重,因而科技档案和商务档案并重。

三是,第三产业企业不直接生产物质产品,只提供服务,因而几乎没有生产制造活动,只有商务活动,因而其企业档案以商务档案为主体。这类企业主要有商店、银行、证券公司、保险公司、咨询公司等。

---

① 宫晓东.企业档案管理学.第1版.北京:高等教育出版社,1999.22页

第二节　商务档案的价值

商务档案之生命力的根基在于商务档案自身所特有的价值。商务档案的价值也是我们从事商务档案工作的意义所在。

商务档案的价值是指商务档案这一客体自身所具有的属性对社会主体（人们）需要的满足。我们这里所说的商务档案的价值是哲学意义上的普遍价值概念，它不同于政治经济学上商品的价值概念。

一、商务档案的价值形态

商务档案的价值形态，是指商务档案价值的一般表现形式。我们可以从不同的角度剖析和划分商务档案价值的形态。

1. 凭证价值与情报价值

根据商务档案价值的性质和效果，可分为凭证价值和情报价值。

(1)商务档案的凭证价值

俗话说："空口无凭，立字为证"，这里所说的"字"，往往是指文书或档案，在商务领域就是指商务文书或商务档案。商务档案的凭证价值，是商务档案不同于和优于其他商务信息的最基本特点。商务档案所以具有凭证价值，是由商务档案的形成规律和商务档案自身的特点所决定的。

首先，从商务档案形成的过程及结果来看，商务档案是从当时当事直接使用的商务文书转化而来的，并非事后人们为某种目的而特意编造的，它客观地记录了人们从事商务活动的真实情况，是令人信服的历史证据。例如，订货合同、收款票据等是微观经济主体在交易过程中产生的原始记录，它真实地反映了买卖双方的契约、行为和结果，具有无可置疑的证据作用。

其次，从商务档案本身的物体形态上看，商务文件上保留着真切的历史标记。有些商务档案材料的正文，就是当事人的亲笔手稿；不少商务档案材料上留有责任人和有关人员的亲笔签字，很多商务档案材料上盖有企业或个人的印信。例如，商务合同上留着签约方的印信和法人代表的亲笔签字，从而有力地证明了该份商务合同的可信性。

(2)商务档案的情报价值

商务档案的情报价值也称之为参考价值。商务档案不仅历史地反映了人们从事商务活动的过程，而且以商务知识原始载体的形式，凝结了人们从事商务活动的状况、创新成果以及经验教训，为人们今后从事商务活动提供参考和借鉴。例如，民国时期的上海市信用档案，为我们现在建立信用体系，开展信用档案工作提供了重要的参考价值，也为我们研究经济史提供了可靠的史料。

2. 第一价值和第二价值

(1) 第一价值

商务档案的第一价值是指商务档案对其形成者的价值,这是商务档案的原始价值。商务档案是其形成者在商务活动中形成的,反映的是形成者自身的商务活动,因此,商务档案首先必须对其形成者具有价值,否则它就不会产生,并被保存下来。第一价值是商务档案形成的原动力。

(2) 第二价值

商务档案的第二价值是指商务档案对社会(其形成者以外的其他组织和个人)的价值,这是商务档案的从属价值或拓展价值。现代企业制度下的企业是独立的法人实体,其商务档案在本企业的商务活动过程中产生,为本企业的商务活动利用服务,被视为企业内部的信息资源。但是,现代企业伦理理论、企业文化理论告诉我们:任何企业的现实追求都是获得利润,但其终极追求却是为社会创造价值。因而,企业的商务档案,从某种意义上说也是整个社会的财富,从长远来说,企业的商务档案对社会具有重要的价值。商务档案从微观的角度反映了社会经济的发展历史和商务活动的演变过程,是珍贵的经济史料,是一个国家、一个民族社会记忆的重要组成部分。例如,我国现存最早的纸质商标档案是北宋时期山东省刘家工夫针铺的"白兔"细针商标,其中心图案是一只白兔,四周刻有文字,基本上具备了现代商标的外形,说明北宋时期我国商标的发展已经日臻完善。这份商标档案对我们现在研究北宋经济史具有重要价值。

二、商务档案价值的体现

商务档案价值的体现是指商务档案价值具体的表现形式,即商务档案价值的实现领域和实现方式。也有人将档案价值的体现称为档案的作用。

1. 商务档案是维护企业合法权益的可靠法律凭证

市场经济是契约经济、法治经济。在商务活动过程中,某一方微观经济主体违背了契约,违反了法律,侵害了其他方的权益,就会受到法律的惩罚。发生经济纠纷时,受害方可以利用法律武器来维护自己的权益。司法必须以事实为根据,以法律为准绳。商务活动的"事实"就记录和反映在商务档案中。

2. 商务档案是企业经营管理活动的重要参考依据

现代市场竞争越来越激烈,企业要想在残酷的竞争环境下求得生存和发展,必须不断提高经营管理水平。掌握全面、系统、准确、及时的商务信息,是企业提高经营管理水平的重要前提。而商务档案储存了大量的商务信息,成为企业提高经营管理水平的重要参考依据。

企业制订和下达生产计划,要根据企业与客户签订的订货合同或客户寄送过来的订货单,统计总共的订货产品型号、数量。企业向客户发货,要按照订货合同中有关条款规定的时间、地点、支付方式进行。企业提高产品或服务质量,要参考客户、顾客反馈的顾客意见表或质量投诉书。企业选择合作伙伴,要考察对方的信用档案,了解对方的信用状况。企业要进行资产评估或会计核算,要凭借会计档案核算企业的应付款项和应收款项,要根据商标档案、专利档案等估算企业的无形资产。总之,离开商务档案,企业经营管理活动寸步难行。

3. 商务档案是企业无形资产的重要组成部分

无形资产是指企业长期使用但没有实物形态的资产,包括专利权、商标权、著作权、土地使用权、非专利技术、商誉等。商务档案是企业在各项商务活动过程中直接形成的具有保存价值的历史记录,是企业无形资产的重要组成部分。商务档案作为一种商务信息,具有知识属性,是企业重要的商务知识资源。许多法规、条例,已经将国有企业档案(包括商务档案)列入国有资产的管理范围。

4. 商务档案是知识管理的重要资源和工具

在知识经济时代,知识管理被认为是"21世纪企业管理新方向"。知识管理就是运用集体智慧提高应变和创新能力,为企业实现显性知识和隐性知识共享提供新的途径。其主要目标是在企业内促进知识共享,鼓励知识创新,实现知识增值,从而提高企业竞争力。商务档案在知识管理中的作用表现在以下方面:

(1)商务档案是企业显性知识的"沉淀容器"

知识可分为显性知识和隐性知识。显性知识是指记录在一定物质载体上的知识。隐性知识是指存储于人们大脑中的经历、经验、技巧、诀窍、灵感等尚未公开的秘密知识,或者是只可意会难以表达的知识。例如,我国一些企业进口零部件,并利用外国企业同样的仪器设备和操作方法来组装产品,产品质量却明显不如外国企业的原装产品,这就说明我国企业工人没有掌握隐性知识(操作技巧、诀窍等)。

商务档案作为企业活动的记录,凝结了企业员工在从事各项活动过程中获得的认识、体会、经验和教训,是企业显性知识的"沉淀容器"。正如IBM-Lotus公司在其企业知识管理软件产品白皮书中所说的:"文档是知识的容器,是已经物化的显性知识,其中蕴涵了大量本企业的知识财产。适时地、不受地域和组织形式的限制获得基于文档内容的知识,正是知识管理的一个主要目标。"

(2) 商务档案是隐性知识显性化的编码工具

知识连线有限责任公司的首席执行官荣·杨(Ron·Yang)说："显性知识可以说是'冰山的尖端'，隐性知识则是隐藏在冰山底部的大部分。隐性知识是智力资本，是给大树提供营养的树根，显性知识不过是树的果实。"也就是说，隐性知识是企业知识资源的主体部分。隐性知识往往具有独占性，是其他企业难以模仿和获取的，因此，隐性知识又构成企业知识资源的优势部分。可见，隐性知识是企业的核心知识资源，也是企业核心竞争力的源泉。但是由于隐性知识存储于企业员工个人的大脑之中，相对于显性知识来说，实现共享的难度较大。因此，促使隐性知识转化为显性知识是知识管理的一项重要任务。

要实现隐性知识的显性化，除了要建立一套有效的知识共享激励机制之外，还要对隐性知识进行编码化。知识编码化就是对知识进行输入、分类、标准化等一系列的加工和处理，使其便于公开、交流和共享。例如，将企业员工从事某一商务业务活动的体会通过系统化后，编制成一份业务指南；将企业价值观、企业伦理观、企业精神通过公开化后，编制成一本企业员工手册。这些业务指南和员工手册等都属于商务档案的范围，都是隐性知识显性化的成果。

(3) 商务档案是企业知识共享的主要媒介

知识管理强调知识共享。当知识不为人们所运用时，知识是没有价值的。当知识仅是员工个人的知识时，知识尚未成为企业集体的知识资源，而且知识的应用范围和价值实现十分有限。当每个员工都将自己的个人知识向企业其他员工公开，员工之间相互交流知识时，不仅企业集体的知识资源丰富了，员工个人的知识增长了，而且知识的应用范围和价值实现扩大了，知识创新更容易了。知识管理不仅仅提倡"知识就是力量"，更强调"共享知识就是力量"。

知识共享是通过信息(知识)交流、传递实现的。信息(知识)交流、传递的方式主要有两种：语言交流和书面交流。书面交流是指以文件、档案形式进行信息(知识)交流(注意此处所说"书面"不仅包括纸质文件、档案，而且在现代数字环境下更多是指电子文件、档案)。借助于现代信息技术的书面交流可不受时间、空间的限制，信息(知识)的传递速度快，传播范围广，不易发生信息(知识)损耗或失真，便于及时进行知识编码化。

(4) 商务档案是寻找知识专家的关键线索

企业在其活动过程中会遇到许多十分专深的问题，这时就需要请教知识专家。当企业组织结构庞大、员工数量众多时，企业管理者如何能知道企业内某一领域的专家是谁、在哪个部门呢？此时，商务档案就可以为寻找知识专家提供关键的线索。例如，在 IBMLotus 公司的知识管理软件中，对于每一份商务文档，知识管理系统都记录其作者、形成时间、修改时间、主题、利用者、利用次数等相关信息。如果某一商务文档利用次数很多的话,说明该份商务文档的知识含量较高,具有重要的价值。由此也可能推断出,该份商务文档的作者可能是一位有关该份商务文档主题的领域内的知识专家。而且,我们搜索某一主题的商务文档时,知识管理系统会自动显示出所有与该主题相关的商务文档,如果我们发现有关该主题的商务文档大部分是由某一位或几位企业员工撰写的话,我们几乎可以认定这一位或几位员工是有关该主题领域内的知识专家。

5. 商务档案是企业文化的重要体现和反映

企业文化有广义和狭义之分,广义的企业文化是指企业物质文化、行为文化、制度文化、精神文化的总和,狭义的企业文化是指以企业价值观为核心的企业意识形态。商务档案中的商标档案所记录的商标图案和文字说明,就是企业物质文化的一个反映。商务档案是企业家和企业员工在各种商务活动过程中形成和产生的,从内容到形式,都留有企业家和企业员工活动内容、行为方式、劳动成果等方面的烙印,从一个侧面反映了企业的行为文化。商务档案中的商务流程、员工手册、业务指南、职务说明书等规章制度方面的档案是企业制度文化的直接体现。商务档案记录了企业发展的历史轨道、近期目标和长远战略,这其中蕴涵了企业的价值观和伦理观,是企业精神文化的重要反映。商务档案中对外广告宣传档案更是企业物质文化、行为文化、制度文化和精神文化的一个综合的对外展示。

第三节 商务档案管理机构

做好商务档案管理,必须要有可靠的组织保证和人员保证。因此,企业必须建立有效运行的商务档案管理机构,配备一支高素质的商务档案管理人员队伍。商务档案是企业档案的重要组成部分,商务档案工作是企业档案工作的重要内容。商务档案由企业档案管理机构来管理。所谓商务档案管理机构实际上是指企业档案管理机构。

在现代企业制度条件下,企业是自主经营、自负盈亏、自我发展、自我约束的微观经济主体。商务档案管理机构的设置属于企业行为,因而企业有权自主决定本企业商务档案管理机构的形式。目前我国企业中的商务档案管理机构主要有以下三种类型:

一、企业档案室(馆)

在我国最常见的商务档案管理机构是企业档案室(馆),中小企业一般设立企业档案室,而大型企业则多成立企业档案馆。企业档案室(馆)是保存企业档案的基地,是集中管理企业各类档案的业务机构,是企业档案信息收集存储和开发利用的中心。

企业档案室(馆)是企业的内部组织机构,由企业一名高层领导(副总经理、副厂长或总工程师)负责,经费、人员均由本企业负责。企业档案室(馆)只收藏和管理本企业的档案,其服务对象也主要是本企业,特殊情况下企业外的组织或个人经本企业同意也可利用企业档案室(馆)的室(馆)藏档案。另一方面,企业档案室(馆)也是我国重要的基层档案管理机构,它与我国的机关档案室共同构成了我国档案事业的基础。

二、企业信息中心

对于没有设立企业档案馆的企业,也可设立企业信息中心来管理商务档案。档案作为企业的信息资源的一种,同企业的图书情报信息有着非常密切的关系。传统的企业信息管理各自为政,企业内部档案信息管理系统与图书情报信息系统无行政和业务联系,双方分别在各自的职责范围内活动。这种有分工、无合作的企业信息管理模式,容易造成信息管理工作的重复,人财物资源的分散,商务信息分散、重叠、不全面、不系统等弊病。

企业信息中心就是企业图书、情报、档案"三位一体"的信息收集、保管和利用基地。它是以企业档案信息为主体,兼容图书情报信息,并对这些信息进行统一管理,有效开发和利用,最大限度地实现其经济效益和社会效益。采用企业信息中心这种模式,有利于档案、图书和情报的优势互补,形成整体提高的格局,也可在一定程度上节省人力、财力和物力,避免不必要的浪费。

企业信息中心也是企业的内部组织机构,由一名企业高层领导负责,其人员、经费由企业负担。企业信息中心除了收集和管理企业图书情报信息,也收藏和管理本企业的档案,其服务对象主要是本企业,特殊情况下企业外的组织或个人经本企业同意也可利用企业信息中心收藏的企业档案。

相对于企业档案室(馆)来说,企业信息中心有鲜明的特点:第一,有利于全面收集企业的各种商务信息、资料、数据,建立系统的企业数据库或企业知识库。第二,企业信息中心汇聚了企业内外各方面的信息,有利于进行信息综合分析。第三,有利于运用先进的技术和手段进行信息集成管理。

以企业信息中心作为商务档案管理机构,适用于信息化程度较高,档案、图书和情报工作标准化程度较高,信息人员具备较高的信息集成管理能力的企业。

三、商业性档案服务机构

企业档案室(馆)和企业信息中心都属于企业内部组织机构。为了保证其有效运行,企业需要花费较大的人力、财力、物力资源。企业为了提高其产品或服务的市场竞争力,必须尽量降低各种管理成本。因此,顺应建立一种更为经济、实用、高效的商务档案管理机构的需要,就出现了商业性的档案服务机构。在国外,比较流行的是商业性文件中心。在我国最近也出现了"档案事务所"、"档案寄存中心"之类的组织。

商业性档案服务机构不是企业内部的组织机构,而是企业外具有独立法人地位的一种营利性的服务企业。它运用专门化的管理方法和技术为各种企业管理档案,为企业节约了管理档案的人力、财力、物力资源,并为企业提供高质高效的档案服务。商业性档案服务机构通过向各企业收取寄存费获取利益。

企业寄存的档案,其所有权仍归企业,对其进行任何处置都要经企业同意。未经企业同意,商业性档案服务机构不得将其档案提供给其他组织或个人利用,更不得泄露企业档案中所包含的商业秘密。

商业性档案服务机构在代理商务档案管理业务时一般具有以下特点:第一,通过签订协议规范双方行为。即根据国家有关法律法规,本着双方自愿的原则,签订寄存商务档案协议书,明确双方的权利与义务。第二,从业人员应持证上岗,能够向社会提供专业化、规模化的档案管理服务。第三,符合经济、高效、精简和节约的原则,能够将一些企业"小而全"、"大而全"的档案管理模式向集约化、社会化、规模化的管理模式转化,大大提高对人财物资源的有效利用。

委托商业性档案服务机构管理商务档案,主要适用于规模较小或不具备保管本单位商务档案条件的企业(主要是指私营企业或"三资"企业)。此外,国有企业改制过程中,改制之后档案归属不清或破产企业的商务档案也可交由商业性档案服务机构管理。

第四节 商务档案管理的基本理论

现代档案来源广泛,数量庞大,种类繁多,内容复杂,载体多样,形式不一,需要有一套科学的理论系统指导,才能对其进行有效管理,使之方便利用,以充分发挥其价值。商务档案是档案的一种,普通档案管理的基本理论同样也适应于商务档案,掌握普通档案管理的基本理论是我们从事商务档案管理的必要知识准备。但商务档案相对于普通档案也有其个性,因此,我们在运用普通档案管理的基本理论时也应根据商务档案的特性做一些修正、调整和灵活处理。

一、文件生命周期理论

文件生命周期理论是档案学的一个基本理论,"它是研究文件从最初形成到最终被销毁或永久保存的整个运动过程、研究文件属性与管理者主体行为之间关系的一种理论,是对文件——档案运动过程和规律的客观描述和科学抽象。"[①]

1. 文件生命周期理论的基本内容

(1)文件运动的整体性

文件运动的整体性是指文件从其形成到销毁或永久保存,是一个完整的运动过程。

首先,这里所说的文件是一个广义概念。狭义的文件是特指现行文件,即正在承办或现行处理的文件。当文件办理完毕或是针对的活动结束或暂时告一段落以后,文件使命即告结束并转化为档案。狭义文件观强调文件与档案是不同性质的事物,是并列的同一层次的概念。而文件生命周期理论则认为文件是一个广义的概念,泛指人类社会实践活动中直接产生和使用的一切信息记录,无论其载体形式和记录方式如何。与狭义文件观相反,文件生命周期理论把文件视为一个集合概念,强调现行文件(狭义文件)和档案(即非现行文件)都只是广义文件运动过程中的某一特定阶段的代称,都是广义文件的组成部分。文件和档案是同一事物在不同运动阶段上价值形态变化的体现。广义文件观告诉我们,商务文书是现行商务文件,商务档案是非现行商务文件,两者本质上是处于两个不同运动阶段的同一事物。

其次,文件运动现象如同生命现象一样,从其最初形成到最终归宿(被销毁或长久保存)是一个生命周期——完整的运动过程。最初,商务文书由形成者产生或收到、保管和频繁利用;然后,由于商务文书对形成者的偶尔第一价值或对社会的潜在第二价值,被送到企业内部的企业档案室(馆)或企业外的商业文件中心保存一定时期;最后,当商务文书的第一价值完全丧失后,除具有第二价值的商务档案(针对国有企业的商务档案而言)移交到国家档案馆永久保存外,其他的一概销毁。

(2)文件运动的阶段性

文件运动的阶段性是指由于文件价值形态的变化,文件运动的这一完整

---

① 冯惠玲,张辑哲. 档案学概论. 第 1 版. 北京:中国人民大学出版社,2001. 210 页

过程可划分若干阶段。首先,文件的整体运动过程具有阶段性特征。文件从其形成到被销毁或永久保存的整体运动过程并非一成不变,相反呈现出明显的阶段性变化。我们可将商务文书的运动过程分为三个阶段:现行阶段、半现行阶段和非现行阶段。现行阶段就是商务文书阶段;半现行阶段即是处于企业档案室(馆)的商务档案阶段;非现行阶段属于处于国家档案馆的商务档案阶段。

第二,文件在运动过程的各阶段上呈现出不同特点。在现行阶段,商务文书的现行作用(第一价值)十分突出,企业日常商务活动过程中需要频繁利用商务文书,一般保存在商务业务人员或商务文书处理人员的办公室内。在半现行阶段,商务文书的现行作用开始逐渐降低,此时需有一个场所来检验商务文书是否具有长远作用(第二价值),过早销毁不太适宜,保存企业档案室(馆)或商业文件中心比较适宜。在非现行阶段,商务文书第一价值基本丧失,其中大多数商务文书因没有长远作用而被销毁,少量具有长远作用的则被移交到国家档案馆保存,以便于社会公众利用。

第三,引起文件阶段性变化的根本原因是文件价值形态的规律性变化。商务档案价值按其服务对象可分第一价值和第二价值。第一价值是指商务档案对其形成者的价值,第二价值是指商务档案对社会公众(形成者以外的其他组织和个人)的价值。商务档案在其生命运动过程中,这两种价值发生着有规律的变化,即首先实现第一价值,然后第一价值逐步递减,第二价值逐步递增,最终实现从第一价值向第二价值的转化。在商务文书形成之初,商务文书第一价值突出,商务文书处于现行阶段;随着时间推移,商务文书第一价值逐渐淡化,有些商务文书的第二价值开始显露,商务文书运动变化到半现行阶段;最后,大部分商务文书的第一价值彻底丧失,因没有第二价值而被销毁,而只有少部分商务文书在第一价值彻底丧失后第二价值才突出起来,因而被送到国家档案馆永久保存。正是商务文书价值形态的这种规律性变化,使得商务文书运动呈现出明显的阶段性特征。

(3)文件运动过程中各种因素的内在关系

文件运动过程中各种因素的内在关系是指文件在每一阶段因其特定的价值形态而与服务对象、保存场所和管理形式之间存在一种内在的对应关系。

首先,文件在每一阶段的特定价值形态对应于相应不同的服务对象、保存场所和管理方式。第一价值决定了商务文书必然以其形成者为首要服务对象,当第一价值旺盛时,为了满足企业日常商务活动过程中频繁的利用和需要,商务文书适宜保存在企业商务业务人员或商务文书处理人员办公室中,企业也愿意为此花费必要的人、财、物资源。但随着第一价值逐渐衰减,企业的利用需要逐渐淡化，此时企业便感到自行保管这些半现行商务文书的沉重负担，但半现行商务文书残留的第一价值使企业希望能有一种既能满足自身利用需求、又能检验文件是否具有第二价值的保管机构。国外的商业性文件中心和我国的企业档案室（馆）都是这种过渡性机构。最后，第一价值丧失又没有第二价值的商务文书就被销毁，而显现出第二价值的商务文书则会冲破企业的狭小范围，转而为社会公众服务，在更大范围发挥作用，所以应将其移交至国家档案馆长久保存。

其次，各阶段文件服务对象、保管场所和管理方式等方面的变化只不过是文件运动不同阶段的外在表现，只有价值形态的变化才是其内在决定因素。商务文书经过现行、半现行、非现行三个阶段转化为商务档案；从办公室过渡到企业档案室（馆）或商业性文件中心，最后被移交到国家档案馆。其根本原因都在于商务文书的价值形态在发生着有规律的变化。

2. 文件生命周期理论的理论与实践意义

第一，文件生命周期理论准确地揭示了文件运动的整体性和内在联系，为文件的全过程管理奠定了理论基础。文件生命周期理论表明，商务文书从最初形成到最终被销毁或移交档案馆永久保存是一个连续发展的完整运动过程，这一整体过程尽管由于文件价值形态的变化表现出明显的阶段性特征，但各阶段之间存在紧密联系。这种联系表现在各阶段文件的内容、物质形态、基本属性相同。这说明各阶段文件虽具有各自不同的价值形态，对社会具有不同的具体作用，但这只不过是同一事物的不同发展阶段。"文件生命周期理论正是通过准确揭示文件的整体运动过程及其内在联系，启示人们必须尊重这种整体性和内在联系，对文件的完整运动过程实施全面和系统的管理，以使各阶段的文件都得到有效的控制。"[1]

第二，文件生命周期理论准确地揭示了文件运动的阶段性变化，为文件的阶段式管理奠定了理论基础。文件生命周期理论在强调文件运动整体联系的同时，也准确地揭示了文件整体运动过程的阶段性变化，指明各阶段上的文件由于价值形态的变化而导致了服务对象、保管场所和管理方式等方面表现出明显的差异。它要求人们必须尊重各阶段文件的区别，针对价值形态的变化，对文件整体运动过程实施阶段式管理，从而为各阶段文件找到最适宜的保管场所和管理方法。

在商务文书经历的现行、半现行和非现行三个阶段中，现行商务文书由商务业务人员或商务文书处理人员负责管理；非现行商务文书中显现出第二价

---

[1] 冯惠玲，张辑哲.档案学概论.第1版.北京：中国人民大学出版社，2001.213页

值的部分移交到国家档案馆永久保存,由档案馆人员妥善保管;对于半现行商务文件的管理,我国大多是设立企业档案室(馆)作为保管机构,由企业档案室(馆)人员负责管理;而国外大多数国家效仿美国建立了商业性文件中心或类似机构。

第三,文件生命周期理论准确地揭示了文件运动过程的前后衔接和各阶段的相互影响,为实现从现行文件到档案的一体化管理,为档案部门或人员对文件进行前端控制提供了理论依据。文件生命周期理论表明,从现行商务文书到商务档案是一个连续统一、前后衔接的运动过程。它要求必须把从现行商务文书到商务档案的管理看成是一个系统工程,采取统一的工作制度、程序和方法来控制各有特点却始终相互关联和前后衔接的整体过程。文件生命周期理论还表明,现行商务文书的管理质量直接决定着商务档案管理的成败。它要求商务档案部门或人员必须积极进行商务文书的前端控制,从而确保商务档案自身及管理质量,避免重复劳动。

二、事由原则和来源原则

商务档案的分类是商务档案管理的核心工作环节,也是商务档案开发利用的前提条件。档案分类整理的基本原则和方法,一直是档案学研究的首要问题。档案分类整理的基本原则主要是事由原则和来源原则(全宗原则)。

1. 事由原则

事由原则是指档案馆按档案的内容主题对档案进行整理的原则。它的特点是以相关事由为依据建立档案之间的逻辑联系,故又称之为"相关原则"。事由原则有着悠久的历史,在来源原则产生之前它是古代档案整理的基本原则。世界档案史上曾出现过两种比较著名的以事由原则为核心的档案分类方法:一是卡缪-多努分类法,二是杜威十进位分类法。

1789年法国建立了国家档案馆。其第一任馆长阿曼·加斯东·卡缪和第二任馆长皮埃尔·多努在馆藏分类上沿用了古代的事由原则。他们制订了以事由为分类依据的整理方案。卡缪把馆藏档案分为四大类,分别用A、B、C、D四个字母作为类别代号。后来多努针对档案内容的不断丰富,又增加了20个主题类别使分类方案中的类别一共为24个。卡缪-多努分类法在法国国家档案馆应用了50余年,逐渐暴露出弊端。首先,同一机关形成的档案进馆后往往被分割得七零八落,无法保持同一机关档案的整体联系。其次,由于档案内容繁杂,档案馆设定和归纳主题类别非常困难。即使从4类增加到24类,卡缪-多努分类法也难以完全概括馆藏档案的所有内容,"无类可归"和"无以归类"的现象大量存在。再次,事由分类法也并不能为利用者查找档案提供特别便利。因为一份多主题文件具有多种归类的可能,利用者往往不知道查找的途径,或者在预想的主题类别下根本找不到目标档案。

1876年,美国著名图书馆学者麦尔威尔·杜威正式发表了"十进位分类法"。其实质在于,把当时人们的全部知识归纳成九个大类,将所有图书按其内容和性质归入这九大类,把不能归入九大类的图书设计了一个总类,这样就构成了十大类。以十进位,每个大类再依次划分为十个部类;每个部类再分为十个属类。每一个级别的十个类都用0到9的阿拉伯数字来表示。大类用百位数,部类用十位数,属类用个位数。在个位后面加个小数点,还可以继续细分下去。杜威十进位分类法类目属种关系清楚,层次分明,标记简单,易于掌握,自创立以来被广泛用于图书分类和管理。19世纪后期,杜威十进位分类法被引进档案管理领域。十进位分类法因每类只限制在十位类内,过于死板,不适用于成分复杂的档案的分类整理。而且,十进位分类法不是从档案的自身特点出发,而是从非历史的、抽象的、人为的事由(内容主题)出发对档案进行分类,损害了档案作为历史记录的功能。

2. 来源原则的基本内容

来源原则是当前世界各国公认的档案管理基本原则。国际档案理事会最新修订的《档案术语词典》将"来源"界定为"向文件中心或档案馆移交文件之前,在事务活动过程中形成、保管或利用文件的组织或个人"。"来源原则指的是档案馆按照档案的来源进行整理和分类,要求保持同一来源的档案不可分散,不同来源的档案不得混淆的整理原则。"[①]来源原则的基本内容包括:

(1) 尊重来源

尊重来源是指档案馆首先应按照来源标准整理档案,保持档案与其形成者之间的来源联系。档案作为特定机关、组织或个人在社会实践活动中直接形成的产物,在产生和处理过程中会形成多方面的历史联系,诸如来源联系、时间联系、内容联系和形式联系等等。其中档案与形成者之间的来源联系是首要联系,也是最根本的联系,因为只有在明确档案形成者的前提下,揭示档案的内容、时间和形式联系才有意义,才能全面深刻地反映形成者的活动原貌。实践证明,馆藏来源众多的档案馆只有首先划清来源的界限,才能将档案与其特定形成者及其活动对应起来,确保档案作为原始记录的这一本质属性。

(2) 尊重全宗的完整性

尊重全宗的完整性是指一个全宗是一个有机整体,整理档案必须维护全宗的完整性,做到同一全宗的档案不可分散,不同全宗的档案不得混淆。来源

---

① 冯惠玲,张辑哲. 档案学概论. 第1版. 北京:中国人民大学出版社,2001. 197页

原则以尊重来源为基础，又进一步提出了尊重来源的实现途径——全宗。来源原则指出，同一来源的档案组成一个全宗，全宗是特定机构和个人活动中形成的档案整体，这一整体具有内在的有机联系。整理档案必须尊重全宗的独立性和维护全宗的完整性。这就要求，在档案馆内每一个全宗都应独立保存，同一全宗的档案不能分散和割裂，不同全宗的档案也不能混杂在一起。

(3) 尊重全宗内的原始整理体系

尊重全宗内的原始整理体系是指全宗内的档案整理必须充分利用原有的整理基础，尊重全宗在形成机关获得的原始整理顺序和方法，不宜轻易打乱重整。一般来说，全宗在形成机关都是经过一定整理的，形成了较为固定的原始整理顺序和标记。实践证明，形成机关的文书和档案人员对档案的形成过程和特点最为了解，他们构建的原始整理体系才能最大限度地揭示档案形成的历史联系和历史原貌。因此档案馆对全宗内档案的整理应充分利用原有基础，这样不仅可以避免重复劳动，而且有利于保留档案形成和整理的本来面目，更好地实现档案作为社会实践活动原始记录的功能。

3. 来源原则的理论意义和实践价值

来源原则从 20 世纪初起就被国际档案界公认为档案专业的基本原则。它具有重要的理论指导意义和深刻的实践应用价值。

第一，来源原则从历史主义思路出发，充分体现了档案形成的历史联系，为档案馆馆藏的实体分类整理提供了合理的客观依据。历史主义是人类认识事物和把握世界的一种方法，主要是依据事物的现实存在状态对事物进行划分，实质是对真实的客观事物的一种直接认定。来源原则就是历史主义方法运用于档案实体管理的具体体现，因为它从实实在在的档案形成过程和特点出发，认清了档案与其形成者之间的来源联系在档案诸多历史联系中的首要地位，从而以这种根本联系作为馆藏档案整理和分类的依据。来源原则在实施具体整理时，将源自同一形成者的档案组成一个全宗，并以全宗作为档案实体整理和分类的基本单元，一个全宗就是一个客观的类。这不仅为馆藏实体分类确立了真实可靠的立足点，避免了逻辑主义分类方法具有的种种局限，而且为人们提供了清晰的指导思路和基本的客观性类别单位——全宗，使原本就异常复杂的档案实体分类变得十分简单易行。

第二，来源原则有力地维护和保持了档案的本质属性，成为档案分类中的至善原则。来源原则的核心思想就是强调同一全宗的档案不能分散，不同全宗的档案不得混淆。这一思想既是档案本质属性的必然要求，也是其管理的必然结果。我们知道，档案作为特定机关、组织和个人社会实践活动的历史记录，其本质属性就是原始记录性；并且原始性与记录性是有机统一的，不能割裂。这是因为,档案一方面是形成者在其社会实践活动中直接产生的,不是事后编写或另外加工处理而成的,因此具有明显的原始性;另一方面又是形成者社会实践活动的记录材料,因此又具有很强的记录性。只有将原始性与记录性有机地统一,才能将档案与文物、图书、资料等相近事物真正区别开来,才能找到档案固有的特征和性质。来源原则规定同一全宗的档案不得分散,其实质就是保证了档案与其形成者之间对应关系的惟一确定性。档案作为特定形成者活动的直接产物,只有将同一形成者的档案集中保存,才能全面、真实地反映该形成者活动的历史原貌,否则就会破坏档案形成过程和特点的客观真实性。

4. 事由原则和来源原则在商务档案管理中的具体运用

前面讲述的事由原则和来源原则主要是针对普通档案的分类而言的。我们在商务档案的分类过程中,应根据商务档案相对于普通档案的自身特性,对事由原则和来源原则进行灵活运用和适当调整。

(1) 商务档案是企业档案全宗不可分割的组成部分

我国档案管理实践采用"全宗理论"贯彻来源原则。所谓全宗,从字面上解释即是全部卷宗、全部案卷、全部档案。我国国家行业标准 DA/T1—92《档案工作基本术语》将全宗定义为:"一个国家机构、社会组织、个人形成的具有有机联系的文件整体,是档案馆档案的第一层分类、管理单位。"可见,一个具有独立法人地位的企业的全部档案构成一个全宗。

一个企业的商务档案是其全部企业档案的重要组成部分,因而,一个企业的商务档案是其企业档案全宗的组成部分。全宗具有不可分散性,因此我们任何时候都要维护企业档案全宗的完整性,不可将商务档案从其企业档案全宗中分割出来单独保管。

(2) 合理划分企业档案全宗

所形成的全部档案构成一个全宗的国家机构、社会组织或个人,我们称"立档单位"或"全宗构成者"。全宗是对于档案而言的,立档单位是对于档案形成者而言的。并非所有企业组织都可以成为一个立档单位,一个企业是否能成为一个立档单位,主要要看这个企业是否取得独立的法人资格,是否属于独立经营的经济核算实体。值得注意的是,某些大型企业的部分下属二级单位,虽不是独立的法人,但实际运作中经委托能相对独立地以自身的名义参与一定的经济活动,是相对独立的经济实体,并有一套相对完整的内部管理机构,在这种情况下也可将其作为单独的立档单位。

由于市场经济体制的建立和现代企业制度的完善,企业改制、重组、合并、兼并现象十分普遍,在此过程中立档单位的确立,企业档案全宗的划分需要视

情况而定。归纳起来,主要有以下几种情况:

第一,在企业兼并中,如果甲企业被并入乙企业,那么甲企业在新的阶段不再成为一个立档单位,其原有企业档案仍作为一个全宗保留;乙企业则继续作为一个立档单位,其企业档案全宗可在兼并前后保持不变,仍属同一个全宗。

第二,如果甲企业和乙企业合并,成立一个新的丙企业,那么甲企业和乙企业在新的阶段都不再成为立档单位,其原有企业档案仍分别作为单独的企业档案全宗保留;丙企业则成为新的立档单位,建立新的企业档案全宗。

第三,在松散型的企业集团中,集团内各企业保持着独立的法人地位,所以其档案仍按所属企业来建立全宗。集团内有多少个具有法人资格的企业,就有多少个立档单位,就建立多少个企业档案全宗。集团总部也可单独构成一个立档单位,建立企业集团总部档案全宗。

第四,在紧密型的企业集团中,如果仅有企业集团本身具备独立法人地位,就只构成一个立档单位,其档案就只形成一个全宗。如果集团内各成员单位还保留着原来的法人地位,则各个成员单位仍单独成为立档单位,其档案仍各自构成企业档案全宗。

第五,企业更换名称、变动隶属关系、迁移地址、暂时停止生产经营活动、调整生产经营范围等情况,均属于非根本性的变动,所以不构成新的立档单位,其档案仍应属于原来的同一全宗。

由于商务档案是其所属企业档案全宗不可分割的组成部分,所以在全宗划分变动过程中,商务档案与其所属原企业档案全宗一起变动。

(3)在一个企业档案全宗中依然可以按事由原则对商务档案进行分类

事由原则和来源原则都主要是指档案馆对档案进行整理和分类所采取的原则和分类。档案馆的馆藏档案来源于许多不同的形成者,所以如果按事由原则管理档案,就会将来源同一个形成者的档案拆散归入到许多按主题组合的类别中去,从而割裂了档案之间的来源联系,损害档案的历史原貌。反之,如果按来源原则管理档案,就会最大限度维护档案之间的有机联系,保证同一形成者的档案的完整性。

全宗是档案馆馆藏档案分类的第一级基本单元。一个全宗的档案往往数量巨大,在全宗之内还需要对档案进行分类。而全宗内档案的分类既可以按来源(档案形成者的内部组织机构)标准划分,也可以按事由(档案的内容主题)标准来划分。全宗内档案按主题整理,是在遵循来源原则的前提下对全宗内档案进行细分,既尊重了按历史主义方法管理档案的客观需要,又尊重了人们对事物进行逻辑分类的思维习惯。在我国,主题(内容)分类法也一直是全宗内档案分类的一种重要分类方法。

商务档案在企业档案全宗内按事由（内容主题）分类，不仅有利于人们按问题检索利用商务档案，而且也是适应商务档案专业性强的特点的需要。就商务档案整体而言，它属于专业档案的范围，商务档案所包括的会计档案、合同档案、商标档案、专利档案、信用档案等都是专业性很强的档案，而事实证明，在全宗内对专业性强的档案按事由进行整理和分类是简单易行的。

(4) 企业档案室（馆）和国家档案馆采用来源原则的差异

一般来说，企业档案室（馆）属于企业内部组织机构，其室（藏）档案只有一个来源机构——本企业自身。也就是说企业档案室（馆）的室（藏）档案都属于同一企业档案全宗，因此企业档案室（馆）工作过程中较少存在全宗划分问题。但是，对于企业集团或大型企业的企业档案室（馆）来说，如果该企业集团或大型企业下属的一些成员单位（二级企业）具有独立法人地位，这些成员单位可以独立成为一个立档单位，其档案可以形成单独的全宗，这时，企业档案室（馆）就需要按来源原则来组织室（馆）档案。

而对于各类各级国家档案馆来说，其馆藏档案来源很多，因此其保管的全宗也很多。所以国家档案馆接受国有企业档案以后，必须严格按来源进行划分全宗，不可将属于一个企业档案全宗分散保管，或与其他全宗混淆一起保管。

三、档案价值鉴定理论

商务档案价值鉴定是指对商务档案价值的评价和预测，从而决定商务档案的存毁和保管期限。商务档案价值鉴定是决定商务档案存亡命运的基本手段，是解决商务档案数量飞速增长，提高商务档案管理效益的科学措施。

1. 商务档案价值鉴定的原则

(1) 从企业自身利益和社会整体利益出发去衡量商务档案的价值

国有企业的商务档案，首先是企业所有的财产，根据国家有关档案法规，其商务档案在本企业保存一段时间以后，要向国家档案馆移交，成为国有财产。国有企业的商务档案具备对企业自身的第一价值和对社会的第二价值；非国有企业的商务档案是企业所有的财产，不是国有财产，但是它除了具备对企业自身的第一价值外，仍然具备对社会的第二价值。所以，我们鉴定商务档案的价值，既要从其对企业自身利益出发，又要从社会整体利益出发来考察。这是我们鉴定商务档案价值的总的指导思想，也是商务档案价值评价的基本标准。

(2) 全面的观点

第一,全面地分析商务文书的各方面特征,从商务档案的来源、内容、形成时间、文本等方面综合判定商务档案价值。第二,全面地把握被鉴定商务档案与其他商务档案的联系。商务档案是具有有机联系的文件整体。一个企业、一次商务活动中形成的商务文书之间具有密切的有机联系,是一个不可侵害的整体。因此,不能孤立地判断单份商务文书的保存价值,只有在一定范围内将有关商务档案材料联系起来,才能准确理解其中每一件商务档案的内容、形成过程和发挥的作用。第三,全面地预测社会对商务档案利用的需要。鉴定商务档案价值时,既要考虑企业的利用需要,也要考虑社会的利用需要;既要考虑当前的利用需要,也要考虑长远的利用需要;既要考虑人们日常经营管理活动、商务活动对商务档案的利用需要,也要考虑人们进行企业史研究、经济史研究等对商务档案的利用需要。

(3) 历史的观点

鉴定商务档案价值,特别需要把握它是历史记录这一本质,它的形成总是同一定的社会历史条件相联系的,当时是怎样进行活动的,商务档案就是怎样记录的。因此,分析商务档案的价值必须把商务档案置于它所形成的历史环境中去具体分析商务文书的内容、形式、形成过程以及商务文书之间的相互关系,并结合现实需要考虑商务档案的价值。

(4) 发展的观点

保管商务档案是一项维护历史的行为,同时也是一项面向未来的工作。我们鉴定和保存好商务档案,既功在当代,又惠及子孙,所以鉴定商务档案的价值不能"近视眼",而应瞻前顾后,要有发展的眼光,既要看到当前的作用,也要看到将来的需要。

(5) 效益的观点

所谓效益的观点是指在分析商务档案价值时要考虑到收益与付出之比,只有当商务档案实现价值所获得的收益超过因保存商务档案所付出的代价时才判定其具有保存价值。保存商务档案需要库房、设备、装具、能源、人员等多种费用,越是保管期限长的商务档案所需费用越高。对于企业来说,为了获取更大利润,增强企业竞争力,必须千方百计降低生产成本、管理成本。

2. 商务档案价值鉴定的标准

为了保证鉴定工作的质量,提高鉴定结论的客观性、正确性和可靠性,必须明确商务档案价值鉴定标准,为鉴定人员提供鉴定尺度。

(1) 商务档案来源标准

商务档案的来源是指商务档案的形成者。商务档案形成者在社会上以及企业内的地位、作用和职能可以影响甚至决定商务档案的价值。企业在鉴定商务档案时,应注意区分不同的作者。一般说来,各企业应该主要保存本企业制作的商务文书,对于外来商务文书,则应在分析来文单位与本企业的关系以及来文内容与本企业商务活动的关系后再做评价。通常情况下,与本企业有商务往来的企业的来文比与本企业没有商务往来的来文价值要大;针对本企业主要经营领域的来文比非企业主要经营业务的来文价值要大。在本企业制作的商务文书中,具体的撰写者、制发机构也对商务档案价值产生影响。企业领导层、决策机构、营销部门等制发的商务文书大多比较直接地反映本企业的主要商务活动和基本情况,因而具有长久保存价值的商务文书比例较高,而一般内部管理机构、后勤机构及某些辅助性机构中具有长久保存价值的商务文书比例则较低。

(2)商务档案内容标准

商务档案的内容是决定商务档案价值最重要、最本质的因素。这是因为人们对商务档案最普遍、最大量的需要来自商务档案的内容,即商务档案所记载的事实、契约、现象、数据、经验、结论等。当这些内容能够解决利用者的某种疑难,满足利用者某种需要时,便构成了商务档案的某种价值。对商务档案内容的分析要着眼于以下三个方面:

一是,商务档案内容的重要性。一般来说,反映企业主要商务活动的商务档案比反映一般性事务活动的商务档案重要;反映全面性问题的商务档案比反映局部问题的商务档案重要;反映企业经营管理活动、中心工作和基本情况的商务档案比反映非主要经营管理活动、日常工作和一般情况的商务档案重要;反映典型性问题的商务档案比反映一般性问题的商务档案重要。

二是,商务档案内容的独特性。内容独特、新颖的商务档案对利用者富有吸引力,具有较高的价值,在鉴定某全宗企业档案时,应对具有本企业特色的商务档案特别给以重视。如记述本企业特殊商务活动、特色产品或特色服务的商务档案,反映企业进行商务活动创新的档案,等等。商务档案内容的独特性还包括最大限度地减少馆藏商务档案重复现象的含义。商务档案的重复性大致分为两种情况:一种是重份商务文书,即同一商务文书的多份存留,在鉴定时一般应该剔除多余的重份商务文书。另一种重复是商务文书内容重复,即某份商务文书的内容在其他商务文书中被包容或涉及。例如,企业财务报表中年度报表和企业营销年度总结都概括了季度报表的内容。

三是,商务档案内容的时效性。商务文书作为处理商务活动、记录事实、传递信息的手段,在业务上、法律上具有一定的时效性。根据商务文书内容的不同,其有效期的长短以及对商务档案价值的影响程度也不相同,有的因现行效用的消失而改变商务档案价值的形态,也有的可使商务档案价值量发生变化,甚至消失。例如,契约、合同、协议等法律方面的文书通常在有效期及法律规定的起诉时效期内十分重要,超过此期限后便相对降低。

(3)商务档案的形式特征标准

商务档案的形式特征是指商务文书名称、责任者、形成时间、载体形态、记录方式等。在某种情况下,这些形式特征对商务档案的价值产生影响。一是商务文书的名称。商务文书的不同名称具有特定的性能和用途,因而可以在一定程度上反映出商务文书的价值。一般说来,计划、总结、合同等往往用于反映企业商务活动的规划、概况和主要业务活动,具有重要性,价值较高;而一般商务会议通知、普通客户咨询来函、商务请柬等往往用于处理一般事务,价值较低。二是文本。同一文件在撰稿、印制过程中形成各种稿本,如正本、副本、草稿、定稿等。不同稿本的文件,在执行效能、凭证作用等方面是有区别的,因此价值亦不相同。正本具有标准的格式,有企业的印章或法人代表的签署,是企业商务活动的依据,具有法定的效能和凭证作用,可靠性大,其价值也大一些。副本、草稿的可靠性差一些,价值也小一些。

思考与练习

1. 如何理解商务档案的涵义和属性?商务档案与商务文书有何联系与区别?
2. 如何理解商务档案的凭证价值和情报价值,第一价值和第二价值?
3. 试分析商务文书的生命运动过程。
4. 在商务档案管理中如何运用事由原则和来源原则?
5. 试分析商务档案价值鉴定的原则和标准。

第十章　商务秘书会议管理工作

会议是指三人以上聚拢在一起讨论和解决问题的一种活动形式。人们通过会议交流信息、集思广益、研究问题、决定对策、协调关系、传达指示、布置工作、表彰先进、鼓舞士气等。会议的筹备和管理工作的好坏,直接影响到会议的效果。

第一节　会议工作概述

会议是人类群体有组织的会晤、议事行为或过程。它是指三人以上共同参与,以一定的方式聚合在一起,目的是为了议事,通过会议解决各种问题。这种行为和过程是有组织、有目标、有规则、有秩序、有领导的。

一、会议的构成要素

会议的要素,即会议的组成因素,它可分为基本要素和其他要素两大类。会议基本要素,即所有会议必有的,包括:目的、时间、会址、主持者、组织者、与会者、议题、议程。会议其他要素,即可供选择的、并非为所有会议所共有的要素,包括:名称、服务机构、秘书机构、经费、文件材料、专用设备工具、各种消耗性材料等。

二、会议与会见、会谈的区别

(1)对象不同

会议可以是内部的也可以是涉及外部的。而会见、会谈的对象一般是组织外部的,并与本组织有关的人员。

(2)内容不同

会见的内容礼节性、事务性较强,会谈的内容经济性、利益性较强。而会议的内容涉及面要比会见、会谈宽泛得多。

(3)功能不同

会见主要是为了加强双方的关系,处理事务。会谈就是指双方或多方为了消除分歧、改变关系而交换意见,为了谋求共同利益或契合双方利益而互相磋商的行为和过程。人们通过会议可以达到交流信息、集思广益、研究问题、决定对策、协调关系、传达指示、布置工作、表彰先进、鼓舞士气等目的。

三、会议的主要种类

根据不同的标准,可以将会议划分为许多种,比较有实际应用价值的划分主要是:

(1)按组织类型可分为内部会议和外部会议,正式会议和非正式会议。内部会议,指在企业内部工作人员之间举行的会议;外部会议,指在企业内部和外部的人员之间举行的会议;非正式会议,可以有或没有议程和会议记录,并且可能以会议笔记或备忘录的形式记录;正式会议,经常牵扯到法律问题,该种会议议程和会议记录作为正式会议档案一直保留。这类会议往往需要确定多久举行一次并规定有关会议通知的内容和发送的时间、方式。

(2)按时间方面的规定性可分为定期和不定期两类。

(3)按出席对象可分为联席会(由若干单位共同召集并参加)、内部会、代表会、群众会等。

(4)按功能性质可分为决策性(必有决议、决定)、讨论性、执行性(分配工作、布置任务、执行政策)、告知性(发布会、说明会)、学术性、协调性、报告性、谈判性、动员性、纪念性等。

(5)按议题性质可分为专业性(解决专门领域问题)、专题性、综合性等。

(6)按照规模大小可分为特大型(万人以上)、大型(数千人)、中型(数百人上下)、小型(数十人或数人)等。

(7)按会议采取的方式可分为常规会、广播会、电话会、电视会等。

(8)按与会者的国籍及议题的范围:可分为国内会议和国际会议等。

四、公司常见会议的类型与作用

(1)经理例会与特别会议:经理例会是指由本企业的经理们参加,研究经营管理中重大事项的办公会议。这类会议是例行的,已经放进了经理们的日程表中,通常每月一次或每周一次,与会者和会议地点都相对固定。

(2)员工例会:员工例会是某一部门召开,由部门全体员工参加的会议。如生产部门会议、销售部门会议等等,一般是定期召开的。这类会议是为了调整、联络部门内意见而召开的,起到通报情况、交流信息、解决问题、融洽感情的作用。

(3)股东大会和董事会议:股东大会是股份制企业定期召开的例行性会议,一般每年召开一次,由股东参加,决定股份公司的最高执行方针。秘书通常在会前三到四个星期就要将会议通知邮寄给参会人员。会议期间秘书还要做好服务工作。董事会也分例会和特别会议。

(4)公司年会:这类会议通常在每年的圣诞节前举行。会议期间各部门报告一年来的工作业绩,审核下一年的经费预算,主要由部门经理以上级别的人员参加。公司年会不仅总结表彰,还有配合即将来临的圣诞节开展一系列的庆祝活动,气氛活跃而又热烈。

(5)客户咨询会:这类会议主要是邀请企业的客户代表、合作单位代表参加,听取客户对企业经营管理方面的意见、建议,对客户提出的问题集中给予解答。这类会议的与会者来自方方面面,有本地区的,也有外埠的;有本国的,也有外国的;规模比前面几种会议要大些,工作量也会重些,要求也会高些。

(6)产品展销订货会:这类会议是企业经营中经常使用的一种有效手段,一般由销售部门负责人操办。

(7)业务洽谈会:业务洽谈会是企业中一项重要的活动,是企业提高经济效益的关键。企业的领导人常常亲临此类会议。

(8)新产品新闻发布会:企业研制出新产品并准备将其推入市场时,常常采用新闻发布会的形式进行宣传。此项活动通常由公共关系部门负责筹办,销售和秘书部门参与协办。

五、会议议程与会议日程

(1)会议议程:是对会议所要通过的文件、所要解决的问题的概略安排,并冠以序号将其清晰地表达出来。会前发给与会者。

(2)会议日程:是指会议在一定时间内的具体安排。一般采用简短文字或表格形式,将会议时间分别固定在每天上午、下午、晚上三个单元里,使人一目了然,如有说明可附于表后,会前发给与会者。

六、会议成本意识

会议人工成本 $=2A \times B \times T$,其中 A 为每小时与会者平均工资的 3 倍;B 为参加会议的人数;T 是召开会议的时间(以小时计)。A 为与会者平均工资的 3 倍是由于劳动产值远比工资高,乘以 2 是因开会要使经常性的工作中断而造成损失,这些还只是直接成本。如果再将会议无效或错误决策造成的损失等间接成本都计入其中,成本就将高昂得多。而会议的总成本还需加上开会的所需经费。

第二节 会议的准备工作

会议能否获得成功,很大程度上取决于会前的准备工作。会前的准备工作涉及到很多方面,如会议预案的制订、会议议程、日程的安排、与会者的范围以及会议地址的挑选、物品设备的准备、文件资料的准备、食宿的安排、经费预算等等。

一、制订大中型会议方案

1. 制订会议方案应了解组织会议的一般原则

（1）减少会议次数原则

对各类会议是否有必要召开,需严格审查,如果通过个别联系、协商或请示,能够解决的问题,原则上不召开会议讨论。严格限定出席会议的人数。

（2）严守时间原则

会议主持人会前须向与会者通报有关事项,听取有关人员意见。主持人和与会者须提前进入会场,按通知时间准时开会准时结束会议。

（3）会议通知的明确性原则

在会议通知上,必须明确写明：

①开会的月日和星期；

②会议开始时间；

③会议结束时间；

④会议场所、会议出席人；

⑤会议议题和准备事项。

（4）缺席迟到的事前联络原则

因客观原因而缺席或迟到时,必须事先与主持人(或召集人)联系；会前尽量不安排会客和接打电话,以免影响按时与会。

（5）效率性原则

①事先安排好会场。确定座次,确定会议记录人；

②事前向与会者分发有关的会议资料(一般应提前两天)；

③必要时需限定发言时间；

④主持人有权中断游离会议议题的发言。

2. 会议筹备方案的内容

（1）确定会议的主题与议题；

会议的主题是指会议要研究的问题、要达到的目的。确定会议主题的主要方法：一是要有切实的依据；二是必须要结合本单位的实际；三是要有明确的目的；

（2）确定会议的名称；

（3）确定会议的议程；

（4）确定会议的时间和日期；

(5)确定会议所需设备和工具;
(6)确定会议与会代表的组成;
(7)确定会议文件的范围,做好文件的印制和发放工作;
(8)确定会议经费预算;
(9)确定会议住宿和餐饮安排;
(10)确定会议的筹备机构。

二、会议议程和日程的安排

会议议程是为完成议题而做出的顺序计划,即会议所要讨论、解决的问题的大致安排,会议主持人要根据议程主持会议。拟定会议议程是秘书人员的任务,通常由秘书拟写议程草稿,交上司批准后,复印分发给所有与会者。会议议程是会议具体的概略安排,它通过会议日程显示出来。会议日程就是根据议程逐日做出的具体安排,它以天为单位,是会议全程各项活动和与会者安排个人时间的依据。会议日程表的制订要明确具体,准确无误。

1. 安排会议议程和日程要注意

(1)要把握会议目的,即了解会议召开的原因。

(2)要保证重要人物能够出席会议。根据多数人意见安排日程,保证尽可能多的人员都有时间参与会议。

(3)例会原则上要定时召开,且时间不宜过长,应控制在一个半小时左右。

(4)如遇几个议题,应按其重要程度排列,最重要的排列在最前面。尽量保证在最佳时间开会,上午 8 时～11 时半,下午 3 时～5 时半是人们精力旺盛、思维能力、记忆力最佳时机。所以,全体会议安排在上午,分组讨论则可安排在下午,晚上可安排一些文娱活动。

2. 大中型会议的议程一般安排如下

(1)开幕式,领导和来宾致辞;
(2)领导做报告;
(3)分组讨论;
(4)大会发言;
(5)参观或其他活动;
(6)会议总结,宣读决议;
(7)闭幕式。

三、确定会议地点

(1)秘书人员应综合考虑各种因素选择恰当的会议地点。

(2)会场位置必须让上司和与会者方便前往。应选择在距上司和与会者的工作地点均较近的地方,同时应考虑交通便利。

(3)会场的大小应与会议规模相符。一般来说,每人平均应有二至三米左右的活动空间比较适宜。同时应考虑会议时间的长短,时间长的会议,场地不妨大些。

(4)场地要有良好的设备配置。桌椅家具、通风设备、照明设备、空调设备、音像设备要尽量齐全。同时应该根据会议的需要检查有无需要租用的特殊设备,如演示板、电子白板、放映设备、音像设备、录音机、投影仪、计算机、麦克风等等。

(5)场地应不受外界干扰、应尽量避开闹市区。同时,"外界干扰"还包括室外的各种噪音,打进会场的电话、手机、呼机,以及访客参观等。

(6)选择会议地点应考虑有无停车场所。

四、确定与会人员范围

选择会议地点和控制会议成本都跟确定与会人员人数有关。

(1)确定会议与会人员的范围,明确会议的目的和议题。

(2)根据议题,综合考虑与会人员的级别、人数、分组的大小、食宿人数等问题。

五、准备会议文件资料

1. 为上司撰写会议文稿

秘书首先根据上司的指示,为其草拟各种会议文稿,然后将这些草拟稿送上司审阅,并根据上司的要求修改、定稿,最后打印成文。

2. 为上司准备材料

会议材料很多,但概括起来无非两类,一是对议题的说明,即说明会议的目的。这类资料简要阐明提出这个议题的背景及召开这个会议的目的,解答与会者可能产生的疑问。二是对议案的说明。会议中要讨论的议案应逐一加以说明。为上司准备的资料在会前应整理妥当,按上司需要的顺序排好,放在文件夹内。

3. 组织好发言人的文稿

会上所做的重要发言的文稿,秘书人员要事先与发言人联系、搜集,请发言人或秘书自己打印,在会前分发给每位与会人员,并作为会议档案之一收存。

4. 准备资料袋

秘书人员在准备文件资料的同时,要常准备一个资料袋。秘书在做好各种会议资料收集的前提下,按所需规格、款式和数量将他们打印出来,并放入资料袋中。这些资料有会议通知、会议日程、会议文献、会议证等,在与会者报到时,发给他们。

六、发放会议通知

会议一旦决定召开,就要设法通知与会者。会议通知一方面起到周知作用,另一方面起到备忘作用,提醒与会者按时参加。此外,还能起到凭证作用,可作为与会者进入会场的凭证。会议通知常采用口头通知、电话通知、计算机传送(即以电子邮件的方式通知)和书面通知等几种形式。

1. 正确选择会议通知的发送形式

(1)为了规范公司的管理及运作,除了非正式会议和每日例会之外的所有会议,均应正式打印会议通知,再通过书面形式或电子邮件传达到有关人员,以示正规和郑重。

(2)有几个人参加的非正式会议,可用多种方式进行,如先发传真或打电话,随后再寄备忘录或信函。也可先发电子邮件,再通过电话或回复电子邮件确认。

(3)一些会议(如股东会议)在发送通知时应按规定的会议规则行事。发通知的同时应附上一份代理委托书。其他类型的会议如无法出席,也应在必要时授权代理,以保证通过决议时有所需的法定人数。

(4)如果有预备议程,事先需准备的材料或其他需让与会者事先了解的情况,应随信寄发一份。

(5)对书面通知的地址、邮编一定要填写正确。装信封和邮寄时应注意不要错装、漏装或漏寄。通知的封筒应醒目标出"会议通知"字样。

(6)需要回复的会议通知或预备通知还可夹入一张明信片,上面注明本公司地址、邮编、电话、发信人姓名,以便对方有时间考虑并能及时回复。

(7)对于经常参加某类会议的部分人员,可用计算机打印出标签或准备多套邮寄标签,以免重复打印,对于计算机中保存的地址要注意随情况变化不断更新。

(8)不管以什么方式发出会议通知,都应确认回复环节,以确保会议信息能够按时、完整地传达到与会者。

(9)可将会中使用的有关票证(入场券、代表证、汽车通行证、座次号、编组名单、就餐证和乘车证等)与会议通知一并发出。

(10)如果某些与会者对会议地址不熟悉,应附加一份说明或回执单,要求与会者告知具体的到达和返程日期,并标明到达会址的汽车、火车等交通工具线路。

会议通知样本要作为档案收存。

2. 会议通知的主要内容

会议通知一般包括标题和正文两部分,标题应写明召开会议的单位或部门、会议名称、发文号。通知的正文包括会议名称、会期、会议的详细地址、时间、会议议题和联系方式等等。写会议通知时需注意以下几点:

(1)不要忘了写会议名称。如"销售促进会"、"部门例会"等,会议名称要具体。

(2)日期、时间、场所要准确无误,是上午还是下午要清楚,避免误会。为防止有同名的会议室,要写明具体会址和联络电话。给公司外部人员的会议通知,最好附一张会议地址简图。

(3)议题要尽量详细具体。

(4)有附加资料时,要写明资料名称及页数。

(5)会议通知拟写好后需交上司审阅、批准,并复印,复印份数根据与会者人数、会议规模而定,一般应多复印几份。

七、布置会场

会场布置包括主席台设置、座位排列、会场内花卉陈设等,基本要求是庄重、美观、舒适,体现出会议的主题和气氛,同时还要考虑会议的性质、规格、规模等因素。

1. 会场的整体格局要根据会议的性质和形式,努力创造和谐的会议气氛

(1)中大型会议要保证一个绝对的中心,因此多采用半圆形、大小方形的形式,以突出主持人和发言人。

(2)中大型会议要注意进、退场的方便。

(3)中小型会场可采用方拱形、半月形、椭圆形、回字形、T字形和圆形等形式。

2. 主席台座次的安排应当符合惯例

主席台就座者都是主办方的负责人、贵宾或主席团成员,安排座位时应注意以下惯例:

(1)依职务的高低和选举的结果安排座次。职务最高者居中,然后按先左后右、由前至后的顺序依次排列。正式代表在前居中,列席代表在后居侧。

(2)为工作便利起见,会议主持人有时需在前排的边座就座,有时可按职务顺序就座。

(3) 主席台座次的编排应编制成表,先报主管上司审核,然后贴于贵宾室、休息室或主席台入口处的墙上,也可在出席证、签到证等证件上标明。

(4) 在主席台的桌上,于每个座位的左侧放置姓名台签。

3. 场内其他人员座次的安排。

(1) 小型会场内座位的安排。小型会议室的座位,应考虑与会者就座的习惯,同时要突出主持人、发言人。要注意分清上下座,一般离会场的入口处远、离会议主席位置近的座位为上座,反之,为下座。会议的主持人或会议主席的位置应置于远离入口处、正对门的位置。

(2) 中大型会场内座位的安排。代表会议、工作会议、报告会议等类型的会议需要安排场内其他人员的座次,常见的安排方法有三种：

横排法。是按照参加会议人员的名单以及姓氏笔画或单位名称笔画为序,从左至右横向依次排列座次的方法。选择这种方法时,应注意先排出会议的正式代表或成员,后排出列席代表或成员。

竖排法。是按照各代表团或各单位成员的既定次序或姓氏笔画从前至后纵向依次排列座次的方法。选择这种方法也应注意将正式代表或成员排在前,职务高者排在前,列席成员、职务低者排在后。

左后排列法。是按照参加会议人员姓氏笔画或单位名称笔画为序,以会场主席台中心为基点,向左右两边交错扩展排列座位的方法。选择这种方法时应注意人数。如果一个代表团或一个单位的成员人数是双数,那么排在第一、二位的两位成员应居中,以保持两边人数的均衡。

4. 会场的整体布局类型

(1) 较大型会议的座次安排。会场座位布局摆放可以有多种形式或形状,较大型的会议,一般在礼堂、会堂、体育场馆举行,其形式或形状基本固定,还可采取大小方形和半圆形。大小方形适合于大型的代表会议、纪念性会议、布置工作会议等,小方形中就座的是领导者,大方形中就座的是与会者。

(2) 中小型会议的座次安排。一些中小型的办公会、专题会、研讨会一般在会议室、会议厅或临时设置的会客室进行,可摆放成方拱形、半月形、椭圆形、圆形、长方形、T字形等。这些形式可使人员坐得比较紧凑,便于讨论和发言。

八、准备会议所需物品、设备

(1) 检查空调设备,必要时做好开机准备,一般要在会议前两小时开机预热或预冷。

(2)检查好灯光、扩音设备。

(3)检查黑板、白板,确保已擦干净,准备好笔、指示棒、板擦等。安放图架,准备好配套图表和足够的纸张。

(4)如有陌生人或外来人参加会议,摆放好姓名牌,注意文字大小适当,清楚易认。

(5)在每人座位前摆放纸笔。

(6)多媒体电视需要安放投影机、屏幕、录音设备等。

(7)如果有选举、表决、表彰的议程,还需准备好投票箱、计数设备和奖励用品。

(8)会期较长的会议,要安排好茶水饮料,并指定专人服务。

(9)如果是电话、广播会议,须提前检查线路,保证音响效果良好。

上述工作完成后,须提前一至半天进行一次全面检查,以便及时发现问题,进行整改。

九、安排食宿

(1)食宿安排的原则是让会议代表吃好、住好而又不浪费。就餐大体上是一个标准,适当照顾少数民族代表和年老体弱者,确定好伙食标准和进餐方式,照顾南北不同的口味。

(2)住宿的安排是一项具体细致的工作,要提前编制住房分配方案。长者、尊者、领导要适当照顾,有时还要考虑按地区集中,便于讨论。不同标准的房间要做到合理分配,一般是根据房间不同规格,结合代表具体情况列出住宿表,报经有关领导审定后,按表分配住宿,做到有条不紊。

十、大型会议的接(送)站报到

(1)大型会议具有参会人数多、会期相对较长、议题相对较多的特点。对于开会代表,会议的组织部门要做到来要接,走要送,及时做好报到工作。

(2)要做到准确无误的接送,就要做好充分准备:一要掌握代表的名单及抵离的准确时间;二要备有足够用的车辆;三要有良好的指挥调度,人、车要值班。指挥调度要有一份代表抵离时间表,按时间、路线迎送。

(3)报到的方式一般是要求与会者本人持会议通知亲自报到。为了醒目,一般在报到处周围设立引导牌,注明报到位置。负责报到接待的人员要有礼貌地接待报到人,在证实报到人的身份后,将预先准备好的文件袋发给报到人。

十一、大型会议的经费预算

1. 会议经费的主要内容

(1)文件资料费；

(2)邮电通讯费用；

(3)会议设备和用品费；

(4)会议场所租用费；

(5)会议办公费；

(6)会议宣传交际费；

(7)会议住宿补贴费；

(8)会议伙食补贴：通常由主办单位对会议伙食补贴一部分，由与会者承担一部分。

(9)会议交通费：即参会人员交通往返的费用，如果由会议主办单位承担，则应列入预算；会议期间的各项活动如需使用车辆等交通工具，其费用也应列入预算。

(10)其他开支：包括各种不可预见的临时性开支。

2. 审核时要逐项细审

(1)要让起草人员将部分费用的细目表一并呈上，如设备租用费，都租用了哪些设备？设备租用的行情是怎样的？不同型号、功能的费用差距有多大？主审秘书都需了然于胸。

(2)对经费的把关，不可太松，否则会造成消费；也不可太紧，否则会影响到会议质量。

第三节　会中应负的责任

会议期间的各项组织服务，是秘书的重要工作之一，会议进行中间，秘书应做的具体工作主要有以下几个方面。

一、会前的最后检查

会务秘书至少提前一天进驻会议场所，以充分做好会前的检查，保证会议顺利进行。

1. 检查的方式

大致分为两种，一种是听取会议筹备人的汇报，一种是现场检查。

2. 检查的内容

(1)文件材料准备情况

会议文件的拟制一般分为两种情况：一是由秘书部门直接拟制，或由秘书部门牵头组织有关部门、有关人员共同拟制；二是由有关部门准备文稿，然后经主管领导或秘书长审核。检查时应特别注意后者，如文件上的会议名称、文件编号、份号等。如文件已装入会议文件袋，在条件允许的情况下，应逐袋检查，把工作做细。

(2)会场布置情况的检查

会场布置是否与会议议题相适应，会标是否端庄醒目、主席台是否按议定座次摆放，领导者名签安排是否妥当，旗帜、鲜花等烘托气氛的装饰物是否放置得体，音响、照明、通讯、录音、录像、通风、安全保卫等设备、措施是否完善。在室外举行的大型会议，还应检查场地划分情况，以及进场、退场路线的安排。

(3)会议保卫工作的检查

确保会场内所有设备线路、运转及操作规范的安全可靠。

确保会场内消防设施齐全有效。

确保会场的防窃听装置灵敏高效。

确保会场的防盗设施(监控器的探头等)处于运行状态。

检查进出会场人员的身份，尽量不许与会议无关人员进出会场。

(4)检查的其他内容

有一些特殊类型的会议，检查的内容也应相应增加，如颁奖大会对奖品的准备和发奖顺序的安排；有选举内容的代表大会对票箱、投票、计票工作的安排；现场会对于参观现场和参观顺序、线路的安排；如果会议安排集体摄影，还应检查摄影座次的安排等。

二、组织签到和登记

会务秘书到宾馆或会场入口处迎接与会者，组织与会人员签到和登记，是会议进行中的第一件事，其目的是及时了解到会人数。签到对于各类有选举、表决内容的法定性会议尤为重要，它关系到是否达到法定人数，选举、表决结果是否有效的问题，所以必须坚持签到制度，认真负责地做好签到工作。

小型会议一般采用签到簿签到的办法，与会人员到会时在会务秘书准备好的签到簿上签名(一般还应注明单位和职务)。人数较少的小型会议或例会，也可由会议秘书按照预先确定的应到会人员名单，逐一进行签到，来一人划一人，这样可以随时掌握到会人员情况，且不必打扰与会者。当然要采取这种签到办法，会务秘书必须认识全部或绝大多数与会者。

有的重要会议采用签到卡签到的办法，与会者要在胸卡及其存根上签上自己的名字，才能进入会议场所。签到工作结束之后，会务秘书应及时将与会者到会情况报告会议主持人,发现未到会的要及时催请。

三、做好会议记录和必要的录音录像工作

会议记录和必要的录音、录像是会议情况的真实记载,是会议内容和会议进程的客观反映,是日后分析研究整理的重要依据(当然,是否要作会议记录或录音、录像,应由领导人决定)。负责会议记录的秘书,或负责录音、录像的人员,应事先熟悉会议议题、会议程序、发言人员名单、器材安置情况等。会议记录要求真实、准确、完整,尤其对议定意见,一定要忠实原话。

四、会议设备的操作与维护

对于会议使用的音响、照明、通讯、录音、录像、通风等设备,应设专人操作与维护,其目的是避免会场上出现不必要的尴尬场面。比如麦克风要选择最佳位置摆放,如果讲话人较多,则应多摆放几组话筒,以免来回挪动。又比如盛夏开会,空调、通风等降温设备要给以特别的注意,温度要适中。

五、做好会议的记录工作

1. 为会议记录做好准备工作

准备足够的钢笔、铅笔、笔记本和记录用纸。准备好录音机和足够的磁带来补充手工记录。要备有一份议程表和其他的相关资料和文件,在需要核对相关数据和事实时随时使用。

2. 会议记录的内容

(1)会议描述。包括会议类型、时间、日期、地点。

(2)与会者姓名。主席的名字在最前面,办事员的名字在最后。

(3)缺席者请假书。

(4)宣读上次会议记录。

(5)会议中提出的问题。

(6)通讯情况。

(7)一般事务——决议应包括会议上的确切措词。

(8)其他事务——按在会上进行的顺序记录。

(9)下次会议日期。

(10)主席签名。会议记录在主席签名后应写上会议日期。

3. 会议记录的方法

(1)应将会议的重点,如主要讨论的观点、决议、决定,重要的声明,修正案内容,结论一字不漏地记录下来。而其他的内容可简要概括地记录,无须有言必录。

(2)如果当时漏记了内容,可先做出记号,然后对照录音磁带修改,也可提示会议主持人请发言者重复内容或对某一术语做出简要的解释。

六、提供会议资料,做好联络协调

事先准备好的会议资料,一般均在与会者签到时发出,会议期间产生的文件资料,会务秘书应及时发放到与会者手中,要注意忙而不乱。

会议中的联络协调工作,是会议秘书重要的职责之一。会务秘书应列出详细的任务分工表,人手一份,以备检查和落实。各岗位人员要熟记本岗职责,发现问题及时沟通汇报,互相补台。作为会务秘书,必须坚决服从会议组织者的领导,要把自己的工作目标和会议的目标统一起来,既要相对独立地进行工作,各负其责,又要密切协作,主动配合。

七、做好会议的保密工作

会议秘书必须增强保密意识,自觉遵守国家《保密法》,划清公开、内部、机密三类会议的界限和级别,依据会议的不同密级和级别,制订不同的保密保卫措施,规定若干细则。

会议的保卫工作,涉及五方面的内容:
(1)对重要人员的人身保卫,多用专人保卫;
(2)对会场的保卫,守卫会场,警戒四周,不容可疑者接近或混入;
(3)保卫住地,首先是住地的选择,再是严格门卫制度;
(4)人员行止保卫,包括对交通途径与活动地点的保卫,对车辆停入放的管理;
(5)食品、饮水、电器、财物的保卫,对厨房、开水房的工作要有人检查。

八、组织好会议期间的食宿、车辆、娱乐、照相等工作

为保证会议的顺利进行,会务秘书还应做好会议服务工作,服务工作的内容包括:

(1)生活服务。妥善安排与会人员住宿、就餐等事项。作息时间、就餐时间及地点,应在签到时通知;如会议需要提前或推迟就餐时间,要根据变动情况及时做出安排;不论大会、小会的会场,都应做好饮水供应的安排。

(2)车辆服务。做好停车场所的管理和调度,要适当配备公务用车。

(3)娱乐服务。如果会议时间较长,可根据会议日程,在会隙或晚间,适当安排文化娱乐生活。娱乐活动要内容健康,为多数人所喜爱。要处理好自费、免费、座次、交通等问题。

(4)医疗卫生服务。大中型会议人员集中,活动频繁,要安排好卫生保健工作。一是配备必要的专职医护人员,二是重视饮食环境卫生。

(5)照相服务。中型以上会议或纪念会、庆祝会、追悼会,往往与会人员要集体摄影留念。这项工作的要点在于,首先选择高水准的摄影师和摄影器材;其次是与会者的座次排列、队伍组织;第三是背景的选择,要充分体现出会议的主题和特点。

九、会议信息工作

1. 收集会议信息

会议信息的收集要本着"准确、及时、全面、适用"的原则,通过会议的正式报告、研讨会上的讨论发言、与会者的议案以及会下的广泛交谈,随时获取有价值的信息,既可以供领导者参考,也可以供会议交流。

2. 编写会议简报

会议简报是反映会议情况,指导会议正确进行的一种工具。一般中型以上会议常需要编写简报,以迅速反映会议中值得注意的动态和问题。编写、印发会议简报应坚持少而精的原则,力求精辟简短,新鲜迅速。简报的发放范围可视内容确定,有的发到全体与会人员,有的发到各组负责人,有的则只送会议领导者。只送会议领导人的简报也可以采用发增刊的形式。

3. 搞好对外宣传

如果会议领导者认为必要,会务秘书应积极搞好对外宣传工作,这项工作首先应注意掌握信息的保密度,做到内外有别;其次若召开记者招待会,应有充分的会议准备。

对外宣传报道可以采取多种方式:

(1)由会议秘书撰写新闻报道稿件,经领导者审阅后,向媒体发送;

(2)在会议召开期间,邀请有关报社、电台、电视台派记者驻会随访,发布消息;

(3)在会议结束时,召开记者招待会,由会议领导者直接介绍会议情况,并亲自回答记者提出的问题。

第四节 会后的工作

一、合理安排与会人员返程

(1)会议结束,并不意味着会务秘书工作的完成,秘书还有许多工作要做,还有许多事项需要落实。应根据会期长短、外地与会人数多少等实际情况,及早安排好外地与会人员的回程事宜。

要事先了解外地与会人员对时间安排、交通工具的要求,尊重他们的意愿。

(2)一般情况下要按先远后近的次序安排返程机票、车票的预订事宜,要掌握交通工具的航班、车次等情况,尽早与民航、铁路、公路、港口等部门沟通联系,提前预订好飞机、火车、汽车、轮船票。

(3)届时应编制与会者离开的时间表,安排好送行车辆,派人将外地与会人员送到机场、车站、港口,待他们乘坐的交通工具起程后再返回,如有必要,还应安排有关领导同志为与会人员送行。

二、提醒与会者及时做好各种物品的清退

(1)提醒与会者及时归还向主办方或会议驻地单位借用的各种物品。

(2)提醒与会者及时与会务组结清各种账目,开好发票收据。

(3)帮助与会者检查、清退房间,避免遗忘各种物品。

(4)为外地的与会者准备一些装资料的塑料袋和捆东西的绳子等物品,以备急需。

(5)帮助部分与会者托运大件物品。

三、清理会场和文件

(1)随着会议日程的进行,各种供会议使用的器材物品,会打乱原来置放位置,会务秘书应在会议结束后,组织人员清点整理,物归原位,该归还的归还,该带走的带走。按照物品使用清单,逐一核查,保证不乱不丢,出现故障,及时修理。

(2)清扫散会后的会场,也是不容忽视的一项工作。不论是会务秘书或会务工作人员,都要坚守岗位,善始善终,保证会议结束后会场环境的清洁整齐。

(3)会议结束后,会务秘书要按照"文件领取表"的登记情况,点清文件剩余份数,做到物表相符,对于内部文件、机密文件以及应收回的文件要及时清退收回,然后逐号核对,经过清点、装袋、封袋、捆扎、装车等手续,运回本部。

四、整理会议材料,立卷归档

会议结束后,要及时做好会议文件的立卷归档工作。

日常工作性会议的文件,大部分在会前已经收集起来,会后只需将会议记录或会议纪要归入卷内,并按会议讨论议题顺序进行整理即可。卷内文件的排列顺序一般为:会议通知、会议议题、会议记录(会议纪要)及有关文件,有的

文件可能多次修改,几易其稿,立卷时应将原稿放在前面,然后将一稿、二稿依次排列其后。

大型会议完整的会议案卷,应包括以下一些内容:
(1)会议正式文件,如决定、决议、计划、报告等;
(2)会议参阅文件;
(3)会议安排的发言稿;
(4)会议上的讲话记录;
(5)其他有关材料。

五、会议的总结工作

1. 会议总结的要点

(1)会议工作总结要根据岗位责任制和工作任务书的内容,逐条对照检查。

要做好会议总结,首先要检查会议目标的实现情况。

要明确会议工作的具体分工。

要将员工自我总结和集体总结相结合。

(2)总结要将客观标准和主观标准相结合。

客观考绩标准。它是客观的、定量的标准。包括个人工作指标,如出勤率、满意率、事故率等。还包括效率指标,如会议成果、会议组织管理情况等。

主观考绩标准。它是凭借考评者的主观判断,易受心理偏差左右,但较现实可行。可采取相对考绩法和绝对考绩法。所谓相对考绩法,是将被考评者与别人相对照而评出顺序和等级的办法。所谓绝对考绩法,是单独地直接根据被考评员工的行为及表现来进行评定的办法。

(3)总结要以总结经验、激励下属为目的。

2. 起草会议纪要或总结报告

一般来讲,大型会议都有正式文件和决议,不需要撰写会议纪要,而中型以下会议、日常工作性例会和一些协调性会议,往往需要起草会议纪要。会议纪要是在会议记录和相关会议材料的基础上,进一步分析、综合、提炼而形成的文件,它的目的在于将会议的议事和议定事项,用精炼的文字归纳出来,一方面留存备查,一方面分发有关部门贯彻执行。

为总结会务工作经验,不断改进会议的组织服务工作,会议结束后,还应及时进行会务工作总结。会务工作总结报告的写法不强求一律,可以先简述会议组织实施过程,再较详细地总结为办好本次会议所采取的措施、办法,获得的经验、教训,最后说一说今后努力的方向。其撰写的要点应是实事求是,言简意赅,有利于改进今后的工作。

有些大型会议结束后,还应慰问参与会务工作的人员,表彰会务工作中的有功人员,会务秘书应根据实际情况,提醒上司,使整个会议更加圆满。

3. 会议总结的要求

找出规律,揭示本质;有理有据,实事求是;一分为二,激励为主;突出重点,有所侧重。

六、会议效果的评估工作

要使会议提高质量,就必须对会议质量实施控制,通过客观量化的评估不断总结经验,消除降低会议质量的不利因素,对会议的评估工作主要掌握以下几方面:

(1)对主持人的主持能力、业务水平、实现会议目标的能力、工作作风和对会议进程的控制能力的评估。

(2)对会议工作人员的行为表现、工作态度、业务水平和工作效果的评估。

(3)对会议管理工作的总体评估。

会议管理工作评估表格应该覆盖会议工作的方方面面,包括会议方案、会议地点、时间、与会人员范围、食宿安排、会议经费和各项活动内容。并根据会议的类型决定所问问题的内容。

七、催办和反馈

会议决定或决议的事项,如果需要通知有关部门办理或知晓的,秘书部门应负责催办,同时应将在实际贯彻执行中所得到的结果、引起的反应以及造成的影响等情况,反馈给主管领导者。会后反馈可以用书面或口头催询的方式,必要时还可以派人直接深入到有关单位或部门进行实地检查与催询。会后的催办与反馈工作是会议善后工作的一项重要内容,也是整个会务工作的一个重要组成部分。这项工作虽然是在会议结束之后才进行,但对整个会议来说是非常重要的,也是十分必要的,因为它能直接反映出会议效果的好坏,以及会议的主旨精神是否能够落到实处。

思考与练习

1. 公司常见的会议类型及作用。
2. 如何制订大中型会议方案?
3. 会议筹备方案的主要内容有哪些?
4. 如何准备会议文件资料?
5. 如何发放会议通知?

6. 如何进行会场的布局?
7. 会前的最后检查包括哪些内容?
8. 如何做好会议的记录工作?
9. 怎样做好会议的总结工作?
10. 掌握会议评估工作的主要内容。

第十一章 商务秘书信息工作

在市场激烈竞争中,商务秘书必须做好信息工作。在某种意义上,可以把商务秘书工作过程看成是接收、变换和传输信息的过程。这个过程的总体目标就是协助领导者进行科学决策。为了充分发挥和实现商务秘书的功能,商务秘书人员必须了解商务信息的特点与种类,熟悉商务信息工作的基本程序,深刻理解商务信息工作的原则,准确把握商务信息工作的基本方法。

第一节 信息与商务信息工作概述

一、信息与信息工作的概念、特点与种类

1. 信息和信息量

信息就是事物的存在方式和相互反应的运动过程,以及关于这种存在方式和运动过程的客观反映和表述,是运用各种载体对客观事物的描述、传输,它包含在消息、情报、知识、新闻、资料之中。

信息的定义包含三层意思:

第一,对事物发展变化规律及其运动状态的客观反映和表述是信息的本体,即信息的内容。

第二,各种载体是指信息的内容以声、光、电、纸、磁介质等为载体,通过声音、图像、文字等形式表现出来,即信息的形式。

第三,消息、知识、情报、新闻、资料等是信息形式和内容的统一体,泛指普遍存在着的社会现象和自然现象。

信息量是指信息所消除事物的不确定性的大小,是人们对事物了解的"不确定性的消除和减少"。一般从信息接受者的角度来考察信息量,人们在获得信息之前,对某一事物的认识存在不确定性,获得信息之后,如果能够消除这种不确定性,那么它就含有信息量;如果信息的内容是事先已经确切知道的,起不到消除不确定性的作用,那么它含有的信息量就等于零。信息能够消除的事物不确定性的大小,就是信息中所含信息量的大小。所以信息量可用信息所消除的不确定程度来衡量。对于商务秘书人员来说,一般不需要去具体计算信息量,但是理解了信息和信息量的科学含义,对于更好地收集、传递、加工、处理信息是很有用的。不应片面追求信息的数量,而应当在提高信息量方面多下功夫。

在理解了信息和信息量的概念后，不难看出获得信息的意义在于：减少不定度，减少未知度，减少疑义度，减少混杂度。

2. 信息的特点和类型

(1) 信息的基本特点

信息是物质的普遍属性，但它不是物质本身。就一般信息而言，它主要有以下几个方面的特点。

①客观性。信息是物质存在方式和运动过程的客观表述和反映，它是不以人们的意志为转移的客观存在，所以反映这种客观存在的信息具有客观性。

②无限性。人类生活所接触到的一切空间和时间都不断产生着信息。从空间上来说，信息产生的领域无所不及。从时间上来说，信息又在无限制地发展。客观世界是无限的，因而信息也是无限的。

③共享性。信息在不同的或相同的时间、空间里，在一定的程度和范围内，可以同时或多次被利用，被不同的接受者共享，而价值不会因多次使用而减弱或消失。共享性是信息区别于其他事物的重要特征之一。

④时效性。获取信息的目的在于利用。信息的价值就在于及时传递，迅速处理，充分利用，创造财富。事物变化得越快，信息的时效性就越强；获取信息越及时，信息的价值就越大。信息的价值和作用会随着时间的推移而改变。

⑤开发性。客观事物的存在方式及其相互关联具有复杂性，信息所记载内容的利用价值便具有丰富多样性。由于不同的社会条件、历史背景和认识水平影响着人们对信息的把握，同样的信息，对不同的人来说其价值大小也不一样。另外新材料和能源的开发使用也有赖于信息资源的挖掘利用。信息作为一种资源，能够产生巨大的动力，推动事物的发展变革。我们研究信息，正是为了开发这一资源。

(2) 信息的类型

按大类分，信息可分为：自然信息、社会信息、机械信息等，在这里讲信息分类，是针对公司或企业等组织的商务活动而言的。

①信息按照组织开展活动的外部环境和内部条件，可以分为两种类型：

内部信息，是指组织内部运行状态的一切信息。

外部信息，是指组织与之相联系的环境所发生的一切信息。

②信息按其来源方式不同，可以分为三种类型：

人员信息，包括从顾客和消费者、政府工作人员、竞争对手、货主、供应商、中间商、内部职工、同事及亲朋好友等处获得的信息。

文件信息，包括新闻报刊、杂志、书籍、各类文件、报表、账本、凭证、单据等所记载的信息。

混合信息,通过举办展览、展销,召开行业会议,通过报纸、电视、广播、互联网等大众传播媒介以及进行商业贸易洽谈等方式取得的信息。

3. 秘书信息工作及其特点

信息工作是指按照一定程序对信息进行收集、整理、加工、传递、存储、利用、反馈、开发等一系列活动。信息工作与秘书部门有着密切联系,秘书人员处理日常各类公务,除了要领会领导意图外,还要有充足的信息储备。做好信息工作是秘书有效辅助领导活动的基础,也是提高工作效率的关键。因此,信息工作是秘书工作的重要内容。秘书信息工作在社会信息中处于特定的范围,除了具有一般信息工作的共性之外,还有自己的特性。秘书信息工作主要有以下几个特点:

(1)针对性

针对性也叫目的性,是指秘书部门和人员从事信息工作的主要目的是为领导决策和指挥服务,给领导者提供必要的决策依据和参考资料,发挥好参谋助手作用。因此,秘书信息工作必须从领导决策的需要去收集、筛选和传递信息,注意加强信息收集的针对性。秘书人员应特别重视有关战略性、方向性、政策性的信息,把它们作为收集信息的重点。现阶段,有关经济政策的信息显得尤为重要。

(2)超前性

领导者应当高瞻远瞩,预测事物发展的总趋向,如果没有大量的具有科学性、预见性的信息做基础,是不可能在管理工作上实现有效调节和控制的。秘书人员要想使收集的信息具有科学性、预见性,就必须对所在的部门、行业,所承担工作或事件的历史、现状与发展趋势进行分析、推断和测定,这样才能超前谋划,把握工作的主动权。

(3)动态性

具体讲就是抓苗头性、倾向性和突发性信息。苗头性是指事物发展的萌芽;倾向性是指事件和问题发展已达到一定范围、程度,影响面较宽的状态;突发性是指未被人们认识的客观规律。这些信息,实际上也带有很强的政策性,对于领导估计形势、预见未来、指导工作,有着"超前"的使用价值。

(4)适时性

适时性是指秘书部门提供信息要选择最佳时机。在处理问题的过程中,在一定的时限内,领导机关对某种信息的需求是迫切的,这种信息的吸引力强、吸收率高,自然能够充分发挥作用。因此,选择最佳时机向领导提供信息,是影响信息价值大小的重要因素。如果超前提供信息,即使是有用的信息,也往往得不到足够的重视;如果滞后提供信息,真实的信息也会失去利用价值。

信息工作的适时性特点要求秘书部门审时度势,分清轻重缓急,优先采集、提供领导迫切需要的信息,储存尚不急需的信息以备日后适时提供。

二、信息在商务活动中的作用

1. 信息在企业生产经营管理中的作用

(1) 信息是现代企业制订计划和决策的依据

现代企业要想在市场激烈的竞争中取胜,就必须对自己所处的环境进行分析,因地因时因事制宜,制订科学合理的计划和最优化的方案,进行正确的决策。信息既是整个决策过程的出发点,也是整个过程的归宿。无论是制订计划、优化方案,还是执行决策,其实质是一个收集信息、利用信息、分析信息、综合处理信息的过程。企业领导做出决策后,执行决策需要及时准确地传递信息,指挥工作、协调控制、修正决策需要及时反馈信息。信息工作能使企业了解经济环境变化、市场供需状况、行业发展动向等等,在提高企业生产力、竞争力方面发挥着关键作用。因此,信息是企业科学制订计划和决策的基本条件和依据。

(2) 信息是现代企业经营管理的基础

信息社会要求企业的生产和经营管理必须实现信息化,现代企业的生产和经营管理是建立在良好的信息工作基础之上的。首先,现代企业的生产是建立在对大量数据、图纸、报表、指标、资料、计划、统计数据等信息的分析处理的基础之上的。企业的生产必须在科学规范的信息指导下进行,同时生产又反馈信息。其次,现代企业经营管理可以看做是一个对信息的认识、处理、运用到再认识、再处理、再运用的一个周而复始的过程。企业的经营管理一般是由计划、执行、控制三个基本环节组成,编制计划需要全面占有信息,执行计划其实就是一个由相互联系、相互制约的各项活动组成的信息传递过程,而控制是对计划执行过程的调控和对执行情况的反馈。由此可见,现代企业中无论是生产还是经营管理,信息始终起着基础性的作用。

(3) 信息是企业与社会各方联系的纽带

从系统论的角度来看,企业作为一个生产经营管理的有机系统,要想生存发展就必须与外界进行能量交换,企业与外界进行能量交换的过程便是一个信息交流的过程。信息是企业上通下达、联系内外、协调左右的桥梁和纽带。首先,信息是企业与市场紧密联系的纽带。现代企业的兴衰往往取决于市场,企业只有及时准确地掌握市场供求状况、价格水平、科技发展动态等信息,才能有针对性地开发产品、占领和扩大市场,才能在激烈的市场竞争中保持不败。其次,信息是企业与政府沟通交流的重要渠道。现代企业是在政府宏观调控和指导下经营发展的，企业需要掌握相关的法律法规、中央和国家的有关政策和发展计划等，政府也需要了解企业的生产经营状况等。通过信息进行交流、沟通和反馈是企业与政府联系的经常性手段和重要渠道。再次，企业与同行、顾客及社会各方面的相互作用和沟通联系也是通过信息工作来完成的。企业通过信息工作了解同行的生产经营状况，了解顾客对产品的使用情况和新需求。企业还通过信息工作和新闻媒介、广告公司等单位开展合作，推进工作。另外，企业内部日常业务运转和企业凝聚力的增强也是通过信息工作来实现的。

2. 信息在商务秘书工作中的作用

(1)信息管理是商务秘书的首要职责

现代社会是一个信息社会，要求企业的经营管理必须实现信息化，也就是说现代企业的生产过程、市场交换过程和经营管理过程是一个信息处理的过程，是建立在大量、准确、丰富的信息基础之上的。信息甚至被称为企业的生命，是企业的第二经营资源，是企业生产经营活动和提高效率的先决条件。因此，作为承担现代企业组织信息中枢工作的商务秘书，应具有强烈的信息意识，通过对信息的收集、处理、传递、利用等，推动企业的发展。充分利用和努力开发信息的价值，充当好企业经营决策者的参谋助手，这既是商务秘书职业素质的体现，也是商务秘书首要的职责。

(2)信息是做好商务秘书工作的基础

现代企业的经营管理是建立在充分占有信息资料的基础之上的，商务秘书部门是企业联系左右、沟通内外的枢纽，是企业信息的集散地。商务秘书人员的工作性质要求在各项工作中处处需要信息的支持，商务秘书办文、办事的质量，很大程度上取决于获取和利用信息资料的情况。商务秘书办理来自行政、市场等各方面的文书，要做到准确无误、及时迅速，除了要具有高度的责任心外，还要求准确把握相关政策法规和领导意图，需要调查研究，熟悉实际情况，而这正是信息工作的重要内容。另外，秘书部门还承担着为领导出主意、想办法，充当智囊和外脑的作用，领导者需要秘书人员提供大量信息来面对层出不穷的新情况、新问题，需要在秘书人员帮助下不断吸收新知识，掌握新情况，从而开阔思路，做出决策。商务秘书人员只有在占有大量信息的基础上，才能开阔思路，敏锐地捕捉适用的信息，才能及时向领导者提供有用的信息。因此，做好信息工作是商务秘书工作的基础。

(3)信息是提高商务秘书工作质量和效率的关键

商务秘书部门大量的工作，实质上都是在进行信息的处理活动。撰拟文件是在进行信息的加工；办理文案是进行信息的获取与传递；立卷归档是进行信息的储存；调查研究、组织会议、协调关系、接待顾客、洽谈业务、商务谈判等工作也都是信息沟通的过程。商务秘书人员只有具备很强的信息意识，从信息的角度来对待日常大量细致、繁杂的工作，才能保证工作的有效运转。另外，商务秘书人员在工作中要经常处理群众来信来访，联系各方，协调关系，开展业务咨询，常常会遇到各种各样的问题。包括现行的政策，相关的法律、法规，过去的规定等等，要做到正确处理事务，准确解答疑问，协调好各种关系离不开对信息资料的掌握、分析与运用。只有掌握了企业、同行、市场等各类信息，对工作才能做到心中有数，办文、办事、办会才能准确快捷、迅速及时，为领导出主意才能拿得准，定得快。如果没有充分的信息工作准备，就可能贻误时机，造成工作拖延、推诿的不良后果。

总之，信息管理对商务秘书来说具有十分重要的作用，商务秘书人员只有不断提高自身的观察、分析和判断能力，经常收集整理信息，注意平时积累和大量工作实践，才会不断增强信息意识和信息管理水平，才能高效率、高质量地完成工作，更好地发挥参谋助手作用。

三、商务信息工作的基本程序

商务信息工作的基本程序主要包括商务信息的收集、整理、传递、存储、利用等。

1. 商务信息的收集

商务信息收集是根据一定的目的，通过不同的方式获取信息。商务信息收集是整个商务信息工作的基础。商务信息的收集是以市场信息为中心的全方位的信息收集，要收集正面的、反面的，过去的、现在的、未来的，要注意全面性、系统性，它是信息处理、传递、存储、开展利用的基础。

2. 商务信息的处理

商务信息的处理，就是对收集来的原始信息材料根据需求进行筛选、加工、编写，使之成为领导者决策或进行科学管理所需要的有价值的信息。商务信息的处理是决定信息命运和价值的关键环节，主要包括筛选、加工和编写。信息的筛选就是从收集来的大量信息中，剔除虚假、失效和无效的信息，从中挑选出有价值的信息。信息的加工就是将筛选出来的信息进行归纳、综合、分析，提炼出有情况、有分析、有建议、有一定深度的信息。信息的编写就是用书面形式对信息进行有序化处理，是信息整理的最后步骤，又是信息传递的前提，对提高信息的质量和实用价值起着关键性的作用。

3. 商务信息的传递

商务信息的传递，就是以信息提供者（信源）为起点，通过传输媒介或载体

(信道)传送给信息的接受者(信宿)。人们收集信息的目的在于应用,没有传递,信息就很难发挥作用而失去意义。信息的传输方式,可分为口头传递和书面传递两种。商务信息的传递要迅速、准确、保密,注意减少中间环节,注意采取现代化的通讯传递手段。

4. 商务信息的存储

商务信息存储是指将那些具有保存价值的信息资料加以整理,以一定的方式保存起来,以备查考利用。商务信息的存储主要由登记、编码、排列存放、保管等环节构成。

5. 商务信息的开发利用

收集、处理、存储信息,归根结底是为了利用。商务信息工作的全部意义在于充分利用。对商务秘书人员来说在做好大量的基础性信息工作的同时,还要加强对高层次信息的开发利用,注意加强对各类信息的综合分析,把信息工作和市场调研工作结合起来,学会从各类动态性信息中挖掘深层次信息,为企业发展和决策提供具有较高参考价值的信息。

6. 商务信息的反馈

商务信息的反馈是指商务秘书部门和人员及时收集反映决策运转情况的信息,反馈给企业管理决策者。企业经营管理者在做出每一项决策时,不可能占有所有的材料,因此,需要对决策执行过程中的遗漏、不确定因素、执行过程的偏差等信息进行及时反馈,从而进一步修正和完善决策,保持决策的执行和既定目标的一致,避免造成人、财、物的浪费,挽回损失。商务秘书部门和人员的信息反馈与企业的生产经营有着最直接最明显的联系。

第二节 商务信息的收集与整理

一、商务信息的内容

商务信息的内容极为浩繁,商务秘书部门和人员收集信息要有明确的目标和方向,从商务活动的范围和特点来讲,商务信息的收集内容大致包含以下九个方面:

1. 政策信息

主要包括党中央、国务院、省(区、市)委和上级主管部门颁布的政策、法令、计划、决定;与本系统、本企业主营业务有关的行规及理论;国家和政府对本行业经济贸易等商务活动的态度,行业主管部门或上级决策部门的意见、要求、决定及优惠和限制条件等信息。

2. 经济信息

主要包括国家经济发展规划、战略；地区经济发展的对策、措施、重点发展建设项目及发展趋势；金融政策、银行利率、货币流向及市场购买力；经济结构、产业结构、消费结构、劳动力结构和市场结构等信息。

3. 法规信息

主要包括国家对与企业经济生活有关的法律、法令和规定；具体来说有商标法、广告法、合同法、商检法、环境保护法、矿产资源法等经济法规；有关财经制度以及开展商务活动的规章制度等信息。

4. 社会信息

主要包括在特定的国家和地区人群构成及变化；国家和地区民族特点及风俗习惯；重要社会事件、价值观念、道德要求、宗教信仰、流行时尚等社会动向信息。还可以按照特定的需要收集特定地区和国家的自然资源、公民文化水平等特定的信息。

5. 市场信息

主要包括一定时期和特定地区的市场容量、需求结构、供销平衡状况；商品结构、商品推销的动向；消费结构、消费水平、消费能力及消费趋势；物价水平、物价指数及物价涨落变化走向；各地能源结构、能源情况及对能源的购销调存、投入产生的情况；外贸推销能力、国际市场变化趋势、外资利用及创汇情况以及道路、交通、通讯等基础设施的建设情况等。

6. 顾客信息

主要包括消费者对商品名称、商标、装潢、外观造型、价格、性能、使用寿命等的一些基本看法；商品广告、宣传、促销方式、商店或公司环境布置、营业推销人员接待顾客的态度和服务质量等对顾客的影响；与企业密切相关的顾客群的社会分布及消费情况；固定客户群的个人资料和基本情况；顾客对商品或服务的意见以及顾客的新需求等。

7. 单位信息

主要包括本企业员工的生活及工作简要情况；本企业员工的管理能力、业务素质、成就、潜力等政治业务基本状况；本单位资金设备的使用情况及潜力；本单位历史发展情况及发展前景的评估，潜在的发展能力，潜在的问题等信息。

8. 同行信息

主要包括与本单位业务相同的兄弟单位或国内外同行业的发展情况；同行业现状、发展动向和发展趋势；本系统、本地区业务活动中的典型经验或发生的疑难问题；同行业商品或服务的质量、数量以及顾客对其产品或服务的评价;同行业商品或服务的价格、推销策略和特色;同行支配占有的销售渠道、网点、代理商的规模、能力水平等信息。

9. 科技信息

主要包括国家科技发展规划及科技成果转化为商品的最新动向;业内技术开发、创新的最新成果;业内设备、工具的科技化水平;业内能源、耗材的利用、节约技术水平;业内职工队伍的技能、文化知识水平;业内最先进的管理水平和管理方法等信息。

二、商务信息收集方法与要求

1. 商务信息收集方法

商务信息收集的方法多种多样,根据收集途径的不同,可以划分为正式途径收集法和非正式途径收集法;根据信息收集者的特征,可以划分为公开收集法和秘密收集法等等。掌握信息收集方法是信息工作的基础。商务信息的收集主要有以下几种方法。

(1)观察摘记法

它是指通过对大众媒体或书籍资料中与本企业商务活动有关的信息进行观察和摘记来收集商务信息。商务秘书人员借助于视觉、听觉等对生活和工作中与商务有关的活动和现象进行观察和记录,这是商务秘书人员的基本素养。常见的方式有通过对报纸、杂志、广播、电视和其他资料的查阅、收听、收看,把其中与本企业商务活动有关的信息记录剪裁下来,抄写或粘贴在信息卡片上,分类集中。这是一种比较简单,最基本的、有效的商务信息收集方法。

(2)询访调查法

它是指针对要收集的商务信息,通过设置专门提问或进行专题调查来获取信息。询访调查法按其所采用的方式与手段,可分为面谈询访调查、电话询访调查、问卷(书面)询访调查等。询访调查是一项具有很高艺术性的商务信息收集方法,类似于记者的新闻采访。询访调查所收集信息量的大小往往与调查者有直接的关系。另外,在运用询访调查收集信息时,针对需收集信息的内容和被调查者的特征等,对调查方式和显隐意图有不同要求,有时候需要开门见山,直接切入主题,有时候需要隐蔽意图或秘密暗访。一般来说,收集简单的、时效性强的信息,以电话询访为好;收集涉及面广、深度要求高的信息,则以面谈为佳;涉及不便当面交谈内容的信息,则以书面询访为宜。

(3)购买交换法

它是指通过购买或交换有关信息或信息载体来收集的商务信息,这是通过买卖、货物交换等方式从商品流通领域获取信息的一种方法。购买一般是指通过购买与企业商务活动有关的图书、专利和资料等,必要时还可以购买专门情报机构的信息。货物交换是通过互惠互利、以物易物的方式获取信息,是一种信息资料的交换共享。经常通过市场交易所、信息交流中心、企业组织之间等相互交换信息。信息交换法在科研机构与企业之间或对口单位之间比较常见,其实质也是一种变相的购买。无论与何种单位进行商务信息交换都应遵循对口、互利互惠原则,都应该以合乎国家法律和政策规定为前提。

(4) 网络检索法

它是指利用计算机等通信技术设备,通过互联网来检索商务信息资料。这是目前比较常用的一种商务信息收集法。由于互联网把国内外、先进落后的企业、机构等连在了一起,通过网络搜索,可以快捷、迅速、全面地收集到所需要的商务信息资料。但是一般情况下,对一些针对性比较强,商业利用价值比较大的商务信息,通过网络很难检索到。

(5) 会议交流法

它是指通过参加或举办各种类型的信息交易会、产品展示会、技术研讨会、座谈会等收集商务信息。尤其是社会上经常举办的新技术开发研讨会和新产品展示会,可以收集到同行业经营管理、产品发展趋势等方面最新动向的商务信息,这样的信息往往通过其他方法很难得到。会议交流法是收集商务信息的一种重要方法,应给予重视。

此外,还有文件收集法、亲身体验法、参观访问法等等。社会的进步日新月异,市场的风云变化万千,要想全面掌握市场情况,有效地收集商务信息,应该在工作中不断摸索适合行业特点、企业经营管理和商务秘书工作人员自身特点的方法,多角度、多渠道、全方位地收集信息。

2. 商务信息收集的要求

商务信息的收集就是对信息材料的鉴别和严格选择。根据商务信息的特点和商务活动的要求,商务信息的收集主要有以下几方面要求:

(1) 突出主题

要根据工作的需要和阶段性工作任务,明确目标,有针对性、有重点地收集,切忌无的放矢,大撒网。

(2) 注重典型

要善于从大量的信息中筛选出与本企业业务活动密切相关,对企业发展建设具有指导意义和参考借鉴价值的信息,切忌低价值一般化。

(3) 及时求新

要尽可能收集行业发展的新动向、新趋势、新观点,对企业的发展有影响的新信息,要从企业发展建设长期立于不败之地的角度着眼。

3. 商务信息收集的原则

(1) 客观原则

这是由信息客观性的特点所决定的,在商务信息收集中最怕凑数量、想当然地主观臆造,商务秘书如果在收集信息时主观臆造,必然会给企业带来巨大的经济损失。商务秘书人员在收集信息时应该摆脱主观意识和各种人为的干扰,必要时和条件允许时可将信息进行"冷"处理,尽量做到客观准确。

(2) 经济原则

做任何事情,都要讲以最小的投入换取最大的产出。商务信息收集工作也不例外,要以低廉的投入和代价换取高质量的信息,这也是企业各个生产经营环节所必须遵循的原则。商务秘书人员要学会在单位时间内收集处理大量信息,善于滤去低效和无效的信息内容,善于浓缩信息,提高信息的密集度。

(3) 价值原则

商务秘书在收集开发信息时,要注意收集和挖掘信息潜在的价值,收集的信息要"踩"准本企业的"工作频率",力争让收集的信息与工作发生"共振",共振程度越高,信息价值越大,商务秘书人员信息工作的绩效也就越好。

三、国际经济信息的来源和收集方法

1. 国际经济信息的内容和来源

国际经济信息所包括的内容较宽泛,从商务秘书人员信息工作的角度看,主要是指国际经济贸易、商务往来等方面的数据、情报、资料等信息。具体来讲主要包括:各国各地区经济贸易及商务活动方面的政策、法令、法规和商务活动相关的优惠限制条件等;与企业发展相关国家和地区的经济发展状况、重点建设项目、发展趋势、金融政策、银行利率、经济结构、产业结构、消费结构、劳动力结构和市场结构等信息;与企业发展相关国家和地区的民族特点、风俗习惯、价值观念、道德要求及宗教信仰等方面的社会信息。商务秘书信息工作人员应充分利用现代信息技术,及时收集国际市场信息、贸易往来信息以及客户、投资商等方面的信息。面对大量的国际经济信息,商务秘书人员应该根据企业生产经营和发展状况,有重点、有针对性地开展国际经济信息的收集工作。

国际经济信息的来源主要有:国外各种报刊、杂志、影视、出版物;国际组织、企业集团、国际金融机构等组织的信息咨询等;国际有关代理机构及在各国的设点;各类专业性的国际会议;外国公司、商社、科研机构、院校等;外国及国际组织驻华使(领)馆、办事机构及商社的新闻发布等;与国际友好人士的交往及与企业、团体、组织的交流合作;国际专业的信息咨询服务机构等等。

2. 国际经济信息的收集方法

受收集渠道和语言等因素的限制,收集国际经济信息具有一定的难度。商务信息工作者要及时准确地做好国际经济信息的收集工作,就必须多渠道、多层次、利用多种方法进行收集。一般来讲常用的国际信息收集方法有以下几种:

(1)查阅收看国内外大众媒介发布的信息资料

一般来讲,国内外一些有影响的涉外广播电视报纸杂志和互联网网站刊登和发布的各种经济信息资料、电讯、新闻综述等,其权威性较高、时效性强,是比较实用的信息。通过大众媒介收集国际经济信息,是一种简单易行的方法,但不易收集到深度信息,其针对性也较差。

(2)通过专业信息机构有针对性地获取国际经济信息

当代信息业的发展,大多数国家和地区已出现了专门收集采编信息的行业和机构,专门为企业的生产和经营管理提供高质量的信息服务工作。企业如果需要掌握国际某方面的信息,可委托专门的信息服务代理机构进行专题调研、收集。采取这种方法,企业的投入往往随着对所需信息质量的高低或可靠程度的强弱递增或递减,很显然要想获取高质量信息,就需要高投入。

(3)在国外组建信息收集网络

企业通过在国际市场推销产品、组织生产经营等,可以将派出机构、业务部门和广大客户等组建成为自己的信息收集网络,在国外进行经营生产的同时,为企业提供国际市场经济运行的有关信息。通过这种方法收集信息不仅可靠,而且成本较低。

(4)组织出国考察,进行实地考察收集

企业通过派出专门的调查研究人员或商务秘书信息工作人员,有组织、有目的地出国考察,收集经济信息。采取这种方法收集国际信息,往往会受到时间和地域上很大的限制,从经常性和长远角度考虑是不适合的。这种方法比较适合完成专题国际经济信息的收集。

除上述方法之外,还可以通过与国外公司的业务交流与合作、关注国外学术研究和学术期刊、参加各种国际研讨会来收集信息,也可利用人际关系网来收集信息,其方式和方法多种多样。

四、商务信息的整理方法

商务信息的整理可以根据原始信息的特点,以及需求的不同,而采用不同的处理方式。商务信息整理的基本方法主要有以下几种。

1. 鉴别

它是指对商务信息的准确性、真实性、可行性进行分析,判断其误差的大小以及时效的高低。通过对信息的鉴别,可以消除在收集中加入人为主观因素,保证信息的真实可靠。鉴别的办法有:(1)核对。通过原始信息间的比较、校核消除误差。(2)佐证。对那些很难辨明真伪的信息,用其他实例、资料等进行证明。(3)逻辑分析。通过推理、判断等,查看是否有前后矛盾和与实际不一致的地方。

2. 筛选

就是通过对商务信息的挑选,选择那些急需的、价值高、信息量大的信息。主要方法有:(1)合并同类项法。对内容相同或类似的信息进行合并,选择有用的信息。(2)时序法。按照时间的顺序,以新代旧。(3)专家评估法。对一些专业性较强的信息,可以聘请或咨询专家和专业人员,按照其信息量和使用价值进行判断选择。

3. 排序

就是把大量的信息按照需求标准进行分类编排整理。主要是采用分类法和时间顺序法,首先对信息进行分类编目,然后再按一定的顺序进行排列。根据工作需要还可以采用专题排列法、专项排列法等。

4. 编写

就是在对大量信息进行综合分析的基础上,经过鉴别、筛选、编目排列后,对有序化的信息进行分析、推理、判断,提出比较系统、比较深刻的意见和建议,编写出具有新价值和一定深度的综合材料或专题材料。这是商务信息处理的关键环节,也是最难的环节。编写工作做得好,可以给企业带来直接的经济效益。

第三节　商务信息的分类与存储

一、商务信息分类的程序与方法

1. 商务信息分类的程序

商务信息的分类是指商务秘书人员将具有一定查考利用价值的商务信息资料,按照它们在形成过程中的联系、规律和特点分门别类地组合成一组信息资料的过程。它是商务秘书部门整理和保存商务信息的一种重要方法,也是商务秘书人员工作的重要内容。商务信息资料分类的基本原理是:将概念外延较大、特点相同的信息先归为一类,通常称为母类。在母类下再划分出不同的类别,叫子类。在子类下面还可根据具体情况划分出若干小类,从而形成有秩序、有层次的一个分类体系。根据这个基本原理，商务信息的分类过程一般可以分为分类和归类两个环节。分类实际上就是对商务信息资料进行主题辨析，分辨其所属类别的过程。归类就是按照商务信息的联系及特点，以及分类情况，进行分门别类存放的过程。归类也是从主题分析转换成分类进行的立卷归档，是依据分类情况，使商务信息资料在分类体系中各就各位的过程。分类和归类是不可截然分割的两个环节。商务信息要归类，首先就必须分类。只有通过分类，才能把有关的信息和具有相同特点的信息归入到分类体系中的相应类目。

2. 商务信息分类的方法

商务信息分类的基本方法可以概括为：遵循商务信息分类的基本原理和程序，科学地选用商务信息资料的某些特征作为分类标准，把商务信息资料分类组合成相互关联、相互印证的一组信息资料的过程。商务信息分类方法的核心是科学地选用商务信息的特征作为分类标准。按照商务信息资料的特征，主要有以下六种分类方法。

(1) 按工作对象分类法

它是一种将与本企业、本组织有密切联系的客户、消费者、合作者和相关活动记录等信息资料集中归类的分类方法。一般来讲，按工作对象分类法多运用于对客户信息资料的分类管理中，按客户对象信息资料来分类，客户对象信息资料的名称，就是客户的名称，查找利用时取出文件一看，与客户对象的一切商务往来一目了然，十分方便。

(2) 按主题分类法

这是一种按照商务信息资料所反映的主题进行分类的方法。在企业商务活动中，由于事物繁多，情况复杂，各种主题活动经常开展，可能会产生大量与企业活动相关的种种商务信息资料。因此，按主题分类，有利于集中管理围绕相应主题开展的商务活动的信息资料。

(3) 按形式分类法

商务活动是由一系列工作环节组成的，工作环节不同，所形成信息的形式也各不相同。如在不同商务活动和工作阶段形成的单据、合同、广告稿、新闻稿、报告书、建议书、信函、文件、调查记录、报刊文章等各式各样信息，先按其形式进行分类，然后再按时间先后把相同形式的信息资料归类后，便形成一种按一定形式汇集的信息资料库。这种分类法有利于及时查找到相同形式的不同内容和主题的信息资料，但在工作中由于活动比较多，容易出现将相应主题活动中形成的信息资料按不同形式存放，而将信息割裂开来的情况。

(4) 按来源分类法

是指将商务信息资料根据其来源做出分类,把相同来源的信息资料归在一起。如,按照来自主管部门的信息、来自某一信息中心的信息、来自咨询机构的信息,来自组织内某一部门的信息、来自消费者方面的信息等进行分类归档。这种方法很容易对商务信息资料内容的权威性、可靠性、真实性做出准确判断,但综合性较差。

(5)按信息内容分类法

是指根据商务信息资料所反映的内容进行相应的区分。如,可将商务信息分为:政策信息、经济信息、法律信息、社会信息、市场信息、顾客信息、本单位信息、同行信息、科技信息等等。在各类之下,再依据其内容情况区分为若干小类,这是商务信息分类中较好的一种方法。

(6)按通用分类表分类法

是根据商务信息资料的情况,借助于"图书馆分类法"或"文书立卷档案分类法"等进行分类。一般地说,对于综合性强、涉及面广、业务量大的公司和企业,由于拥有的商务信息资料数量较多,可以考虑参考用这种方式分类,对于商务信息资料较少的小部门和小企业则没有多大必要,可以采用自编分类表的方法分类。

二、商务信息存储的步骤与制度

商务信息的存储就是运用信息存储的方法,将文件、图表、统计报表、数据、档案材料等信息,按照分类标准,或立卷归档后放入档案架,或输入电子计算机、服务器等,将商务信息有序存放起来的过程。商务信息的存储,简单地说,就是建立商务信息库,它不同于一般的物质储存,需要进行严格的登记、科学的编码和有序的排列,还要对载体进行有效的维护等。

1. 商务信息存储的步骤

(1)登记

商务秘书部门和人员在获得各种商务信息资料后,首先要进行登记,建立存入信息资料的完整记录。商务信息资料的登记可分为总括登记和个别登记两类。总括登记一般只登记藏入册数、种类及总额等,反映商务信息库内所藏入的信息资料的全貌。个别登记是对每一类、每一份、每一册信息资料的详细记录,以便掌握各类信息资料的具体情况。登记的作用主要是:可以掌握存储商务信息资料的变化情况,发现缺漏,便于补充配套。

(2)编码

商务信息资料的具体形式是多种多样的,为了便于管理和利用,特别是为了适应电子计算机处理信息的要求,需要对各类商务信息资料进行统一编码。

信息资料的编码结构一般由字符(可以是字母,如 26 个英文字母;也可以是数字,如 0～9 阿拉伯数字)组成基本数码,再由基本数码结合成为组合数据。编码应表现出信息资料的组成方式及其相互关系。

商务信息资料编码应注意以下几个原则:选择最小值的代码。因为代码值的增加,工作人员的工作量也就随之增加,势必会导致差错率上升,给工作造成困难。编码的含义直观明确。编码要考虑到发展远景,留有空间和余地,以便适应企业发展变化,或在进一步充实信息时不至于发生紊乱,便于保持编码的系列性。

一般来说,商务信息资料编码的步骤为:分析编码的商务信息资料,选择最佳的编码方法,确定数码的位数。

(3) 存放排列

科学地存放排列商务信息资料,是为了便于查找利用。排列最为常用的方法主要有以下三种:(1)按来源部门排列,就是按信息资料来源地区和部门(结合时间顺序)依次排列;(2)按信息资料内容排列,就是根据信息资料确定的主要内容,进行分类后依次排列,便于查找利用;(3)按资料形式排列,就是根据信息资料存在的形式,如图书、期刊、报纸、内部资料、录音带等不同形式进行分类排列,便于做到存放整齐。商务信息资料的排列要按照各单位的具体情况和方便工作的角度来决定存放方法。原则是:便于存放和查找。无论选用哪一种排列方法,一经确定,就应保持相对稳定,当然也要根据信息资料的变化而改变排列存放的方式。

(4) 检索利用

检索就是从商务信息库或已经分类存储的档案材料中找出所需要的信息资料。检索分手工检索和电子计算机检索两种。手工检索信息资料,需要凭借检索工具。检索工具是了解和查找商务信息资料的入门依据。检索工具能够指明资料的存在,提供查找的线索;能够提示信息资料的内容,帮助人们比较、选择和鉴别。因此信息资料的检索关键是检索工具。检索工具有四大类,它们分别为:目录、文摘、索引和信息资料指南。目录是按照信息资料标题所排列出的信息清单,是高度浓缩化的信息资料提示,是检索信息资料最基本、最常用的检索工具。文摘是对信息资料进行准确简化的再现,它的基本作用是用来识别或代替阅读原文。文摘可分两大类,一类是指示性文摘,又称简介,是一种篇幅简短的摘要;另一类是报道性文摘,是原文要点的较详细的摘要。索引也分为两种,一种是篇目索引,用来指明资料的出处,另一种是内容索引,即将资料中的事件、人名、地名等一一摘录出来,分别按顺序排列,并指明它们的出处。人们可以借助索引,查到隐藏于众多而庞杂的资料中有关信息的出处。信息资料指南,这是一种新的检索工具,目前正在陆续出现,是经过加工了的信息资料检索工具,实用价值比较大。信息资料检索工具,是对所存储信息资料进行再加工的一种产品。它的形式有书本式、期刊式、卡片式等等。商务秘书部门和人员应精心编制检索工具,以便使繁杂的商务信息资料能够得到及时地推广和利用。

2. 商务信息存储制度

将商务秘书部门和人员对商务信息资料进行存储的工作用制度固定下来,被称之为商务信息存储制度。为了提高商务信息的使用率,防止商务信息资料的丢失、流散,需要对暂时不直接使用的信息资料和已经使用过的信息资料,分门别类加以储存,以备查用。对那些企业内部的商业机密,还要进行严格妥善保管。健全的商务信息存储制度,是商务信息工作程序化、制度化的保证。信息存储制度建设是当前企业信息工作中比较薄弱的环节,特别是一些中小型企业中,由于企业人员更换频繁,信息工作连续性往往较差,更需要高度重视信息存储制度建设。

三、商务信息存储的要求

1. 存储的信息要有价值

企业在经营管理活动中所形成的大量的信息都不同程度地存在着保存价值。信息的保存价值是由信息本身固有的内在因素决定的,信息内容的重要程度不同,所起的作用不同,保存价值也就不同。因此,对于企业组织来说,主要应存储那些对企业组织生产经营活动具有重要作用或长效作用的信息资料。基于这样一个认识,商务信息存储首先就要求对商务信息进行价值判断,应从当前和长远,显现和潜在,特别应从长远的潜在的角度来判断商务信息的存储价值,以保证存储的商务信息的有用性、有效性。

2. 存储的信息要方便利用

商务信息存储的目的是为了利用。方便利用的核心问题是要方便检索。这就要求存储信息必须按信息检索的有关要求进行。从信息检索角度来看,主要应做到以下"三化":(1)有序化,就是存储信息要按一定的类别和秩序进行有序排列存放;(2)科学化,要做到存储信息符合科学规律和客观要求,使存储系统成为一种信息的有机整体;(3)实用化,要做到存储信息时方便索取,方便使用。总体来讲,在存储信息的过程中尽量登录准确、分类合理、编码科学、存放有序,这样才能真正达到满足检索的要求,实现信息方便利用的目的。

3. 存储要逐步实现现代化

由于科学技术的进步,信息的载体已从记忆、文字、印刷等发展到了复印资料、声像资料、缩微资料、电子文档资料等。由于激光技术、全息摄影技术、计算机压缩技术和硬件存储技术的发展，使存储信息的密度增大，科学技术含量增加。特别是计算机技术的发展，使信息的存储和自动检索融为一体，更有利于实现信息存储的有序化和信息检索的高速化。Inter网的发展，使存储信息不再受时间和空间的限制，存储和利用都可以实现远程控制、远程访问。信息存储应尽可能利用现代化的存储手段，逐步实现现代化。

第四节　商务信息的传递

商务信息的传递就是以信息提供者为起点，通过传输媒介或载体传送给接受者。将经过加工整理后的信息，及时传递给接收人，使信息本身具有的潜在价值，通过传递转移成为实用价值，在实际工作中发挥作用。信息传递是信息工作整个过程的中间环节，是连接信息发出者和接受者的媒介，在信息工作中具有重要作用。人们收集信息的目的在于利用，没有传递，信息就很难发挥作用而失去意义。商务秘书部门传输商务信息，是为企业管理者决策提供依据和有效的信息服务，要始终围绕制订、执行决策等活动进行。商务秘书部门向企业管理决策者提供信息时，要克服盲目性和随意性，一般不传递原始信息，应该传递提供经过筛选、加工后的信息。商务秘书部门和人员传递信息的要求是：主动、及时、准确、适用、保密。

一、商务信息传递的制度

商务秘书部门和人员传输商务信息，是为企业管理者决策提供依据和有效的信息服务。要想达到这个目标，就必须加强商务信息传递诸环节的建设和管理，一要加强信息工作机构和信息工作队伍素质、业务水平的建设；二要建立和完善一整套科学、系统的信息传递工作制度。建立健全商务信息传递工作制度，加快信息传递速度，对提高商务信息工作质量和效率有着重要的作用。关于建立和制订商务信息传递制度可以从以下几方面予以考虑：

(1) 制订商务信息报送制度，对信息的传递报送加强指导，保证所报信息的有效性，畅通信息报送渠道。

(2) 制订逐月、逐季、逐年各部门和信息工作人员报送、采用信息的情况通报制度，鼓励先进，督促后进。

(3) 企业应对各部门和信息工作人员报送信息的数量、质量和时间等提出明确要求。对重大问题和突发性事件要快收、快送，对漏报、迟报和误报重要信息的要追究责任。

(4) 要明确规定信息传递的方式和途径。针对商务信息内容和重要性，规定不同信息传递的不同方式,特别是对企业商业机密信息传递的方式方法要进行严格规定。

(5)在传递制度中对审批程序等环节的管理规定要尽量以合理、简化为原则。

以上仅列举出有关商务信息传递制度中的一些基本点,商务信息传递制度的建立和完善,要根据不同企业和不同行业的具体情况有侧重点地制订和执行。

二、商务信息传递的原则

商务秘书部门和秘书人员在传递信息时,必须遵循以下三个原则:

1. 减少中间环节原则

一般来讲,原始信息的真实性、准确性最高,经过加工的信息加入了主观意愿,而在传递的过程中,环节越多,经手的人越多,信息就越容易失真。对于那些时效要求比较高的商务信息,如果传递环节过多,不但容易失真,而且容易失效。因此,应该尽量减少传递层次和传递中间环节,力争使信息直接传递给信息接受者,保证信息传递的质量和效果。

2. 及时沟通反馈原则

商务秘书部门传输商务信息,是为企业管理者决策提供依据和有效信息服务。企业经营管理者在做出每一项决策时,不可能占有所有的信息材料,需要在决策执行过程中不断进行调整、修正,决策的不断完善依赖于商务秘书部门及时沟通情况,反馈决策执行的信息。因此,商务秘书人员必须高度重视信息的反馈,畅通信息反馈渠道,实现信息传递的闭环管理。

3. 人机密切结合原则

现代信息沟通传递对电子机械的依赖性很大,但机械媒介有其不足和局限,商务秘书人员要注意信息传递中人机的有机结合,充分发挥人工传递和机械传递的互补效应,取长补短,以最快速度、最佳效果实现商务信息的传递。

三、商务信息传递的方法

商务秘书部门和人员必须根据企业组织经营者或传递对象的要求,通过一定的模式和方法实现商务信息的有效传递。商务信息的传递要根据不同的信息接收者、不同的信息、不同的传递要求等情况,选择相应的传递途径和方法,保证将特定的商务信息迅速、准确、安全地传递给特定的接受者。特定的商务信息其传递方法也具有特殊性,针对商务信息的特点,其传递方法主要有以下几种:

1. 口头传递

口头传递即通过口说把信息传递给接收者。好处是直接、简便、迅速、经济,互动性强。缺点是容易因语音不清出现失误,除录音外不便储存,只能一次性使用,发生差错后查无实据。口头传递形式主要有:面对面传递、电话传递、录音传递等。

2. 书面传递

书面传递是把信息用文字、数据或图表表示出来,借助一定的载体进行传递。优点是规范、清晰、易于储存、核查、可做多次利用。缺点是由于环节多,如编写、打印、分发、技术操作、投送等,容易失真,费用较高,速度受到一定影响。书面传递的形式主要有:电报、传真、邮件等。

3. 影像传递

利用摄影和录像技术传递信息。优点是真实性、直观性和感染力非常强。缺点是由于配备声像电传设备费用昂贵,且技术水平要求也比较高,需要专业人员技术支持。这种传输方式花费比较大。

4. 网络传递

这是随着现代科学技术的发展,逐步进入商务信息传递领域的传输手段。电子计算机是高速自动进行大量计算和逻辑分析判断的、信息资料传输功能比较齐全的综合性电子设备。利用电子计算机,可以直接交换存储在计算机内的电子信息资料。另外通过局域网和 Inter 网可以实现信息的远距离收发传递。

5. 特快专递

目前全国各地都开通了特快传递 EMS,它是传统邮件传递方式的一种,优点是速度快、简便易行。对于一些重要的或紧急的信息材料,可以采取派专人递送的方式。

第五节　商务信息的反馈与开发利用

商务信息的反馈是指商务秘书部门和人员对反映决策运转情况的信息要及时认真收集,反馈给企业管理决策者。企业经营管理者在做出每一项决策时,不可能占有所有的材料,因此需要对决策执行过程中的遗漏、不确定因素、执行过程的偏差等信息进行及时反馈,以便进一步修正和完善决策,避免造成人、财、物的浪费,减少损失。

一、商务信息的反馈

1. 健全反馈制度

为了有效地做好信息反馈,商务秘书部门应建立健全反馈制度。首先,应考虑建立反馈机制,使企业内部员工和外部客户、同行的反馈信息能够及时传达到企业组织。如可以采取反馈奖励制度。其次,要建立反馈信息收集制度,要求商务秘书人员主动地去获取有关反馈信息。再次,要建立信息员联系制度,通过各种形式的活动,如人际交往、专题活动等,为商务秘书收集反馈信息和员工、客户、同行等表达反馈信息提供良好的机会和条件。

2. 优选反馈模式

商务信息的反馈是有一定模式的,一般可分为企业组织内部反馈和企业组织外部反馈,它是企业信息资源对内外交流的有效途径。

企业组织内部的商务信息反馈,主要有两种:一种是层级式反馈;一种是辐射式反馈。层级式反馈又叫纵向式反馈,是按企业组织内设置的机构层次逐级进行的。这种反馈具有程序性强、便于管理控制的特点。辐射式反馈又叫横向式反馈,是信息收集员或其他人员可以不受级别限制,越级进行反馈。这种反馈具有及时迅速、保真度高的特点。究竟选择何种模式,要根据企业组织管理的层次和幅度以及所要反馈信息内容的具体情况来决定。

企业组织外部的商务信息反馈,主要有两种形式:一种是直接反馈,一种是间接反馈。直接反馈是指商务信息接收利用者(主要是客户、同行等)向企业组织内外的信息收集部门和人员(商务秘书部门和人员)提供反馈信息,然后由这些部门和人员向商务信息的发出者进行传达的形式。间接反馈是指商务信息的接收利用者做出的行为反应或采取的行动,它一般不直接向商务信息的发出者提供信息,而是由商务信息的发出者通过接收利用者的反应和具体行动来做出判断,从而收集反馈信息。间接反馈是商务信息中反馈最普遍、最重要的反馈方式之一,也是检验企业商务信息工作水平高低的试金石。

3. 建立反馈系统

建立完善的商务信息反馈系统,是保证商务信息反馈工作顺利进行的基础。信息反馈系统主要有三种,即人工信息反馈系统、自动化信息反馈系统和人工－自动化复合信息反馈系统。人工信息反馈系统是现代企业商务信息工作中的主要反馈系统。这种系统是由人工来传递和处理反馈信息。人工信息反馈系统的特点是:有较高的智能性和灵活性,但受人的主观因素影响较大,工作效率较低。自动化信息反馈系统具有快速传递和处理多种反馈信息的能力,电子计算机、Inter 网的开发应用,使信息反馈或"回收"的速度、空间、精度得到了空前的强化。目前,利用计算机在 Inter 网上搜索需求信息,利用企业主页计数器统计访问量等,就是应用这种系统的典型例子。人工－自动化复合信息反馈系统是一种比较理想的反馈系统。人的高智能与自动化系统的快速传递和处理相结合,大大提高了信息反馈工作的效率,是现代企业普遍采用的信息反馈系统。

4. 制订反馈程序

要强化商务信息反馈的功能,就必须按科学的程序办事,这样才能使商务信息的反馈发挥有效的作用。一般来讲,商务信息反馈的程序包括四个步骤:一是确定商务信息工作反馈的具体目标和具体要求,对商务信息反馈工作要达到的目标有明确评估;二是根据具体目标和具体要求,对所要涉及的内容,及时地收集和回收各种反馈信息;三是对收集的反馈信息进行整理、加工、分析,并将其结果与既定目标和要求进行比较分析,找出差距;四是运用各种手段、方法和具体行动,使商务信息反馈工作完成和达到既定目标,满足对反馈信息数量和质量的要求。

5. 运用多种反馈方式

商务信息的反馈其实质是商务信息传递的一种特殊形式,与商务信息的传递既有联系又有明显的区别,在某种意义上,商务信息的反馈比传递更难、更高一层,对企业的经营管理更具重要意义。商务信息的反馈方式主要有以下几种:

(1)口头反馈方式

口头反馈方式是指信息的接收者用口头语言将反馈信息传达给商务信息的发出者。这种反馈方式多用于传递距离较小的信息反馈中。例如,同一社区内居民的信息反馈,本单位公众的信息反馈,购物者对商店的信息反馈,就是采用这种反馈方式。运用这种反馈方式也有两种具体形式:一种是一对一的传递,即某一信息接收者单独向信息发出者反映情况;另一种是由信息发出者召集座谈会或意见征询会,很多接收者与会并通过会议反映情况。

(2)书面反馈方式

书面反馈方式是指信息的接收者以书面形式向信息发出者传递反馈信息。这种方式一般只用于传递比较单一的反馈信息,如比较单一的评价信息、需求信息等,而对于传递比较复杂的反馈信息则较少使用。书面反馈方式也有它的特点,一般来说,它更正规,而且还可做真迹档案来保存,为日后的查考提供根据。在许多情况下,有的企业组织还特地要求客户或消费者提供书面形式的反馈信息。

(3)通信反馈方式

通信反馈方式也称为电信反馈方式,它是信息接收者利用通信手段向信息的发出者传递反馈信息。这种反馈方式的特点是:传递反馈信息迅速及时,便于信息发出者随时掌握信息接收利用的情况,及时地改善信息传递的质量,而且可以远距离传递反馈信息。但这种方法也有其不足：一是受通信设备的限制，如有的地方通信不方便，打电话、发电报、发传真都很难成为可能；二是很难详尽地传递复杂的反馈信息。尽管如此，在现代社会的商务信息工作中，随着科学技术的迅速发展和通信设施的推广应用，通信反馈方式正在日益普遍。目前，有的企业组织已专门设热线电话等作为通信反馈渠道，这无疑是一大进步。

(4) 网络反馈方式

网络反馈方式是一种复合式的信息反馈方式。它一般包括两种情况：一是人员网络反馈方式；二是计算机网络反馈方式。人员网络反馈方式是指由一定组织牵头组成的，分布在各地的信息网点的人员定期或不定期地将其收集到的反馈信息，传达给商务信息的发出者。计算机网络反馈方式是组织通过加入一定的计算机网络系统或租用一定的计算机网络系统后，其反馈信息由网络系统中的各网点收集整理，然后汇总到商务信息的发出者。计算机网络反馈信息十分迅速，能够记忆和存储，并能随机检索利用，而且能够通过终端打印机打印输出，更为方便有用。因此，计算机网络反馈，无疑是商务信息反馈的一种发展趋势。

除上述信息反馈的方式外，还有大众传播媒介反馈，如报刊上登载的有关用户来信、读者意见等。此外，还有调查研究反馈、行为观察反馈等，都是信息反馈的重要方式。

二、商务信息的开发

1. 商务信息开发的途径

商务信息的开发主要有以下途径和方法：一是拓宽商务信息收集渠道，大力发展基础信息，尽可能广泛地把企业内外的相关信息收集起来。二是加强综合分析，提高商务信息的广度和深度，反映出商务活动的本质和规律，预测发展方向。三是注重概括提炼，提高商务信息的精度和纯度，从大量原始信息中提取蕴含规律性的高层次信息。四是开展调查研究，提高商务信息的可信性和可用性，提高信息利用的效率。五是建立一支高水平的商务信息工作队伍，加强信息工作的专业技术力量和技术设备等。

2. 商务信息开发的意义

信息的开发是指对人类社会的信息进行全面挖掘、综合分析、概括提炼，以全面、准确、深刻地掌握事物的本质特征和内在规律，获得事物发生、发展、变化的高层次信息。信息开发的要求是扩展信息的涵盖面，增加信息容量，提高信息质量，创造最佳服务效果。在商务信息实际工作中，不少企业的商务信息工作部门提供的信息往往是消息性信息多,综合性信息少;滞后性信息多,预测性信息少;随机性信息多,系统性信息少;原始信息多,深加工信息少。这种现象若不及时改变,信息工作就会走弯路,就会退化和萎缩。通过各种信息渠道收集的原始信息,丰富而庞杂,如果不进行深入开发整理,一揽子提供给企业经营管理者,领导者的精力、时间和关注点就会被纷繁的原始信息所淹没,不利于科学决策和提高工作效率。这就要求商务秘书人员对大量的、零散的、随机的、个别的商务信息进行加工、提炼和概括,开发出全面的、系统的高层次的商务信息。从利用的角度看,综合性、预测性、系统性商务信息对企业经营管理者的科学决策,对推动企业生产经营的发展具有更大、更直接的参考咨询价值。商务秘书部门和人员必须重视商务信息的综合开发,努力使提供的信息更深刻、更广泛、更科学、更具代表性。

思考与练习

1. 什么是信息量?
2. 秘书信息工作及其特点是什么?
3. 商务信息工作的基本程序是什么?
4. 商务信息收集的内容有哪些?
5. 国际经济信息的收集方法及整理方法是什么?
6. 商务信息存储的步骤和要求是什么?
7. 做好商务信息的反馈对企业有什么重要性?
8. 商务信息的开发对企业工作有什么重要意义?
9. 商务信息传递的原则和传递方法是什么?